Droit pénal français et droit pénal suisse

Une mise en parallèle

BIBLIOTHÈQUE*S* DE DROIT

COLLECTION FONDÉE ET DIRIGÉE PAR JEAN-PAUL CÉRÉ

Cette collection a pour vocation d'assurer la diffusion d'ouvrages scientifiques sur des thèmes d'actualité ou sur des sujets peu explorés dans le domaine des sciences juridiques. Elle se destine notamment à la publication de travaux de jeunes chercheurs.

Dernières parutions :

J. GOURDOU, O. LECUCQ et J.Y MADEC (dir.), Le principe du contradictoire dans le procès administratif

V. DA SILVA, Réussir son cas pratique en droit de la famille

D. CONNIL et J. DUVIGNAU (dir.), Droit public et cinéma

H. ALCARAZ et O. LECUCQ (dir.), Collectivités territoriales et intégration des étrangers

C. MENABÉ, La criminalité féminine

M. TESSIER, Les procédures de la criminalité organisée devant la cour de cassation

N. NOTTO-JAFFEUX, Le conflit d'intérêt chez les avocats

A. GERMON, Le rôle d'initiative des administrations dans l'action publique

O. LECUCQ (dir.), État, collectivités territoriales et droits sociaux

A. AMALFITANO, La responsabilité pénale des personnes morales en Europe

N. LORY, La saisie pénale des biens incorporels

M. PERRIN, Le statut pénal de l'animal

A. TATARINOFF, Génocide et crimes de masse (1933-1946)

P. ROUSSEAU, Autonomie personnelle et droit pénal

BIBLIOTHÈQUE*S* DE DROIT *: MANUEL*

Yvan Jeanneret, André Kuhn
et Béatrice Lapérou-Scheneider

Droit pénal français et droit pénal suisse

Une mise en parallèle

L'Harmattan

5-7, rue de l'Ecole-Polytechnique, 75005 Paris

http://www.editions-harmattan.fr

ISBN : 978-2-343-12809-2
EAN : 9782343128092

Avant-Propos

Lorsque l'on évoque le droit pénal, chacun croit immédiatement savoir de quoi on parle. Que ce soit au café du commerce, au tribunal ou à l'université, chacun en traite « en connaissance de cause ». Ce faisant, on oublie toutefois que la logique pénale n'est pas unique et qu'elle peut être très différente d'un pays à un autre ; à tel point d'ailleurs qu'il serait bien plus juste de mentionner *les* logiques pénales plutôt qu'une prétendue logique pénale unique.

Les auteurs du présent ouvrage ont dès lors tenté de mettre en parallèle les logiques qui sous-tendent deux droit pénaux très proches – et pourtant si éloignés – l'un de l'autre : celui de la France et celui de la Suisse. Si elles ont toutes deux comme fondement de poursuivre et sanctionner les auteurs de certains actes que les législateurs des deux États ont décidé de criminaliser, ces deux législations pénales ne s'y prennent pas exactement de la même manière et se distinguent dès lors sur une multitude de points.

Les droits criminels français et suisse sont tout d'abord différents – et cela ressort de ce qui vient d'être mentionné – du point de vue des actes que les deux législateurs ont décidé d'ériger en *infractions*. Ils sont ensuite différents quant aux *sanctions* qu'ils envisagent au titre de la réaction sociale à la commission de l'une de ces infractions. Ils sont finalement différents dans leurs *logiques internes*, dans les concepts utilisés et leurs définitions.

C'est ce dernier point qui est l'objet de l'ouvrage que vous tenez entre les mains. Qu'est-ce que l'intention et la négligence ? Qu'est-ce qu'un auteur ou un complice ? Quels sont les effets d'une plainte pénale ? Sont quelques-unes des questions qui y seront abordées dans des chapitres thématiques parallèles – l'un concernant la France et l'autre la Suisse – facilitant au lecteur, d'une part, la *compréhension* des deux systèmes et, d'autre part, leur *comparaison*.

Cet ouvrage s'adresse ainsi à une multitude de lecteurs différents :

- Un lecteur français, non initié aux aspects juridiques, qui voudrait acquérir de manière simple et rapide des connaissances en droit pénal français ;

- Un lecteur suisse, non initié aux aspects juridiques, qui voudrait acquérir de manière simple et rapide des connaissances en droit pénal suisse ;
- Un lecteur français plus érudit, qui voudrait comprendre le droit pénal suisse ;
- Un lecteur suisse plus érudit, qui voudrait comprendre le droit pénal français ;
- Un législateur de toute provenance qui cherche des idées destinées à résoudre une question à laquelle il est confronté dans son propre droit pénal national.

Tout ouvrage est par ailleurs toujours le résultat d'une conjonction de synergies multiples, et cela se vérifie également pour celui-ci. Outre les auteurs dont le travail est valorisé de manière explicite sur la couverture du livre, une multitude de personnes non-expressément mentionnées ont aussi contribué à sa réalisation. Cela va des organisateurs des manifestations qui ont permis aux auteurs de se rencontrer, aux employés de la maison d'édition, en passant par les collaborateurs des auteurs et bien d'autres encore. Que toutes ces personnes trouvent ici l'expression de notre reconnaissance et de notre gratitude !

Les auteurs

Sommaire

Première partie

L'infraction 11
Les classifications des infractions 13
Les formes et les degrés de participation 31
Les degrés et modes de réalisation de l'infraction 51
Les faits justificatifs 69

Deuxième partie

La culpabilité 87
La faute 89
La responsabilité pénale 103
L'erreur 115

Troisième partie

Les conditions d'engagement de la poursuite pénale 123
La prescription de l'action publique / pénale 125
La plainte / le déclenchement des poursuites pénales 141

Quatrième partie

La peine 155
La fixation de la peine 157

Cinquième partie

L'entreprise / la personne morale 191
La responsabilité pénale de l'entreprise / de la personne morale 193

Sixième partie

Les textes de loi pertinents 211

Septième partie

Glossaire 245

Abréviations 271

Table des matières 273

Sommaire

Première partie

L'infraction

Chapitre 1

Les classifications des infractions

En France

Préambule

Le droit pénal français est légaliste c'est-à-dire que la répression ne peut intervenir que sur la base d'un texte prévoyant les trois éléments suivants : une incrimination, une peine prévoyant un maximum, une procédure applicable.

Ce principe de la légalité des délits et des peines, impulsé par les philosophes Montesquieu, Rousseau et Beccaria, s'applique à l'ensemble du droit criminel. Sa formulation, dont la paternité a été attribuée au criminaliste bavarois Feuerbach, est la suivante : « Il n'y a ni crime, ni peine (ni procès) sans un texte » = « *nullum crimen, nulla poena, (nullum judicium) sine lege* ». Ce principe est désormais formulé dans différents textes français, il revêt une valeur constitutionnelle[1], législative[2] et supranationale[3].

Le principe de légalité criminelle impose une intervention du législateur qui dispose en principe du monopole pour légiférer en matière pénale (art. 34 de la Constitution française). Mais il ne peut

---

1 Ce principe figure ainsi aux articles 5 et 8 de la Déclaration des droits de l'homme et du citoyen de 1789 (bloc de constitutionnalité).

2 Ce principe est mentionné à l'article 111-3 CPF : « Nul ne peut être puni pour un crime ou pour un délit dont les éléments ne sont pas définis par la loi ou pour une contravention dont les éléments ne sont pas définis par le règlement ».

3 Art. 7 CEDH, art. 49 de la Charte des droits fondamentaux de l'Union européenne du 18 décembre 2000 ; art. 15 du Pacte international relatif aux droits civils et politiques du 16 décembre 1966.

intervenir en tout arbitraire puisqu'il doit respecter certaines conditions et que le contenu de la loi doit être d'une certaine qualité. Quant au juge, il a l'obligation de poser une qualification pénale exacte, d'interpréter strictement les textes applicables aux faits[4] et ne peut prononcer de peine sans texte.

En droit pénal français, les infractions peuvent être classées selon deux critères qui sont leur gravité (1.1) et leur nature particulière (1.2).

1.1. La classification selon la gravité

Comme le précise l'article 111-1 CPF, la classification tripartite repose sur un classement de toutes les infractions d'après la gravité de l'atteinte aux valeurs protégées. Ainsi, les infractions sont classées en trois groupes : les crimes, les délits et les contraventions. La répartition entre ces groupes s'opère en fonction de la peine encourue prévue par le texte répressif[5]. En matière criminelle la peine principale est une peine de détention ou de réclusion criminelle qui peut-être soit perpétuelle, soit à temps (30, 20 ou 15 ans) (art. 131-1 CPF). L'article 381 CPPF dispose que « sont des délits les infractions que la loi punit d'une peine d'emprisonnement ou d'une peine d'amende supérieure ou égale à 3750 € ». Les contraventions font quant à elles encourir une peine d'amende pouvant aller jusqu'à 1500 € hors récidive (art. 131-13 CPF).

Cette classification emporte de nombreuses conséquences en droit pénal général. Ainsi en va-t-il notamment pour le traitement de la tentative qui, en application de l'article 121-4-2° CPF, est toujours punissable en matière criminelle, n'est punissable en matière délictuelle que si le texte d'incrimination le prévoit expressément[6] et n'est jamais punissable pour les contraventions. De la même manière, en application des articles 121-6, 121-7, R. 610-2 CPF, la répression de la complicité est toujours punissable en matières criminelle et délictuelle, tandis qu'elle n'est punissable en matière contraventionnelle que dans l'hypothèse de la complicité par

---

4 V. pour une application jurisprudentielle de ce principe : Ass. Plén., 29 juin 2001, JCP 2001 II 10569, D 2001, p. 2917 note Y. Mayaud.

5 V. *infra* chap. 10.

6 Ainsi la tentative de vol est punie comme le vol (art. 311-13 CPF).

provocation ou instigation. Outre les règles de constitution des juridictions de jugement, de nombreuses règles de procédure pénale sont également fondées sur la classification tripartite. Ainsi en va-t-il notamment pour les délais de prescription de l'action publique (V. *infra* chap. 8).

1.2. Les autres classifications des infractions

Les infractions de droit commun sont celles à l'égard desquelles s'appliquent des règles pénales ordinaires (règles de fond, de procédure, de compétence). Parallèlement à ces infractions, certaines infractions sont soumises à des régimes dérogatoires en raison de leur nature particulière. Aussi, le droit pénal français procède à une distinction entre les infractions de droit commun et les autres infractions.

Ces classifications dont on peut observer le développement important dans la loi depuis quelques décennies, découlent parfois, outre des nécessités du moment, de l'usage, de la doctrine ou de la jurisprudence. Elles permettent de clarifier la structure du code pénal français. On oppose ainsi traditionnellement les infractions de droit commun aux infractions dites politiques, militaires, d'atteinte à l'ordre économique ou encore aux infractions relevant de la criminalité organisée ou de terrorisme.

1.2.1. Les infractions politiques

À toute époque, des individus ont cherché à mettre fin au régime en place, à nuire à la sûreté de l'État. Ces comportements, en raison de leur particularité, ne sont pas traités comme des infractions de droit commun et la réaction pénale française a évolué au fil du temps.

Désormais, on peut considérer qu'il existe deux types d'infractions dites politiques, d'une part, les infractions politiques que l'on peut qualifier de « banales » et qui bénéficient d'un régime plus doux sauf pour certaines infractions d'atteinte à la vie, d'autre part les infractions dites de terrorisme pour lesquelles un régime plus sévère et des juridictions spécialisées ont été instaurés[7].

1.2.1.1. Les infractions politiques dites banales

1.2.1.1.1. La notion d'infractions politiques dites « banales »

Il n'existe pas de définition générale prévue dans les textes. Seuls deux critères légaux permettent de distinguer les infractions politiques des infractions de droit commun :

- Il s'agit d'une part de la nature de la peine dans la mesure où le code pénal français distingue certaines peines politiques de celles de droit commun. Toutefois, ce critère ne joue qu'en matière criminelle où la peine privative de liberté de droit commun est la réclusion tandis qu'en matière politique il s'agit de la détention dont le régime d'exécution est plus doux et plus souple (art. 131-1 CPF)[8].
- Les infractions politiques ont d'autre part bénéficié pendant un temps d'un particularisme procédural. Toutefois, le seul vestige de cette spécificité réside aujourd'hui dans l'existence de la Cour de justice de la République compétente pour juger les membres du gouvernement pour les crimes et délits commis dans l'exercice de leur fonction (art. 68-1 et 68-2 de la Constitution française).

Afin de distinguer les infractions politiques des infractions de droit commun, la doctrine propose quant à elle deux critères qui sont :

- Le critère subjectif qui fait référence au mobile du délinquant. Une infraction quelconque devient politique dès lors que le délinquant a été animé par la volonté d'agir dans un but politique. Ce critère est jugé dangereux par certains car le

---

7 Certains considèrent toutefois que les infractions de terrorisme ne sont pas des infractions politiques spécifiques mais des infractions de droit commun particulières.

8 À titre d'exemple, le complot commis par une personne dépositaire de l'autorité publique fait encourir la peine de détention criminelle : art. 412-2 al. 3. CPF

mobile est difficile à connaître d'où des risques d'erreur de qualification.

- Le critère objectif qui prend en considération l'objet atteint par l'infraction. Selon cette théorie, est une infraction politique celle qui porte atteinte à l'existence ou à l'organisation de l'État et aux libertés publiques garanties par l'État. Ce critère est majoritairement admis en France, d'ailleurs, le livre IV du Code pénal français s'intitule « Des crimes et délits contre la nation, l'État et la paix publique ».

La jurisprudence distingue quant à elle :

- Les infractions purement politiques – encore appelées infractions objectivement politiques – qui sont les infractions qui touchent l'organisation et le fonctionnement de l'État ou les libertés publiques et dont l'objet est donc indiscutablement un objet politique[9]. Ces infractions ne permettent pas l'extradition.
- Les infractions dites « complexes » sont des infractions de droit commun par leur objet mais commises dans un but politique ou sous un mobile politique. En droit interne français, l'infraction complexe est toujours considérée comme une infraction de droit commun[10]. Toutefois, en droit international extraditionnel[11] les infractions complexes sont traitées comme des infractions politiques sauf application de la « clause d'attentat » qui autorise l'extradition pour l'auteur d'un attentat commis contre la personne d'un chef d'État.
- Les infractions connexes qui sont des infractions de droit commun et sans but politique mais commises à une occasion

---

9 Constituent ainsi des infractions politiques par leur objet les crimes et délits contre la sûreté de l'État (art. 411-2 à 414-9 CPF : trahison, espionnage, etc.), tous les attroupements (manifestations non autorisées, art. 431-3 à 431-6 CPF), les infractions contre la Constitution et relatives à l'exercice des droits civiques, les infractions relatives à la presse (loi du 29 juillet 1881 : offense au chef de l'État, etc.) ou encore les infractions contre les libertés publiques, etc.

10 Ainsi en va-t-il par exemple du meurtre d'un chef d'État commis avec un mobile politique : Cass. Crim., 20 août 1932, Bull. crim. n° 207 : assassinat du Président de la République Paul Doumer par Gorgulov (La peine de mort avait été supprimée en matière politique depuis 1868).

11 Il en va différemment en droit européen.

politique [12] sont en droit interne généralement considérées comme politiques sauf lorsque les faits constituent des actes de barbarie. De même, en droit international extraditionnel elles sont considérées comme étant de nature politique, elles ne peuvent à ce titre donner lieu à extradition sauf actes de barbarie ou de vandalisme interdits par les lois de la guerre.

1.2.1.1.2. Le régime des infractions politiques

Concernant les règles de fond, les incriminations des infractions purement politiques font l'objet de définitions étendues pour englober un maximum de comportements gênants[13]. Les peines encourues pour les crimes connaissent par ailleurs un régime d'exécution plus doux qu'en droit commun[14].

Concernant les règles de forme, en temps de paix, le régime global est celui des infractions de droit commun (juridictions de droit commun)[15] tandis qu'en temps de guerre, ce sont les tribunaux des forces armées qui sont compétents, la procédure est donc spéciale (art. 701 CPPF).

1.2.1.2. Les infractions de terrorisme

Classées parmi les crimes et délits contre la Nation, l'État et la paix publique (livre IV du code pénal français), les infractions de terrorisme ont intégré le droit pénal français avec la loi n° 86-1020 du 9 septembre 1986. Elles figurent aujourd'hui aux articles 421-1s. CPF

---

12 Par exemple pour la commission de pillages ou de vols au cours d'une guerre civile.

13 Ainsi, la définition donnée par l'article 412-2 CPF du complot s'avère relativement ouverte : « Constitue un complot la résolution arrêtée entre plusieurs personnes de commettre un attentat lorsque cette résolution est concrétisée par un ou plusieurs actes matériels ».

14 À noter en outre que les condamnations politiques ne révoquent pas un sursis antérieurement donné et ne font pas obstacle plus tard à l'octroi d'un sursis simple.

15 Cette règle connaît toutefois une exception en cas de trahison, d'espionnage et pour les infractions qui leur sont connexes qui relèvent de la compétence de juridictions particulières (Cour d'assises composée de sept magistrats professionnels pour les crimes et juridiction militaire pour les délits).

et ont fait l'objet de plusieurs réformes dont la dernière, à l'heure où nous écrivons ces lignes, date du 21 juillet 2016[16].

1.2.1.2.1. La notion d'actes terroristes

Les actes terroristes peuvent être classés en deux catégories. On peut d'abord distinguer les actes terroristes par leur finalité, l'article 421-1 CPF donne une liste d'infractions de droit commun qui, lorsqu'elles sont commises intentionnellement en relation avec une entreprise individuelle ou collective ayant pour but de troubler gravement l'ordre public par l'intimidation et la terreur, deviennent des actes terroristes soumis à une législation spécifique. On peut ensuite citer les actes terroristes par nature qui font l'objet des développements des articles 421-2s. CPF et qui peuvent consister notamment en des actes terroristes écologiques, par association de malfaiteurs, de financement d'entreprises terroristes, etc.

1.2.1.2.2. Le régime juridique réservé aux actes de terrorisme

De tels actes déclenchent des particularismes de forme et de fond. Sans pouvoir dresser une liste exhaustive de ces particularismes, nous citerons les plus significatifs.

Ainsi, les règles de forme particulières consistent notamment dans la possibilité de recourir à des mesures de garde à vue plus longues que celles de droit commun (art. 706-88 CPPF), de recourir plus facilement que pour les infractions de droit commun à des perquisitions, saisies, écoutes téléphoniques (art. 706-89 CPPF) ou infiltrations (art. 706-24 CPPF), dans la centralisation des procédures à Paris (dessaisissement des juridictions provinciales), dans la mise en place de juridictions spécialisées (cour d'assises sans jury populaire). (art. 698-6 CPPF), etc.

Au fond, pour les actes de terrorisme, les peines peuvent être assorties de l'interdiction de séjour qui est une peine complémentaire (art. 422-3 CPF) et l'extradition est possible.

---

16 Loi n° 2016- 987 du 21 juillet 2016.

À noter également qu'afin d'inciter les terroristes à interrompre leurs activités ou dénoncer les autres participants au mouvement terroriste, les repentis peuvent bénéficier, selon les cas, d'une exemption de peine (art. 422-1 CPF) (lorsque l'acte terroriste projeté a été évité) ou d'une réduction de peine à concurrence de la moitié de la peine légalement encourue (art. 422-2 CPF) (lorsque la dénonciation a fait cessé les actes, permis d'éviter une mort d'homme ou une infirmité permanente et permis d'identifier les autres coupables).

1.2.2. La criminalité organisée

La criminalité organisée est le modèle le plus élaboré de la participation criminelle. Longtemps elle a été ignorée par le législateur français, mais les attentats du 11 septembre 2001 ont eu pour effet de pousser les pays occidentaux à unifier, coordonner et renforcer leur législation sur ce point. En France c'est la loi du 9 mars 2004 *relative à l'Adaptation de la justice aux évolutions de la criminalité*[17] qui a mis en place un système cohérent destiné à lutter contre cette forme la plus grave de la délinquance. En application de l'article 706-73 CPPF, il s'agit de crimes ou de délits commis en bande organisée (meurtre, tortures et actes de barbarie, trafic de stupéfiants, enlèvement, crime de vol, mais aussi crime de détérioration et de dégradation de biens, délit d'aide à l'entrée, à la circulation ou au séjour irréguliers des étrangers, fausse monnaie, blanchiment, travail dissimulé, etc.). Ces infractions connaissent, tout comme les actes terroristes, et parfois de manière identique à ceux-ci, un régime spécial plus sévère que celui de droit commun.

1.2.3. Les infractions d'atteinte à l'ordre économique et financières

Les infractions commises à l'occasion de la vie économique sont soumises au droit pénal des affaires car elles connaissent un certain particularisme. Ce secteur du droit pénal spécial français connaît actuellement un important développement. Au plan criminologique on parle en la matière de la « délinquance en col blanc », car souvent commise par une partie de la population composée de cadres et de

---

[17] Loi n° 2004-204 du 9 septembre 2004.

dirigeants. Au plan juridique, cette délinquance connaît un régime spécifique, les agents qui s'occupent de telles affaires sont spécialisés.

En matière fiscale l'engagement des poursuites pénales est subordonné à la plainte préalable des services fiscaux et, à la différence du régime de droit commun, le parquet n'est pas maître des poursuites. En outre, l'administration peut transiger.

En matière financière[18], un procureur national financier a été créé par la loi 6 décembre 2013 [19], il détient pour certaines infractions limitativement énumérées une compétence concurrente à celle du parquet.

Les infractions fiscales et financières sont sanctionnées en plus des sanctions pénales classiques par des sanctions spécifiques telles les majorations fiscales ou les amendes fiscales. D'autres sanctions administratives telles des interdictions professionnelles ou des interdictions de passer un marché public peuvent également être prononcées. Ce cumul des sanctions à caractère répressif (pénal et administratif) soulève aujourd'hui de nombreux débats et recours devant les instances européennes[20] et un début d'harmonisation a déjà fait l'objet de dispositions législatives[21].

1.2.4. Les infractions douanières

Les infractions douanières ne sont jamais des crimes, il s'agit principalement de délits pour la sanction desquels les peines d'emprisonnement sont rares et faibles mais les peines d'amende fortes et calculées sur la valeur de la fraude. Ce type d'infractions

---

[18] Corruption, grande délinquance financière.

[19] Loi n° 2013-1117 du 6 décembre 2013, *Relative à la lutte contre la fraude fiscale et la grande délinquance économique et financière*.

[20] V. notamment : Lapérou-Scheneider B., Le difficile dialogue des juges en droit interne – Le cas de la concurrence du juge pénal avec les juges de l'ordre judiciaire ou administratif, *in* Geslot C., Jan P. Monjal P.-Y. (dir.), *La concurrence des juges en Europe*, actes du colloque international, Tours novembre 2016, *Revue du droit de l'Union européenne* (à paraître).

[21] La loi n° 2016-810 du 21 juin 2016 a ainsi renforcé le système de répression des abus de marché et fixé les modalités de la concertation entre le procureur financier et l'Autorité des Marchés Financiers dans le cadre du déclenchement des poursuites.

connait un régime spécifique prévu dans le code des douanes. On citera à titre d'exemple au plan probatoire, l'existence d'une présomption de participation à la fraude, alors qu'en droit commun c'est la présomption d'innocence qui s'applique. On relèvera par ailleurs que la notion de complicité est plus large que celle de droit commun dans la mesure où le simple intérêt à la fraude caractérise la complicité.

1.2.5. Les infractions militaires

Les infractions militaires constituent des infractions disciplinaires. Il s'agit de tout manquement à la discipline et aux obligations particulières de l'armée (infractions purement militaires), mais aussi des infractions dites mixtes qui sont des infractions de droit commun commises par un militaire, dans l'exécution de son service (ex. : vol par un militaire dans une caserne au moment de son service).

Ce type d'infractions étant particulier, les différences de régime avec celui des infractions de droit commun sont les suivantes :

- En plus des peines de droit commun, les juridictions peuvent prononcer des peines spécifiquement militaires (perte de grade, destitution, exclusion de l'armée) ;
- Il n'y a pas de recours possible à l'extradition ;
- Ces infractions ne rentrent pas en ligne de compte pour la récidive et ne font pas obstacle à l'octroi d'un sursis ;
- Les juridictions compétentes sont spécialisées que l'infraction ait été commise en temps de paix ou de guerre.

Les classifications des infractions

En Suisse

1.1. Généralités

Le droit pénal suisse est un droit écrit gouverné par le principe de la légalité consacré aux art. 7 § 1 CEDH, 36, 164 al. 1 let. b Cst. et concrétisé à l'art. 1 CPS qui, sous la note marginale intitulée « pas de sanction sans loi », proclame qu'« une peine ou une mesure ne peuvent être prononcées qu'en raison d'un acte expressément réprimé par la loi ».

Compte tenu du caractère fédéraliste de l'ordre juridique suisse, il convient de préciser que la compétence de définir les infractions, les conditions de la punissabilité et les sanctions relève d'un monopole de la Confédération consacré à l'art. 123 al. 1 Cst. L'art. 335 CPS réserve toutefois quelques compétences résiduelles en faveur du droit cantonal, s'agissant des contraventions de police non réglementées par la loi fédérale et des infractions au droit administratif et aux droits de procédure cantonaux.

Le droit pénal commun est codifié dans le Code pénal du 21 décembre 1937. Le droit pénal suisse contient en outre de très nombreuses dispositions pénales disséminées dans de multiples lois fédérales et qui constituent ce que l'on appelle le droit pénal accessoire. Pour mentionner les plus fréquemment appliquées, on évoquera la Loi fédérale sur la circulation routière du 19 décembre 1958[22] et la Loi fédérale sur les stupéfiants du 3 octobre 1951[23]. Les dispositions générales du Code pénal sont généralement applicables aux infractions du droit pénal accessoire, en vertu de l'art. 333 al. 1 CPS, sous réserve d'exceptions légales.

---

22 RS 741.01.
23 RS 812.121.

Mentionnons en outre ici que, pour ce qui conerne la France, une partie des éléments traités ici, sont traités au chapitre 3.

1.2. La classification selon la gravité formelle

Le droit pénal suisse repose sur une classification tripartite des infractions en fonction de leur gravité formelle. Ainsi, la loi distingue, dans un ordre décroissant de gravité, les crimes, les délits et les contraventions (art. 10 al. 1 et 103 CPS). Le rattachement à l'une ou l'autre de ces catégories s'opère en fonction de la peine-menace de l'infraction considérée. Ainsi, le crime est une infraction passible d'une peine privative de liberté de plus de 3 ans (art. 10 al. 2 CPS), le délit est une infraction passible d'une peine privative de liberté n'excédant pas 3 ans ou d'une peine pécuniaire (art. 10 al. 3 CPS), tandis que la contravention est une infraction passible d'une amende (art. 103 CPS).

Cette distinction emporte des conséquences, notamment dans l'application de certaines conditions générales de la punissabilité, de même que dans le domaine des sanctions. Ainsi, par exemple, la tentative (art. 22 et 23 CPS) et la complicité (art. 25 CPS) sont punissables s'agissant des crimes et des délits, mais ne le sont pas en matière contraventionnelle (art. 105 al. 2 CPS). De même, les règles sur le sursis simple et partiel (art. 42 et 42 CPS), applicables aux peines délictuelles et criminelles[24], sont exclues s'agissant des amendes contraventionnelles (art. 105 al. 1 CPS).

1.3. La classification selon la nature de l'atteinte au bien juridique

On distingue ici les infractions de lésion des infractions de mise en danger.

La première catégorie désigne les infractions dont la réalisation suppose une atteinte effective au bien juridique protégé. Ainsi, par

[24] On précisera toutefois que le sursis simple ne s'applique pas au-delà des peines privatives de liberté de 24 mois, respectivement 36 mois pour le sursis partiel.

exemple, le meurtre (art. 111 CPS) est une infraction de lésion, parce qu'elle suppose la mort d'un mort d'un être humain.

Les infractions de mise en danger sont des infractions dont la réalisation ne suppose que la création d'une certaine probabilité de survenance d'une lésion au bien juridique protégé. On distingue ici deux sous-catégories que sont les infractions de mise en danger abstraite et concrète. L'infraction de mise en danger concrète supposera que le bien juridique protégé a effectivement été l'objet d'un risque d'atteinte concret ; la survenance de ce danger est alors érigée en résultat requis pour que l'infraction soit pleinement consommée[25]. La mise en danger de la vie d'autrui réprimée par l'art. 129 CPS[26] est une illustration de cette catégorie, la nécessité qu'une personne ait effectivement été confrontée à un risque de mort imminent étant érigée en élément constitutif de l'infraction. Quant à l'infraction de mise en danger abstraite, il est question d'incriminer un comportement dont le législateur postule le caractère dangereux, sans qu'il soit nécessaire de démontrer qu'un bien juridique a effectivement été menacé. Ainsi, par exemple, la diffamation (art. 173 CPS)[27] appartient à cette catégorie, car l'infraction est pleinement réalisée dès lors qu'un propos objectivement attentatoire à l'honneur est proféré, indépendamment de savoir si la personne visée s'en est trouvée effectivement atteinte ou non dans son honneur.

1.4. La classification selon la nature du comportement

On définit ici deux notions que sont les infractions matérielles et les infractions formelles.

L'infraction matérielle est consommée lorsque l'auteur adopte un comportement et que découle de ce comportement un résultat, à savoir une modification du monde extérieur qui se distingue du comportement et en est la conséquence. Ces infractions supposeront toujours un lien de causalité entre le comportement et le résultat. Le meurtre de l'art. 111 CPS est une infraction matérielle, dans la mesure

---

25 Il s'agira donc d'une infraction matérielle selon la classification définie au chap. 1.4.

26 ATF 121 IV 67 c. 2b.

27 ATF 103 IV 22, c. 7.

où il n'est consommé que si le comportement homicide de l'auteur a entraîné la mort d'un être humain.

Une infraction formelle est une incrimination qui est pleinement consommée par l'adoption d'un comportement, indépendamment de savoir si un résultat se manifeste. Par exemple, le vol incriminé par l'art 139 CPS est une infraction formelle, parce qu'il est pleinement réalisé lorsque l'auteur soustrait la chose avec les desseins d'appropriation et d'enrichissement illégitime et ce même si, finalement, l'auteur ne parvient pas à s'approprier la chose, respectivement à s'enrichir.

1.5. La classification selon la durée de l'atteinte

On distingue ici l'infraction instantanée de l'infraction continue.

L'infraction instantanée est celle qui se réalise par une atteinte unique et ponctuelle. Tel est le cas, par exemple, du dommage à la propriété de l'article 144 CPS qui sanctionne un comportement consistant à endommager le bien d'autrui, évènement qui se situe à un moment défini dans le temps. Les infractions dites de situation appartiennent aussi à la catégorie des infractions instantanées ; il s'agit des infractions qui sont consommées à un moment précis, mais dont les effets sont néanmoins durables. Tel est le cas de la diffamation (art. 173 CPS), notamment par internet, qui est consommée au moment où le propos est diffusé, mais dont les effets perdurent en raison du fait que le message reste accessible de manière durable[28].

Une infraction est qualifiée de continue lorsque les actes qui créent la situation illégale forment une unité avec ceux qui la perpétuent, pour autant que le comportement visant au maintien de l'état de fait délictueux soit contenu dans les éléments constitutifs du délit. Le délit continu se caractérise par le fait que la situation illicite créée par un état de fait ou un comportement contraire au droit se poursuit. Il est réalisé sitôt accompli le premier acte délictueux, mais n'est achevé qu'avec la fin ou la suppression de l'état contraire au droit[29]. Tel est le cas, par exemple, de la séquestration (art. 183 CPS).

---

[28] ATF 142 IV 18.

[29] ATF 131 IV 83, c. 2.1.2.

Cette distinction revêt une importance marquée dans le domaine de la prescription de l'action pénale, dans la mesure où la prescription d'une infraction instantanée commence à courir au moment de l'acte (art 98 let. a CPS), alors que pour les infractions continues, la prescription ne commence à courir qu'au moment où les agissements coupables durables cessent (art. 98 let. c CPS)[30].

1.6. La classification selon le comportement de l'auteur

La plupart des infractions répriment l'adoption d'un comportement actif de l'auteur ; il s'agit de la catégorie des infractions de commission. Le meurtre de l'art 111 CPS est une infraction de commission parce qu'elle sanctionne le comportement de celui qui agit pour causer la mort d'un être humain.

Il existe également certaines infractions qui sanctionnent une abstention, soit ne pas adopter un comportement qui s'impose dans une situation donnée. Il s'agit des infractions d'omission. L'omission de prêter secours à une personne que l'on a blessée ou qui se trouve en danger de mort imminent fait partie de cette catégorie[31].

Il existe encore une catégorie particulière qui est celle de la commission par omission. Cette construction est régie par l'article 11 CPS qui permet de sanctionner l'auteur pour une infraction de commission, lorsqu'il s'est abstenu d'agir pour préserver le bien juridique protégé, pour autant qu'il se soit trouvé dans une position dite de garant à l'égard du bien juridique protégé, fondant alors un devoir d'agir. Ce devoir peut reposer sur la loi, un contrat, une communauté de risques librement consentie ou la création d'un risque. Ainsi, par exemple, en raison de ses obligations spécifiques de vérification de l'identité du contractant et de l'arrière-plan économique des transactions fondées sur la Loi sur la blanchiment d'argent du 10 octobre 1997[32], l'intermédiaire financier, à l'image d'un banquier, commet l'infraction de blanchiment (art. 305bis CPS) par omission, pour ne pas avoir empêcheé la réalisation de celle-ci[33].

---

30 V. chap. 8.3.
31 ATF 121 IV 18, c. 2a.
32 RS 955.0.
33 ATF 136 IV 188.

1.7. La classification selon le statut de l'auteur

Les infractions qui sont susceptibles d'incriminer tout un chacun sont qualifiées d'infractions communes. Le meurtre (art. 111 CPS) et le vol (art. 139 CPS) sont des infractions communes.

Lorsque la loi pose des exigences particulières quant aux qualités de l'auteur, l'infraction est alors dite propre. On distingue encore les infractions propres pures lorsqu'elles ne peuvent être commises que par des personnes présentant des caractéristiques particulières, des infractions propres mixtes, qui sont des infractions communes dans leur forme de base, mais pour lesquelles une circonstance aggravante est aménagée lorsque l'auteur revêt une caractéristique particulière. Ainsi, seules les personnes exhaustivement décrites à l'article 321 CPS, comme le médecin ou l'avocat, peuvent être l'auteur d'une violation du secret professionnel, permettant de rattacher cette incrimination aux infractions propres pures. L'abus de confiance (art. 138 CPS) est une infraction propre mixte, parce que tout le monde peut en être l'auteur, mais lorsque l'auteur exerce, par exemple, une position de fonctionnaire ou de membre d'une autorité, il est alors puni plus sévèrement.

1.8. La classification selon l'énoncé de fait légal

Il s'agit ici d'opérer une distinction entre l'infraction de base et les infractions qualifiées (circonstance aggravante spéciale) ou privilégiées (circonstance atténuante spéciale). Il arrive en effet assez souvent que certaines infractions prévoient des cas spéciaux d'aggravation ou d'atténuation de la peine en fonction de circonstances ou de caractéristiques propres à l'auteur. Ces formes aggravées ou atténuées peuvent être décrites dans la même disposition ou dans des dispositions distinctes. Ainsi, par exemple, le meurtre (art. 111 CPS[34]) est une infraction de base, l'assassinat (art. 112 CPS[35]) qui suppose une absence particulière de scrupule est une forme qualifiée du meurtre, tandis que le meurtre passionnel (art. 113 CPS[36])

---

[34] La peine-menace est une peine privative de liberté comprise entre 5 et 20 ans.
[35] La peine-menace est une peine privative de liberté de 10 ans au moins ou à vie.
[36] La peine-menace est une peine privative de liberté de 1 à 10 ans.

qui suppose une émotion violente ou un profond désarroi de caractère excusable, en est une forme privilégiée.

1.9. La classification selon la forme de la faute

Il est question ici de distinguer entre les infractions intentionnelles et les infractions par négligence. En principe, toutes les infractions sont punissables intentionnellement, même lorsque la disposition spéciale est silencieuse à ce propos (art. 12 al. 1 CPS[37]). En conséquence, la négligence ne sera punissable que lorsque la loi le prévoit expressément. Ainsi, les lésions corporelles sont punissables par négligence parce que l'article 125 CPS le prévoit expressément. À l'opposé, le vol est exclusivement puni sous la forme de l'intention, compte tenu du silence total de la loi sur la forme de la faute à l'article 139 CPS.

Il faut signaler que ce paradigme est renversé à l'art 333 al. 7 CPS qui dispose que, s'agissant des infractions du droit pénal accessoire[38], la négligence est toujours punissable sauf disposition contraire de la loi.

1.10. La classification selon les modalités de la poursuite

On distingue ici les infractions poursuivies sur plainte des infractions poursuivies d'office. Lorsque la loi ne mentionne aucune condition de poursuite, la poursuite a lieu d'office. Si l'infraction est poursuivie sur plainte[39], la loi le mentionne expressément. Ainsi, par exemple, les voies de fait de l'article 126 CPS sont poursuivies sur plainte, tandis que les lésions corporelles graves le sont d'office (art. 122 CPS).

On notera que certaines infractions commises dans un contexte conjugal connaissent un système particulier, en ce sens que la poursuite a lieu d'office, mais l'article 55*a* CPS permet de suspendre la procédure, avec le consentement de la victime, puis le classement de la procédure sauf reprise qui peut être requise dans 6 mois suivant la suspension. Tel est le cas des voies de fait, (art. 126 al. 2 let. b, b^{bis}

---

37 Cette règle vaut aussi pour les contraventions du CPS en vertu du renvoi de l'art. 104 CPS.

38 Sur cette notion v. chap. 1.1

39 V. chap. 9.

et c CPS), des lésions corporelles simples (art. 123 ch. 2 al. 3-5 CPS), de la menace (art. 180 al. 2 CPS) et de la contrainte (art. 181 CPS), lorsque ces infractions ont été commises entre conjoints mariés, partenaires enregistrés ou concubins, au cours de la vie commune ou dans l'année qui suit la dissolution de l'union, respectivement la séparation.

On notera par ailleurs que la poursuite de certaines infractions, en raison de leur dimension politique, est soumise à l'autorisation du Conseil fédéral ; tel est le cas, par exemple, des infractions protégeant les relations de la Suisse avec l'étranger (art. 302 al. 1 CPS), comme l'outrage à un chef d'État étranger (art. 296 CPS). Il s'agit évidemment d'une atteinte à la séparation des pouvoirs. Cette autorisation de l'Exécutif fédéral ne constitue pas une plainte. Ces mêmes infractions dépendent également d'une demande de l'État étranger (art. 302 al. 2 CPS), laquelle ne constitue pas non une plus plainte et n'est pas donc soumise aux conditions de formes et de délai de cette dernière[40].

---

40 V. chap. 9.4.

Chapitre 2

Les formes et les degrés de participation

En France

2.1. Introduction

À la différence du droit civil français, l'un des grands principes du droit pénal français est celui de la personnalité de la responsabilité pénale. Selon l'article 121-1 CPF « Nul n'est responsable pénalement que de son propre fait ». Ainsi c'est celui qui a commis l'infraction dans tous ses éléments constitutifs qui en est responsable et l'exigence d'un élément moral de l'infraction exclut la responsabilité pénale des animaux et des choses.

Ce principe emporte que les personnes qui n'ont pas commis matériellement l'infraction (ni auteur, ni coauteur) ou qui n'en ont pas été complices ne peuvent pas être inquiétées. C'est l'application du principe de la « responsabilité personnelle ». Ainsi, le propriétaire d'un véhicule volé ne peut être tenu pour l'auteur de l'homicide involontaire commis par le voleur, à la condition d'avoir déclaré le vol dans un délai raisonnable.

2.2. L'identification de l'auteur

2.2.1. L'auteur

Le principe est qu'est auteur d'une infraction celui qui commet personnellement ou tente de commettre (si la tentative est réprimée), dans les conditions (éléments matériels et intellectuel) prévues par le texte d'incrimination, des actes pénalement sanctionnés.

2.2.2. La responsabilité pénale du fait d'autrui – l'auteur médiat

2.2.2.1. Les sources de la responsabilité pénale du fait d'autrui

2.2.2.1.1. La loi

Certaines professions sont soumises à de nombreuses règles (conditions de sécurité, d'hygiène, relatives au temps de repos, etc.). C'est généralement sur le professionnel ou l'employeur que pèse alors la responsabilité pénale alors même qu'il est parfois difficile de déterminer l'auteur direct des faits infractionnels. Ainsi, dans certains cas, la loi prédétermine la personne contre laquelle l'action publique sera engagée en cas de méconnaissance des dites obligations. C'est par exemple le cas en matière de non respect des règles de santé et de sécurité au travail. L'article L. 4741-1 du code du travail français dispose ainsi que l'employeur ou son délégataire est responsable lorsqu'il a méconnu de sa propre faute une des obligations qu'il énumère. Dans un tel cas, la jurisprudence considère généralement que la violation de l'obligation suffit à caractériser la faute de l'employeur ou de son délégataire sans qu'il y ait à rechercher l'auteur direct des faits.

2.2.2.1.2. La jurisprudence

En marge de ces hypothèses légales spécifiques, une position jurisprudentielle constante fait peser sur le chef d'entreprise ou dirigeant une responsabilité pénale à raison des infractions commises par ses préposés. Elle estime en effet que « s'il est de principe que nul n'est passible de peines qu'à raison de son fait personnel, il en est autrement dans certains cas exceptionnels où des prescriptions légales engendrent l'obligation d'exercer une action directe sur le fait d'autrui »[41].

Mais une telle position jurisprudentielle se rencontre également en dehors de l'entreprise. Il arrive ainsi que la juridiction répressive recherche si au-delà de l'auteur matériel immédiat il existe une autre

---

41 V. la première décision en ce sens : Cass. crim, 30 décembre 1892, S. 1894, 1, 201, note Villey.

personne qui par sa faute a permis ou favorisé, de manière non intentionnelle, la commission de l'infraction, tel serait par exemple le cas du père de famille qui laisserait son enfant jouer avec une arme chargée, ce dernier tuant un autre enfant.

Lorsqu'une telle personne existe on parle à son sujet « d'auteur médiat ». Dans une telle hypothèse, les juges admettent le cumul des deux responsabilités, celle de l'auteur direct et celle de l'auteur médiat. Elle se fonde pour ce faire sur la théorie de la causalité équivalente.

2.2.2.2. Les conditions de la responsabilité pénale du fait d'autrui de l'employeur

Plusieurs conditions sont nécessaires pour pouvoir rechercher la responsabilité pénale de l'employeur du fait de l'infraction commise par son préposé :

- Une infraction doit avoir été commise par le préposé. Cette infraction peut être de commission, mais le plus fréquemment il s'agit d'une infraction d'omission. Généralement l'infraction doit être d'imprudence ou de négligence et non pas intentionnelle. Dans ce dernier cas, il arrive cependant que la jurisprudence engage la responsabilité de l'employeur prenant en considération les directives données par lui et ayant poussé le salarié à commettre l'infraction.
- Puisque la responsabilité de l'employeur suppose une infraction du préposé, ce dernier est lui-même susceptible de voir sa responsabilité pénale engagée (le procureur apprécie alors l'opportunité d'une telle poursuite et le juge celle d'une déclaration de culpabilité).
- Le salarié doit avoir agi dans le cadre de ses fonctions.
- Enfin, il pèse sur l'employeur une présomption de faute[42] (de surveillance). Toutefois, ce dernier peut s'exonérer en prouvant qu'il a procédé à une délégation de pouvoirs au profit d'un préposé[43]. Il lui appartient alors de prouver qu'il se trouve bien

---

42 Lapérou-Scheneider B., La responsabilité pénale de l'employeur personne physique et la présomption de faute, Droit social, mars 2012, p. 273.

43 Arrêt de principe : Ass. Plén., 11 mars 1993, JCP éd E 1994, p. 571, note J.-H. Robert.

dans un domaine dans lequel la délégation pouvait avoir lieu et que toutes les conditions de la délégation ont été réunies[44].

2.2.3. La personne morale

Depuis le 31 décembre 2005, toute personne morale, à l'exclusion de l'État, peut être déclarée responsable pénalement de toute infraction à certaines conditions, sauf mention contraire pour certaines infractions (art. 121-2 CPF)[45].

2.3. La multiplicité de délinquants

La participation d'autres individus à l'infraction peut s'opérer de trois manières différentes : la coaction (2.2.1.), la complicité (2.2.2.) et enfin le comparse qui est une personne qui a eu un comportement critiquable, mais qui n'a pas rempli les conditions d'une complicité punissable (ex. : celui qui observe passivement la commission d'un vol ou qui intervient après coup).

2.3.1. La coaction

On est en présence de coauteurs lorsque chacune des personnes poursuivies a personnellement commis les éléments matériels et intellectuels pénalement sanctionnés par un texte. Cette situation est à distinguer de la complicité pour laquelle il conviendra de caractériser l'existence d'actes qui ont seulement permis de préparer, faciliter ou aider à la réalisation de la consommation de l'infraction. Seront ainsi coauteurs les deux individus qui entrent dans une maison pour y commettre un vol et en ressortent en portant à deux un coffre.

---

44 Selon une position jurisprudentielle constante, le préposé délégataire a dû bénéficier de la compétence, de l'autorité et des moyens nécessaires pour exercer l'acte délégué. V. notamment Giacopelli-Mori M., La délégation de pouvoir en matière de responsabilité pénale du chef d'entreprise, RSC 2000, p. 525s.

45 Nous renvoyons le lecteur aux développements consacrés à ce point : V. chapitre 11.

Il est parfois difficile de déterminer la part prise par chaque individu dans la commission de l'infraction (difficulté probatoire). Dans un tel cas, les tribunaux qualifient généralement de coauteurs l'ensemble des membres du groupe ayant participé à l'action sans rechercher leurs rôles respectifs (sorte de présomption de coaction). Il appartient alors à chacun des mis en cause d'apporter la preuve qu'il n'a pas participé à l'acte infractionnel. Ainsi en va-t-il notamment en cas de violences collectives volontaires [46]. La situation de coaction n'est pas expressément prévue par les textes et elle n'entraîne aucune aggravation de la peine.

Remarque : La pluralité d'auteurs peut parfois constituer en soit un élément constitutif de l'infraction, on est alors en présence d'une infraction collective par nature[47], Elle constitue par ailleurs pour certaines infractions une circonstance aggravante.

2.3.2. La complicité

Le complice a, par définition, moins directement participé à l'infraction que l'auteur ou le coauteur. Il a simplement aidé à sa réalisation sans pour autant avoir accompli lui-même les actes matériels constitutifs de l'infraction. Deux questions doivent dès lors être abordées que sont les conditions et les effets de la complicité.

2.3.2.1. Les conditions de la complicité

Pour qu'un individu puisse être condamné comme complice, il faut d'abord qu'une infraction principale ait été commise (art. 121-7 et R 610-2 CPF). La seconde condition est évidemment relative à l'acte de complicité lui-même.

---

[46] Cass. crim., 13 juin 1972, Bull. crim. n° 195.

[47] Ainsi en va-t-il du complot (art 412-2 CPF), de la participation de plusieurs personnes à un mouvement insurrectionnel (art. 412-3 CPF) ou encore de la participation à une association de malfaiteurs (art. 450-1 CPF).

2.3.2.1.1. Les conditions relatives à l'infraction principale

Le fait principal auquel s'attache l'acte de complicité doit être infractionnel. Les conditions relatives au fait principal sont relatives d'une part à sa nature et d'autre part à son caractère.

2.3.2.1.1.1. La nature de l'infraction principale

Lorsque l'infraction principale est un crime ou un délit, la complicité est toujours punissable.

Une question doit cependant être résolue lorsque ce crime ou ce délit est une infraction d'imprudence ou de négligence. Dans une telle hypothèse peut-on retenir la complicité ? La réponse est en principe négative. Ainsi un client incitant le chauffeur d'un taxi à commettre un excès de vitesse en lui promettant un pourboire et provoquant ainsi un homicide involontaire ne peut-il pas être déclaré complice d'une telle infraction. Toutefois, et dans un but répressif, la jurisprudence traite dans une telle hypothèse celui qui a provoqué à la commission de l'infraction non intentionnelle comme un coauteur. Toutefois, la position jurisprudentielle semble évoluer puisque dans une récente décision, la chambre criminelle de la Cour de Cassation a retenu la complicité par abstention d'un médecin (médecin qui aurait dû être présent lors de l'acte) pour une atteinte involontaire à l'intégrité physique d'autrui[48].

Lorsque l'infraction principale est une contravention, il convient de distinguer. D'abord la complicité par instigation (c'est-à-dire par provocation ou fourniture d'instructions) est toujours punissable (art. 121-7 al 2 et R 610-2 CPF). Ensuite, s'agissant de la complicité par aide ou assistance elle n'est généralement pas punissable, sauf si le texte d'incrimination le prévoit expressément.

2.3.2.1.1.2. Le caractère de l'infraction principale

L'infraction principale doit être objectivement punissable. Cette condition implique que l'infraction principale doit avoir été entièrement consommée ou, dans les cas prévus par la loi, simplement tentée. Cette règle entraîne une double conséquence.

---

48 Cass. crim., 13 septembre 2016, n° 15-85 046, DP 2016 com. 154 et étude 27, J.-F. Maréchal.

D'abord la tentative de crime étant toujours réprimée et celle de délit étant réprimée lorsqu'elle est expressément prévue, la complicité de ces tentatives est punissable[49].

Ensuite, en l'absence de fait principal punissable, le complice n'est en principe pas punissable quelle qu'ait été la gravité de ses agissements. Ainsi, la répression du complice est impossible dans le cas où le fait principal n'est pas punissable pour des raisons objectives (indépendantes de la situation personnelle de l'auteur principal). Ainsi en va-t-il lorsque l'acte principal est prescrit, effacé du fait d'une amnistie ou encore justifié par un fait justificatif. De la même manière, lorsque l'auteur du fait principal s'est désisté volontairement de sa tentative, le complice n'est pas non plus punissable bien qu'il soit étranger au désistement volontaire[50]. La « tentative de complicité » n'est jamais punissable, il existe ici un vide juridique car le caractère de dangerosité de l'instigateur subsiste. C'est pour cette raison que la loi du 9 mars 2004[51] a incriminé la tentative de complicité par provocation en cas de désistement volontaire de l'auteur principal. Mais tel est le cas uniquement pour l'assassinat et l'empoisonnement (art. 221-5-1 CPF). Cette infraction *sui generi* constitue ainsi un délit puni de 10 ans d'emprisonnement et 150 000 euros d'amende.

Enfin, concernant les infractions d'habitude, l'auteur principal du premier fait n'étant par hypothèse pas punissable, son complice ne l'est pas non plus. Mais dès lors que l'auteur principal est punissable ce qui est le cas lorsque l'habitude est caractérisée à son égard, le complice est punissable même si l'habitude ne peut être établie à son encontre[52].

Il n'est pas nécessaire que l'auteur principal soit effectivement puni. En effet, l'acte de complicité étant rattaché à l'infraction principale et non à son auteur, la non répression de ce dernier ne fait pas obstacle à la condamnation du complice. C'est ainsi que si l'auteur principal n'a

---

49 Cass. crim., 11 juin 1998, JCP 1999, I, 151.

50 Cass. crim., 25 octobre 1962, aff. Lacour, JCP 1963, II, 12985, note Vouin, D. 1963, juris., p. 221, note Bouzat.

51 Loi n° 2004-204 d'Adaptation de la justice aux évolutions de la criminalité.

52 Cass. crim., 19 mars 2008, Bull. crim. n° 70, Dr. pénal 2008, comm. 79, obs. M. Véron, JCP éd E 2008, D. 2008, p. 1665, note J. Lasserre Capdeville.

pas été poursuivi ou a été poursuivi mais pas condamné pour une raison subjective (attachée à sa personne : ex. : fuite, classement sans suite, décès, démence, minorité, amnistie à titre personnel), son complice reste, lui, punissable.

2.3.2.1.2. Les conditions relatives à l'acte de complicité

Comme tout acte infractionnel, l'acte de complicité comporte un élément matériel et un autre moral.

2.3.2.1.2.1. Les conditions relatives au caractère matériel de l'acte de complicité

La participation à l'infraction principale doit avoir lieu par le biais de l'un des cas de complicité prévus par la loi et doit remplir certaines caractéristiques.

D'abord, l'acte de complicité doit être un fait positif. Il n'y a pas en principe en droit français de complicité par abstention (ex. : assister passivement à la commission d'une infraction). Toutefois, la jurisprudence évolue dans le sens de la répression dans certains cas, notamment lorsque l'individu qui est resté passif a eu un comportement blâmable. Trois hypothèses sont ici retenues : celle dans laquelle l'individu par sa seule présence a apporté une caution morale ou un encouragement à l'auteur principal[53] ; celle où l'individu avant la commission de l'infraction avait passé un accord avec l'auteur principal[54] ; et enfin celle dans laquelle l'individu qui s'est abstenu avait, en raison de sa profession, le pouvoir et le devoir d'agir[55].

Ensuite, l'acte de complicité doit en principe être antérieur ou concomitant à l'infraction principale[56]. Ainsi, les actes d'aide ou d'assistance postérieurs à la commission de l'infraction peuvent

---

53 Amant qui assiste sa maîtresse pendant un avortement : Cass. crim, 5 novembre 1941, S 1942, I, p. 89, note Bouzat.

54 Cass. crim., 27 octobre 1971, Bull. crim. n° 284, D. 1971, p. 227, RSC 1972, p. 385, A. Vitu.

55 Cass. crim., 30 juin 1999, Bull. crim. n° 175 (président d'une chambre d'un tribunal de commerce et juge commissaire ne s'étant pas opposé à la reprise des actifs d'une société en redressement judiciaire par une société à laquelle était personnellement intéressé un juge consulaire auteur principal du délit).

56 Cass. crim., 4 mai 2000, Bull. crim. n° 178.

seulement constituer des infractions distinctes tel le recel de chose (art. 321-1 CPF) ou de malfaiteur (art. 434-6 CPF). Toutefois, lorsque l'acte de complicité a pour objet de faciliter la commission de l'infraction principale, les juges décident qu'il y a complicité en cas d'accord antérieur ou concomitant[57].

Les cas de complicité sont au nombre de trois et limitativement prévus par l'article 121-7 CPF.

Il s'agit d'abord de la complicité par aide[58] ou assistance, situation dans laquelle un individu a procuré des moyens matériels (arme, poison, fausses clefs, etc.) ou a apporté son concours avant (étude des lieux) ou lors de la commission de l'infraction (créer une diversion) en sachant qu'ils devaient servir à la commission d'un crime ou d'un délit. Il importe peu dans ce cas de complicité que les moyens ainsi fournis n'aient pas été indispensables pour réaliser l'infraction[59].

Le deuxième cas est celui de la complicité par instigation ou provocation. Le complice par instigation est celui qui provoque ou incite à la commission d'une infraction. Le provocateur est donc l'auteur moral de l'infraction, mais il n'a pas commis les éléments constitutifs de celle-ci. Pour être retenue au titre de la complicité, la provocation doit rassembler trois caractères. Elle doit être « qualifiée » c'est-à-dire qu'elle doit être accompagnée de don, promesse, menace, ordre ou abus de pouvoir ou d'autorité ; elle doit être personnelle c'est-à-dire adressée à une personne déterminée et pas simplement publique et directe. Son objet doit donc être précisément la commission de l'infraction ; elle doit enfin être suivie des faits c'est-à-dire que l'infraction a dû être commise ou au moins tentée par le destinataire de la provocation. Sauf texte spécial : ex. : assassinat ou empoisonnement (V. *supra*).

Le dernier consiste en la complicité par fourniture d'instructions. Il s'agit en quelque sorte de moyens intellectuels qui sont destinés à

---

57 Cass. crim., 11 juillet 1994, Bull. crim. n° 274, RSC 1995, 343, B. Bouloc.

58 Cass. crim., 3 avril 2013, Dr. pénal 2013, comm. 105 : est complice d'un délit de recours au travail dissimulé par aide et assistance l'avocat qui met en relation les auteurs de l'infraction et met ses locaux professionnels alors dispositions pour leur permettre de se rencontrer.

59 Cass. crim., 22 janvier 1991, Bull. crim. n° 36.

faciliter la réalisation de l'infraction[60]. Il n'y a cependant complicité par instructions que si les renseignements fournis sont clairs, précis et présentent effectivement une utilité pour l'auteur principal, ce qui exclut les indications vagues.

2.3.2.1.2.2. La condition relative au caractère moral de l'acte de complicité

Pour qu'il y ait complicité, il faut un acte intentionnel et concerté, on parle du concert frauduleux entre l'auteur et le complice. Le complice doit donc s'associer en toute connaissance de cause avec l'auteur principal[61]. Dès lors, on ne peut être complice que de l'infraction en vue de laquelle on s'est associé à l'auteur principal. Il faut donc une correspondance entre l'acte prévu et celui effectivement réalisé. Aussi, en cas de différence totale ou dans les éléments constitutifs, le complice ne sera pas inquiété[62].
Par contre, lorsque l'infraction prévue et celle commise ne diffèrent que par des circonstances secondaires, le complice doit être puni[63].

2.3.2.2. Les effets de la complicité

Longtemps, le principe a été celui de la criminalité d'emprunt et de la pénalité d'emprunt. Selon ce système, le complice empruntait sa

---

[60] Ex : recruter des hommes de main et organiser une expédition punitive : Cass. crim., 18 avril 1991, Dr. pénal 1991, comm. 220, note M. Véron.

[61] Cass. crim., 6 mars 2007, AJP 2007, p. 226 : suite à un différent l'opposant à un de ses administrés, un maire avait tenu des propos diffamatoires sur celui-ci avec une inconnue. Surprise ! Il retrouva ses propres propos dans la presse locale sous la plume de ladite inconnue qui était en fait journaliste. L'administré diffamé fit citer en justice la journaliste en qualité d'auteur principal de diffamation et le maire en qualité de complice, ce dernier est finalement relaxé car il ignorait la qualité de journaliste lors de l'entretien et ne savait pas que ses propos seraient rendus publics.

[62] Cass. crim., 13 janvier 1955, aff. Rubio-Nicolaï, Bull. crim. n° 34 : un individu remet un pistolet à un homme de main pour qu'il aille intimider un débiteur. L'homme de main s'exécute, mais en redescendant de chez le débiteur il se dispute avec le concierge qu'il finit par tuer. Le fournisseur de l'arme n'a pas été déclaré complice du meurtre.

[63] Cass. crim., 31 janvier 1974, aff. Rochefort, Bull. crim. n° 50 : un détenu demande à un compagnon de cellule de tuer un individu par strangulation. Bien que la victime ait finalement été tuée par électrocution, la chambre criminelle a finalement retenu la complicité.

criminalité et sa peine, à celles de l'auteur principal. Aujourd'hui, et depuis l'entrée en vigueur du nouveau code pénal français en 1994, l'article 121-6 CPF dispose que le complice est puni comme auteur, c'est-à-dire comme s'il était lui-même l'auteur de l'infraction.

Toutefois, en pratique, le juge, en vertu de son pouvoir d'individualisation, prononcera la peine correspondant au rôle de chacun dans la réalisation de l'infraction. Ainsi, le complice qui aura joué un rôle secondaire (fournir une échelle) sera probablement condamné à une peine largement inférieure à celle de l'auteur principal. Mais, à l'inverse, le juge aura tendance à sanctionner plus sévèrement le complice par provocation, compte tenu de sa place prédominante dans la réalisation de l'infraction.

Ce principe entraîne plusieurs difficultés qui se rencontrent traditionnellement lors du jeu des circonstances aggravantes. On distingue traditionnellement en droit pénal français trois types de circonstances :

- Les circonstances personnelles à l'auteur : il s'agit de celles qui prennent en considération des données subjectives attachées à l'auteur principal (récidive, minorité). Ces circonstances n'interviennent absolument pas dans la détermination de la peine du complice puisqu'elles sont propres à l'auteur principal.
- Les circonstances réelles sont quant à elles relatives à l'infraction, on parle encore des circonstances objectives (effraction ou escalade pour le vol). Ces circonstances s'appliquent à tous les participants et donc aussi aux complices, même s'ils les ont ignorées ou désapprouvées sauf si, comme il a été vu précédemment, la nature de l'infraction commise est totalement différente de celle à laquelle pensait s'associer le complice.
- Restent les circonstances mixtes qui tiennent à la fois à l'infraction et à l'auteur telle la qualité de fonctionnaire de l'auteur de l'infraction. Désormais, le complice encourt les peines aggravées liées à ces circonstances[64].

[64] La qualité de fonctionnaire constitue une circonstance aggravante du délit de discrimination qui est puni de 3 ans d'emprisonnement et 45 000 euros d'amende, mais qui, lorsqu'il est commis par un fonctionnaire, fait encourir

2.4. Le cas particulier des médias

Dans le but de protéger la liberté de la presse, la loi du 29 juillet 1881 a instauré[65] un régime de responsabilité pénale spécifique, dit système de responsabilité en cascade, qui prédétermine l'ordre des responsabilités. L'article 42 de cette loi prévoit ainsi que « seront passibles, comme auteurs principaux, des peines qui constituent la répression des crimes et délits commis par la voie de la presse dans l'ordre ci-après, savoir :
1° Les directeurs de publications ou éditeurs quelles que soient leurs professions ou leurs dénominations et dans les cas prévus au deuxième alinéa de l'article 6 les co-directeurs de la publication ;
2° À leur défaut, les auteurs ;
3° À défaut des auteurs, les imprimeurs ;
4° À défaut des imprimeurs, les vendeurs, les distributeurs et afficheurs… ».

En complément, l'alinéa 1 de l'article 43 dispose que « lorsque les directeurs ou codirecteurs de la publication ou les éditeurs seront en cause, les auteurs seront poursuivis comme complices ».

Si ces textes pouvaient laisser entendre qu'en matière de presse était organisée une subsidiarité formelle stricte des responsabilités (directeur de publication, à défaut auteur), la chambre criminelle de la Cour de Cassation a au contraire récemment précisé « qu'aucune disposition de la loi sur la presse ne subordonne la mise en cause de l'auteur de l'écrit à la poursuite, à titre d'auteur principal, du directeur de la publication, ou à celle, à quelque titre que ce soit, d'autres personnes pénalement responsables en application de ces textes »[66].

---

une peine de 5 ans d'emprisonnement et 75 000 euros d'amende (art. 225-1 CPF).

65 Principalement en matière de presse écrite.

66 Cass. crim., 3 mars 2015, D. 2016, pan. 277, obs. E. Dreyer, Dr. pén. 2015, com. 67, obs. M. Véron.

Les formes et les degrés de participation

En Suisse

2.1. Introduction[67]

Même si l'on imagine généralement l'infraction comme étant le fait d'un auteur commettant un acte criminalisé, les choses sont parfois – pour ne pas dire très souvent, voire presque toujours – plus compliquées. En effet, l'auteur peut parfois avoir été poussé par autrui à commettre son acte criminel, il peut l'avoir commis en commun ou avec l'aide d'autres personnes, il peut avoir été manipulé par un tiers, etc. Inversement, certains criminels n'agissent pas eux-mêmes, mais font exécuter les basses besognes par d'autres qui leur doivent allégeance ou qu'ils manipulent en leur faisant faussement croire que leurs actes sont parfaitement légaux.

Du parrain mafieux qui n'agit pas lui-même à ses sbires qui commettent concrètement les infractions en passant par le complice qui leur prête sa voiture, de l'escroc qui fait vendre de fausses assurances-vie à des étudiants qui agissent en toute bonne foi aux instruments humains que sont ces derniers, de celui qui donne l'idée de la commission d'une infraction à celui qui la réalise, la notion de degrés de participation fait donc référence à toutes ces formes différentes de la participation à un acte criminel. Le droit pénal suisse connaît ainsi une subdivision entre les participants principaux (parmi lesquels on trouvera l'auteur et le coauteur) et les participants secondaires (dont font partie l'instigateur et le complice).

---

67 L'un des coauteurs du présent ouvrage ayant également participé à la rédaction du Précis de droit pénal général suisse (Killias M., Kuhn A., Dongois N, *Précis de droit pénal général*, 4e édition, Berne : Stämpfli, 2016), certains passages de ce chapitre en sont largement imprégnés. Pour un approfondissement de la matière, nous renvoyons d'ailleurs audit Précis.

Mentionnons d'emblée que chaque participant à une infraction ne peut l'être qu'à un seul titre, soit celui dont le degré est le plus élevé. C'est ainsi que si une même personne devait être simultanément auteur et instigateur, on retiendra uniquement son statut d'auteur. On dit généralement que la qualité d'auteur absorbe celle de participant secondaire et que la qualité d'instigateur absorbe celle de complice[68].

2.2. Les participants principaux

2.2.1. L'auteur

Même si le mot « auteur » apparaît 240 fois dans le Code pénal suisse[69] – qui comprend quelque 400 articles –, il n'y est jamais défini. C'est donc la doctrine et la jurisprudence[70] qui ont été amenées à développer le concept. Après plusieurs théories qui, aujourd'hui, ne sont plus guère suivies, la conception de l'auteur qui s'impose de nos jours met l'accent sur le critère de la maîtrise des événements[71]. C'est ainsi qu'est un *auteur* celui qui intentionnellement joue un rôle déterminant lors de la prise de décision, de la planification et/ou de l'exécution d'une infraction.

Selon cette définition, il n'est pas nécessaire que l'auteur ait personnellement accompli tous les éléments constitutifs de l'infraction, ni même qu'il ait personnellement agi. Le *padrino* mafieux – qui n'apparaît jamais sur la scène du crime, mais qui maîtrise le déroulement des opérations – est donc auteur (et pas seulement instigateur ou complice). Est par ailleurs aussi auteur (et pas seulement complice) celui qui ne fait que conduire la voiture ou aider à transporter les marchandises volées lors d'un hold-up, s'il a participé activement à la planification et à l'organisation de l'opération[72].

---

[68] ATF 100 IV 1 = JdT 1976 IV 2.

[69] RS 311.0.

[70] ATF 120 IV 265, 271 = JdT 1996 IV 95.1 (résumé), ATF 120 IV 136 (f), 141, ATF 101 IV 47 = JdT 1976 IV 141, ATF 98 IV 255, 259 = JdT 1973 IV 139.

[71] En allemand, on parle volontiers de *Tatherrschaft*.

[72] Pour des illustrations de cette situation, voir les ATF 126 IV 84 (f) et 125 IV 134, 136 (f).

2.2.2. Le coauteur

Ce qui vient d'être mentionné nous renvoie à la notion de *co*auteur. En effet, si un parrain mafieux maîtrise un acte criminel sans y être impliqué personnellement ou si un auteur – qui a tout planifié – peut n'intervenir qu'en tant que transporteur de marchandises dérobées par d'autres, c'est qu'il existe d'autres personnes qui interviennent dans l'événement criminel et qui y jouent « un rôle déterminant lors de la prise de décision, de la planification et/ou de l'exécution d'une infraction »[73].

Lorsque plusieurs auteurs unissent leurs forces pour commettre une même infraction, ils sont *coauteurs* de cette infraction. Parfois, il sera toutefois difficile de savoir si l'on est en présence de deux coauteurs ou d'un auteur et d'un complice. Dans ce genre de cas, pour déterminer si un participant est coauteur ou participant secondaire (c'est-à-dire complice ou instigateur), il convient de prendre en considération une pluralité de critères dont les plus importants sont les suivants :

- celui qui a lui-même accompli l'ensemble des éléments constitutifs est probablement plutôt coauteur que complice ;
- celui qui, même s'il n'a pas participé à la décision de commettre l'infraction, la reprend à son compte après coup est probablement plutôt coauteur que complice ;
- celui qui, même s'il n'a pas participé à la prise de décision, joue un rôle-clé lors de l'exécution de l'infraction est probablement plutôt coauteur que complice ;
- celui qui, même s'il ne participe ni à la décision, ni à la réalisation de l'infraction, a une position face aux autres participants qui lui confère une autorité qui garantit que ses instructions soient suivies sans qu'il n'ait à intervenir personnellement est probablement plutôt coauteur que complice ; on parlera alors d'un *coauteur intellectuel* ;
- l'intérêt personnel dans la commission de l'infraction peut également être un critère : le complice se contente généralement d'une rémunération fixe pour ses services, alors que le coauteur est généralement rétribué selon une clé de répartition des gains.

---

[73] Il s'agit là de la définition de l'*auteur* donnée au paragraphe précédent.

C'est ainsi que seule une appréciation d'ensemble de ces critères permet de définir le degré de participation de chaque participant. Un seul critère n'est jamais déterminant à lui seul et l'appréciation du degré de participation de chacun ne peut donc pas se faire abstraitement, mais seulement concrètement, dans chaque cas d'espèce.

Sur la base de ces critères, le Tribunal fédéral[74] a, par exemple, retenu un homicide en coaction à l'égard de deux automobilistes qui se sont spontanément engagés dans une course-poursuite au cours de laquelle l'un des deux a perdu la maîtrise du véhicule et tué deux piétons.

2.2.3. L'auteur médiat

Il arrive qu'un individu parvienne à déterminer d'autres personnes à commettre des infractions à sa place en leur faisant croire que leurs actes sont totalement licites. Outre l'exemple mentionné en introduction[75], on peut penser à des conseillers financiers qui, pour le compte de leur employeur, produisent en toute bonne foi des titres faux, trompant en ce faisant des clients potentiels sur les risques et/ou les perspectives de gains et déterminant ainsi ces derniers à des opérations défavorables à leurs intérêts pécuniaires.

Etant donné qu'ils agissent sans intention délictueuse et sans aucune conscience de l'illicéité de leurs agissements, ces « instruments humains » ne seront pas punissables pénalement. Par contre, celui qui – tel un marionnettiste – tire les ficelles de l'acte délictueux et a une vue d'ensemble et une maîtrise de l'opération sera considéré comme un *auteur médiat* et, de ce fait, traité comme l'auteur des infractions commises.

2.2.4. L'entreprise

La plupart des infractions sont imputables et imputées à des personnes physiques. Néanmoins, le droit pénal suisse prévoit que, parfois, certaines infractions peuvent également être imputées à des personnes

---

74 ATF 130 IV 58.

75 Soit celui de l'escroc qui fait vendre de fausses assurances-vie à des étudiants qui agissent en toute bonne foi.

morales. C'est ainsi que l'article 102 CPS prévoit une responsabilité pénale – parfois subsidiaire, parfois concurrente – de l'entreprise. Cette dernière devient alors auteur d'une infraction pénale.

La responsabilité pénale de l'entreprise faisant l'objet d'un chapitre en soi, nous ne développerons pas le sujet ici et renvoyons le lecteur au chapitre 11.

2.3. Les participants secondaires

Les articles 24 et 25 CPS contiennent des incriminations à l'égard de celui qui décide autrui à commettre une infraction ou qui lui prête assistance lors de la commission d'une infraction. Ces personnes, à savoir l'instigateur et, dans une moindre mesure, le complice, paraissent aux yeux du législateur tout aussi punissables que l'auteur lui-même.

2.3.1. L'instigateur

Est un instigateur celui qui décide autrui à commettre une infraction ou, en d'autres termes, celui qui donne à l'auteur l'idée de passer à l'acte. L'instigateur ne contrôle pas le déroulement des opérations, mais en est à la source. Contrairement à l'auteur, il ne possède pas la « maîtrise des événements ».

Néanmoins, vu que sans l'instigateur l'auteur n'aurait pas eu l'idée de commettre une infraction, et que le premier a donc joué un rôle causal dans la commission de l'acte criminel, l'instigateur apparaît – aux yeux du législateur suisse – comme ayant commis une « faute » de gravité égale à celle de l'auteur. Si l'infraction qu'il a suggérée a été commise, il encourt ainsi la même peine que celle qui est applicable à l'auteur.

Si l'auteur instigué n'avait en réalité pas besoin de cette inspiration parce qu'il était déjà décidé à passer à l'acte, on ne peut envisager qu'une tentative d'instigation (art. 24 al. 2 CPS)[76]. Il en va de même

---

[76] Il s'agit en fait d'un délit impossible, car l'objet de l'instigation – soit l'auteur – était déjà décidé à commettre l'acte qui lui était suggéré. Cela conduit à admettre une tentative (délit impossible) d'instigation (v. ATF 116

lorsque l'instigateur a tenté d'insuffler une idée criminelle à un auteur potentiel, mais que ce dernier n'a pas été convaincu et n'a donc pas passé à l'acte. Cette construction juridique de la *tentative d'instigation* n'est toutefois possible que pour les crimes et non pour les délits et les contraventions. Celui qui tente de décider autrui à commettre un crime encoure ainsi la peine prévue pour la tentative de commission de ce crime. Par contre, celui qui tente d'instiguer autrui à commettre un délit ou une contravention n'est pas punissable selon le droit suisse. À moins, bien entendu, que l'auteur passe à l'acte et commette ledit délit ou ladite contravention, auquel cas l'instigateur est coupable d'instigation à cette infraction.

Pour qu'une instigation soit retenue, il faut en outre que l'infraction à commettre soit relativement bien déterminée et que l'instigation s'adresse à un ou des personnes bien précises. Tel ne serait par exemple pas le cas lors d'un appel public à commettre certaines infractions[77].

2.3.2. Le complice

Est un complice celui qui prête intentionnellement assistance à l'auteur d'une infraction. Comme mentionné plus haut, ce qui différencie principalement le complice du coauteur est le fait que le premier ne possède pas la maîtrise des événements, mais ne fait qu'apporter une aide ponctuelle et secondaire à la personne ou aux personnes qui ont joué un rôle déterminant lors de la prise de décision, de la planification et/ou de l'exécution d'une infraction.

La manière dont le complice prête assistance importe peu. Il s'agit de toute contribution subsidiaire qui tend à faciliter la commission de l'infraction. On distingue ainsi la complicité physique – qui comprend toutes les formes de soutien matériel – de la complicité psychique qui englobe autant l'aide intellectuelle – les conseils, les renseignements,

---

IV 1 = JdT 1991 IV 162). À propos du délit impossible, voir le chapitre 3 sur les degrés de réalisation de l'infraction.

77 L'art. 259 CPS, incriminant la « provocation publique au crime ou à la violence », comble néanmoins cette lacune.

etc. – que le soutien moral qui tend à conforter l'auteur dans sa décision[78].

Contrairement à l'instigation qui doit toujours intervenir avant le commencement de l'exécution, la complicité est possible à n'importe quelle phase de la réalisation de l'infraction. Contrairement à l'instigation, la complicité n'est pas punissable lorsque l'acte commis est une contravention (art. 105 al. 2 CPS). On ne peut donc être complice que d'un crime ou d'un délit. Contrairement à l'instigation encore, la tentative de complicité n'est jamais punissable. Et finalement, dernière différence avec l'instigation, le complice voit sa peine atténuée par rapport à celle qui peut être infligée à l'auteur, alors que l'instigateur encoure la même peine que celle applicable à l'auteur de l'infraction.

2.3.3. La théorie de l'accessoriété

À la question de savoir si l'on peut poursuivre en Suisse des participants secondaires sans qu'il y ait de poursuites pénales ouverte à l'encontre du ou des participants principaux, la réponse est clairement affirmative[79]. Néanmoins, il existe un cas dans lequel cela n'est pas envisageable : il s'agit du cas d'une participation en Suisse à une infraction commise à l'étranger ; une telle participation est réputée avoir été commise à l'étranger. Selon la théorie de l'accessoriété, la complicité doit en effet être poursuivie dans le même État que l'infraction principale car elle lui est accessoire.

2.4. La situation particulière des médias

En matière de participation, les médias jouissent de règles particulières et ne se voient dès lors pas toujours appliquer celles que nous venons d'exposer. C'est ainsi que, dans le but de préserver la liberté des médias, l'article 28 CPS prévoit ce que l'on appelle une *responsabilité pénale en cascade* en matière d'infractions commises par voie de presse ou d'autres médias et consommées par la

---

78 À titre d'exemples, voir les ATF 79 IV 145 (f), ATF 72 IV 97 = JdT 1947 IV 3, ATF 70 IV 12, 19 = JdT 1944 IV 39, 43.

79 ATF 106 IV 413 = JdT 1982 IV 124 : « la condamnation du complice ne présuppose pas que l'infraction principale ait fait l'objet d'un jugement ».

publication. Cette disposition prévoit que si – et seulement si – l'auteur d'une telle infraction ne peut pas être découvert ou qu'il ne peut pas être traduit devant un tribunal suisse, le rédacteur responsable est punissable et, à défaut de rédacteur responsable, on s'en prendra à la personne responsable de la publication.

Le privilège accordé à la presse à l'article 28 CPS trouve son corollaire à l'article 322bis CPS qui réprime le « défaut d'opposition à une publication constituant une infraction » pour que le rédacteur responsable ou, à défaut de pouvoir le poursuivre en justice, la personne responsable de la publication puissent être poursuivis sans qu'ils ne doivent répondre pénalement pour le fait de l'auteur de l'infraction. La responsabilité pénale pour le fait d'autrui n'est en effet pas considérée comme acceptable en droit suisse.

Cette responsabilité en cascade vient donc remplacer les notions de coaction ou de complicité en matière de délits formels[80]. Le Tribunal fédéral a toutefois jugé qu'il n'était pas toujours possible d'échapper à la punissabilité en tant que viennent-ensuite dans la cascade pour la seule raison que l'auteur principal a été condamné ; il a donc décrété que l'article 28 ne s'appliquait pas à toutes les situations impliquant des médias, lui préférant l'application des règles sur la coaction et la complicité à chaque fois que l'application de l'article 28 CPS aboutirait à un résultat contraire au but que poursuivait le législateur en criminalisant l'acte qui a été commis[81]. Il en va ainsi notamment des infractions aux articles 261bis al. 4 (discrimination raciale), 135 (représentation de la violence) et 197 al. 3 CPS (pornographie dure).

---

80 C'est-à-dire consommés par la publication elle-même.

81 ATF 125 IV 206 (f). Il s'agissait du cas d'un libraire vendant un livre révisionniste dont l'auteur avait antérieurement été condamné ; le Tribunal fédéral a donc décrété que « la réalisation des conditions précitées, si elle est nécessaire, ne suffit cependant pas toujours pour que l'article 28 CPS soit applicable. Encore faut-il que l'application de cette disposition à une infraction déterminée n'aboutisse pas à un résultat contraire au but que poursuivait le législateur en réprimant cette infraction ». Le libraire a dès lors été condamné en vertu des règles sur la complicité et la coaction.

Chapitre 3

Les degrés et modes de réalisation de l'infraction

En France

Préambule

En droit français, il n'y a pas d'infraction sans activité matérielle, c'est une garantie contre l'arbitraire. Ce principe entraîne pour conséquence que n'est pas punissable la simple idée du crime ni la résolution criminelle consistant en la décision de commettre une infraction. La situation est différente lorsque la résolution criminelle est une situation expressément prévue par la loi, dans ce cas elle est extériorisée [ex. : menaces (art. 222-17 CPF) ; complot (art. 412-2 CPF) ; association de malfaiteurs (art. 450-1s. CPF)] et peut donc faire l'objet de poursuites pénales.

L'infraction n'est « commise » que lorsqu'un comportement matériel puni par la loi a été adopté par une personne. L'infraction est révélée par un fait matériel constatable. Deux hypothèses se présentent alors selon que l'infraction est consommée ou simplement tentée.

Il est à noter que, concernant le droit pénal suisse, une partie des éléments traités ici à raison de la présentation traditionnelle française sont traités au chapitre 1.

3.1. L'infraction consommée

L'infraction est dite consommée lorsque l'individu est allé jusqu'au bout de son action et a adopté le comportement prohibé par la loi.

3.1.1. Le mode de réalisation de l'infraction

Plusieurs distinctions peuvent être opérées en fonction de trois paramètres

3.1.1.1. La distinction fondée sur la nature du fait matériel

Le comportement humain incriminé peut prendre trois formes : active (la plus fréquente) ou passive, elle se décline alors en deux cas.

L'infraction d'action ou de commission consiste en l'exécution positive d'un acte interdit par la loi. Ce type d'infraction implique un mouvement physique (ex. : meurtre : réalisation d'un acte homicide).
La question s'est posée de savoir s'il était possible de poursuivre comme l'infraction de commission une omission volontaire et génératrice des mêmes conséquences que l'acte de commission. En d'autres termes, une infraction de commission peut-elle résulter d'une omission ? Le débat doctrinal a opposé les partisans de la répression (selon Loisel : « Qui peut et n'empêche pêche ») à ceux qui y étaient défavorables. Aujourd'hui la solution retenue est celle de la non-assimilation de l'omission à l'action. Elle s'explique par l'application de la règle de l'interprétation stricte des textes (art. 111-4 CPF) et le refus du raisonnement par analogie[82]. Cette solution jurisprudentielle est constante. Cependant, le législateur sanctionne expressément dans certains textes des résultats produits par omission[83].

L'infraction de pure omission se distingue de l'infraction de commission par omission du fait qu'elle n'est pas assimilée à une infraction de commission et qu'elle est simplement sanctionnée en elle-même, indépendamment des résultats qu'elle a pu engendrer. Il en va ainsi par exemple des délits d'abandon de famille (art. 227-3 CPF) et d'omission de porter secours à une personne en péril (art. 223-6 al. 2 CPF).

---

82 CA Poitiers, 20 novembre 1901, aff. de la séquestrée de Poitiers, D 1902, II, p. 81, note le Poittevin : les magistrats ont refusé de condamner pour violences ou voies de fait un homme qui avait laissé vivre pendant plusieurs années sa sœur majeure aliénée mentale dans une cave avec le minimum vital.

83 Les articles 221-6 et 222-19 CPF sanctionnent ainsi l'homicide et les blessures par imprudence découlant de la négligence, l'inattention et le manquement à la loi ou à des règlements.

3.1.1.2. La distinction fondée sur la durée du fait matériel

L'infraction instantanée est celle dont l'élément matériel s'exécute en un instant, tandis que l'on parle de l'infraction continue lorsque l'exécution s'étend sur une certaine durée avec réitération de la volonté.

On notera que l'infraction continuée ou répétée, qui est la répétition sur une certaine période d'infractions instantanées, est considérée par la jurisprudence comme constituant autant d'infractions que d'agissements (ex. : caissier qui chaque jour vole une certaine somme dans la caisse).

3.1.1.3. La distinction fondée sur le nombre des comportements incriminés

3.1.1.3.1. Les infractions simples et complexes

L'infraction est dite simple lorsque le texte d'incrimination n'exige qu'un seul acte matériel. L'infraction est dite complexe lorsque sa réalisation nécessite l'accomplissement de plusieurs actes de natures différentes concourant tous à une fin unique[84].

Deux conséquences résultent de cette dernière caractéristique. Quant au lieu de commission de l'infraction complexe d'abord, chaque juridiction sur le ressort de laquelle a été commis un acte de l'infraction est compétente. Ensuite, quant au moment de consommation de l'infraction, l'infraction complexe n'est consommée qu'une fois tous les actes matériels accomplis, la prescription de l'action publique ne démarre alors qu'à ce moment-là.

3.1.1.3.2. Les infractions isolées (ou d'occasion) et d'habitude

À la différence des infractions isolées, qui sont consommées par un seul acte délictueux, l'infraction d'habitude suppose la réalisation de plusieurs actes délictueux identiques qui, pris isolément ne seraient

84 Ainsi, le délit d'escroquerie nécessite pour être caractérisé l'accomplissement de manœuvres frauduleuses ainsi que la remise d'un bien (art. 313-1 CPF).

pas punissables. Pour que ce dernier type d'infractions soit réalisé il faut qu'au moins deux actes soient commis.

Trois conséquences découlent de cette distinction. Pour l'application de la loi dans le temps d'abord, une loi de fond nouvelle plus sévère peut s'appliquer si le second ou un autre acte de l'infraction d'habitude a été commis après son entrée en vigueur. Concernant la compétence des juridictions, toute juridiction sur le ressort de laquelle a été commis un acte de l'infraction d'habitude est compétente. Enfin, la prescription de l'action publique ne démarre pour les infractions d'habitude qu'à compter de la commission du dernier acte.

3.1.2. Le résultat de l'infraction

Il s'agit de la conséquence dommageable de l'acte matériel commis. Ce résultat est parfois exigé dans les textes d'incrimination en tant qu'élément constitutif de l'infraction. Cependant, une infraction consommée peut n'entraîner aucun dommage (excès de vitesse). Il y a en outre une différence entre l'infraction réussie et consommée. Une infraction consommée n'est pas obligatoirement réussie (ex. : empoisonnement effectué sans provoquer la mort).

Dès lors, le seuil d'intervention pénale n'est pas toujours fixé au même moment, trois groupes d'infractions doivent ici être distingués.

- L'infraction est dite matérielle ou de résultat lorsque la loi inclut dans sa définition la réalisation effective d'un résultat. L'infraction de résultat est donc consommée quand survient le résultat (ex. : meurtre lorsque la victime meurt).
- L'infraction dite formelle ou de moyen implique la mise en œuvre d'un moyen qui est de nature à porter atteinte à une valeur protégée, mais sans se soucier de l'obtention du résultat. Ainsi, l'empoisonnement (art. 221-5 CPF) est consommé dès l'administration de substances mortelles quelles qu'en soient les suites.

Cette première distinction entraîne plusieurs conséquences. On notera ainsi d'abord que concernant l'infraction formelle, lorsque le résultat survient, la peine n'est pas aggravée. Ensuite, la tentative d'infraction formelle intervient plus tôt dans le cheminement criminel. Au plan procédural, le point de départ du délai de prescription de l'action publique est différent, il se situe pour l'infraction matérielle au jour de l'obtention du résultat ou pour l'infraction formelle au jour de l'agissement incriminé.

- L'infraction obstacle, encore dite de prévention, consiste en l'incrimination d'un comportement dangereux sans conséquence dommageable immédiate (ex. : conduite en état d'ivresse : comportement dangereux qui en lui-même ne crée pas de dommage, mais qui emporte tout de même une potentialité d'atteinte à autrui). Au plan répressif, si le résultat intervient finalement, on cumule alors les répressions. Ainsi, en cas de conduite en état d'ivresse ayant entraîné un homicide par imprudence, l'infraction obstacle se transforme en circonstance aggravante. On remarquera que plus le droit pénal français se développe, plus les infractions obstacles sont nombreuses.

3.2. La tentative

Pour que l'infraction soit punissable, il n'est pas toujours nécessaire que l'acte matériel ait été mené jusqu'à son terme et ait produit le résultat dommageable éventuellement exigé par le texte d'incrimination. Ainsi, entre la résolution criminelle, qui n'est pas punissable, et l'infraction consommée, qui est toujours punissable, se situent les actes préparatoires, le commencement d'exécution et l'exécution achevée mais sans résultat. La question est alors de savoir à partir de quel moment l'activité criminelle tombe sous le coup de la loi pénale.

3.2.1. Les conditions de la tentative

Selon l'article 121-5 CPF : « La tentative est constituée dès lors que, manifestée par un commencement d'exécution, elle n'a été suspendue ou n'a manqué son effet qu'en raison de circonstances indépendantes de la volonté de son auteur ». Ainsi, le commencement d'exécution et l'absence de désistement volontaire sont les deux éléments constitutifs de la tentative.

3.2.1.1. Le commencement d'exécution

Il s'agit d'un acte matériel, mais qui doit être distingué des actes préparatoires qui, eux, ne sont pas pénalement punissables. Aucun critère n'est proposé en droit pénal français pour distinguer ces deux notions.

Aussi, la doctrine a proposé deux conceptions. Une première conception objective pose que le commencement d'exécution est un acte matériel qui fait partie de l'infraction soit comme élément constitutif de celle-ci, soit comme circonstance aggravante. Ainsi, l'appréhension de la chose est ici considérée comme un commencement d'exécution du vol (art. 311-1 CPF). Au titre des critiques adressées à cette première conception on notera qu'elle laisse impunis des actes qui révèlent pourtant chez leur auteur une intention criminelle bien arrêtée. Aussi ce système, bien que clair et facile à appliquer, protège mal la société puisqu'il faut attendre tard dans le processus d'exécution pour pouvoir réprimer. Une seconde conception subjective ne prend en considération que l'intention criminelle. Elle considère qu'il y a commencement d'exécution lorsque l'acte accompli révèle la volonté définitive et arrêtée de commettre une infraction, on parle ici de « l'acte univoque ». Cette volonté est certaine lorsque l'acte accompli est tout proche de la consommation de l'infraction (ex. : un cambrioleur surpris au moment où il fracture le coffre-fort). Si ce système protège bien la société et la victime, il s'avère toutefois dangereux pour la personne poursuivie dans la mesure où l'on ne peut se contenter de la simple intention. De plus il est vague et difficile à manier.

La Cour de cassation, dans un arrêt de principe de 1972 s'est ralliée à la seconde conception, mais elle exige un comportement extérieur. Elle considère ainsi que « constitue un commencement d'exécution tout acte qui tend directement et immédiatement à l'infraction lorsqu'il est accompli avec l'intention de la commettre »[85].

---

[85] Cass. crim., 8 novembre 1972, aff. Ruiz, Gaz. Pal. 1973, I, 205, note Doucet ; Grands arrêts, Dalloz.

Deux exigences sont donc posées :

- Il faut d'abord un acte extérieur donc un élément objectif. La jurisprudence française ne punit ainsi pas la simple intention. Cet acte doit avoir une proximité causale certaine avec le résultat escompté, il doit avoir pour conséquence de permettre la consommation de l'infraction. Ceci implique que le commencement d'exécution soit assez proche dans le temps de la consommation proprement dite. Il a ainsi été jugé qu'il n'y a pas commencement d'exécution d'une escroquerie et donc pas tentative d'escroquerie dans le fait de mettre le feu volontairement à son véhicule tant que la demande de remboursement à la compagnie d'assurance n'est pas faite[86]. Mais il y a tentative d'escroquerie dans le fait d'ouvrir un compte bancaire avec remise de chèques dont l'intéressé n'ignorait pas l'absence de provisions et de solliciter le transfert d'une somme sur un compte en France[87].
- Il faut ensuite une intention certaine, un acte univoque. Deux types de preuves sont ici pris en considération les preuves intrinsèques, lorsque les faits parlent d'eux-mêmes[88], et les preuves extrinsèques qui sont fondées sur des éléments extérieurs (ex. : aveu des personnes arrêtées).

3.2.1.2. L'absence de désistement volontaire

Le commencement d'exécution ne suffit pas à constituer la tentative, il faut encore que l'exécution « ait été suspendue ou ait manqué son effet par suite de circonstances indépendantes de la volonté de son auteur » (art. 121-5 CPF). Ainsi, il n'y aura pas tentative punissable lorsque la personne, après un commencement d'exécution, renonce volontairement à accomplir l'acte.

Pour être pris en considération et empêcher de retenir la tentative, le désistement doit intervenir avant que l'infraction soit consommée. Ainsi, le désistement volontaire doit être distingué du « repentir actif » par lequel l'auteur d'une infraction essaie de réparer les conséquences

---

86 Cass. crim., 17 décembre 2008, AJP 2009, p. 231.

87 Ass. Plén., 18 janvier 2006, D. 2006, p. 1950, obs. Père.

88 CA Douai, 11 août 2004, Dr. pén. 2005, comm. 3.

de l'infraction (ex. : administrer un antidote après l'absorption du poison). En cas de repentir actif, l'infraction a été consommée et est punissable à ce titre. Le repentir actif ne produit aucun effet, seul en pratique le juge pourra en tenir compte lors de la détermination du montant de la peine.

La distinction entre infractions matérielles et formelles est ici importante. Tandis que pour les infractions matérielles le désistement peut intervenir tant que le résultat n'a pas été atteint, pour les infractions formelles – consommées indépendamment de tout résultat – le désistement doit intervenir particulièrement tôt, avant la consommation donc avant l'adoption du comportement incriminé par la loi.

Il n'y a pas tentative punissable lorsque le désistement, autrement dit l'interruption de l'action criminelle, est volontaire, spontané. Il doit résulter de la volonté libre de l'auteur, quel qu'en soit le motif (peur, remords, pitié, etc.). Mais si le désistement est dû à une cause extérieure, il est alors involontaire et la tentative est punissable[89].

3.2.1.3. Le problème des tentatives infructueuses

L'hypothèse est ici celle dans laquelle le délinquant est allé jusqu'au bout de ce qu'il projetait, jusqu'au stade où il pensait atteindre le résultat mais que ce dernier n'a pas été obtenu. Deux cas doivent être étudiés.

L'infraction manquée est le cas de figure dans lequel l'action s'est déroulée dans sa totalité, mais le résultat recherché par l'auteur n'a pas pu être atteint, du fait par exemple de sa maladresse. L'article 121-5 CPF précise qu'il y a tentative punissable lorsque l'acte « a manqué son effet […] en raison de circonstances indépendantes de la volonté de son auteur ». Dans ce cas il y a donc tentative.

L'infraction impossible est l'hypothèse dans laquelle le résultat ne pouvait pas matériellement être obtenu soit en raison de l'inexistence

---

[89] Ainsi en va-t-il en-cas d'arrivée de la police (Cass. crim., 19 juin 1979, Bull. crim. n° 219) ; de manque de coordination avec les complices (Cass. crim., 7 septembre 1993, Bull. crim. n° 262).

de l'objet de l'infraction soit du fait de l'inefficacité des moyens employés (ex. : le coffre-fort était vide). Ainsi, l'infraction impossible est très proche de l'infraction manquée (tous les actes ont été réalisés), la seule différence étant que pour l'infraction manquée le résultat aurait pu être atteint tandis que pour l'infraction impossible il ne pouvait matériellement l'être. La question qui se pose est donc de savoir si cette infraction impossible peut être sanctionnée comme une tentative. La loi règle parfois elle-même le problème par le contenu même de l'incrimination. Ainsi, l'empoisonnement est réalisé par l'emploi ou l'administration de substances « de nature à entraîner la mort » (art. 221-5 CPF). Dès lors, si la substance utilisée n'est pas mortelle, il ne peut y avoir ni empoisonnement, ni tentative d'empoisonnement. Dans tous les autres cas, la jurisprudence sanctionne la tentative, elle a une approche subjective de la situation et prend en considération l'état dangereux de l'auteur. Elle assimile donc l'infraction impossible à l'infraction tentée[90].

3.2.2. La répression de la tentative

La tentative est toujours punissable en matière criminelle. Elle ne l'est en matière délictuelle que dans les cas expressément prévus par la loi. Mais, en l'absence de disposition expresse, il n'est pas possible de punir la tentative d'un délit. Enfin, la tentative de contravention n'est jamais punissable.

Il convient de remarquer que la tentative, impliquant la volonté de commettre l'infraction, n'existe jamais pour les infractions commises par négligence ou imprudence le résultat n'ayant pas été recherché.

Le principe est que la tentative est punissable comme l'infraction consommée, il y a donc assimilation (art. 121-4 CPF). C'est principalement un souci d'intimidation qui explique une telle règle. En outre, l'agent qui a commencé d'exécuter une infraction a

---

90 Cass. Crim., 16 janvier 1986, aff. Perdereau, Bull. crim. n° 25, D. 1986, p. 265, note Mayer et Gazounaud et note J. Pradel, JCP 1987, II, 20774, note Roujou de Boubée, RSC 1986, p. 839, obs. A. Vitu et p. 849, obs. Levasseur : qui décide que la tentative de meurtre, alors que la victime était déjà morte, est punissable.

démontré son caractère dangereux pour la société. Toutefois, en pratique, le juge peut tout à fait modérer la sanction en prenant en considération le fait qu'elle n'a pas été consommée.

Les degrés et modes de réalisation de l'infraction

En Suisse

3.1. Introduction[91]

Toute infraction intentionnelle peut être décomposée en différentes phases. Dans un premier temps le futur auteur a une idée criminelle derrière la tête et réfléchit à la meilleure manière de passer à l'acte ; par la suite, il prépare son infraction en se procurant des plans, en achetant une arme à feu, etc., avant de finalement passer à l'acte. À ce dernier stade, il peut soit échouer dans sa tentative, soit se désister et abandonner son projet, soit encore aller jusqu'au bout et réaliser l'ensemble des éléments constitutifs de l'infraction projetée.

Si les simples pensées criminelles ne sont pas punissables, le Code pénal suisse (CPS)[92] prévoit que les actes préparatoires sont parfois punissables, que les différentes formes de tentatives le sont presque toujours et que le délit consommé et/ou achevé le sont toujours.

L'étude des différents degrés de réalisation des infractions consiste dès lors à déterminer à partir de quel moment l'auteur d'un acte peut tomber sous le coup de la loi et quelles sont les conséquences d'une réalisation partielle seulement de l'infraction envisagée.

Nous étudierons les divers cas de figure dans leur ordre chronologique d'apparition, partant de la simple pensée criminelle pour terminer avec l'infraction entièrement consommée.

---

91 L'un des coauteurs du présent ouvrage ayant également participé à la rédaction du Précis de droit pénal général suisse (Killias M., Kuhn A., Dongois N., *Précis de droit pénal général*, 4e édition, Berne : Stämpfli, 2016), certains passages de ce chapitre en sont largement imprégnés. Pour un approfondissement de la matière, nous renvoyons d'ailleurs audit Précis.

92 RS 311.0.

3.2. L'idée de commettre une infraction

La simple pensée criminelle qui consiste à s'imaginer en train de commettre un vol ou un meurtre n'est pas punissable en droit suisse. Sans le moindre début de réalisation ou un quelconque passage à l'acte, aucune disposition pénale n'est applicable. Néanmoins, comme nous l'avons mentionné dans le chapitre consacré aux degrés de participation, si une personne partage son idée criminelle, insufflant à autrui l'idée de commettre une infraction, et le décide ainsi à passer à l'acte, l'auteur de cette incitation est punissable en tant qu'instigateur[93].

3.3. Les actes préparatoires

On entend par actes préparatoires tous les actes destinés à rendre possible la commission d'une infraction (par exemple l'achat d'une arme, l'acquisition de plans des lieux, l'achat de poison, etc.) et intervenant en amont de cette infraction, c'est-à-dire avant le début de son exécution. Selon la jurisprudence du Tribunal fédéral[94], il y a début d'exécution dès que l'auteur commet des actes qui vont logiquement aboutir, selon le projet prévu, à l'infraction en question. Dans des arrêts plus récents, le même tribunal a toutefois insisté davantage sur le caractère plus ou moins imminent de l'acte en question[95]. Il y a dès lors début d'exécution d'une infraction lorsque l'auteur commence à accomplir des actes qui, selon le cours ordinaire des choses et en tenant compte de ses caractéristiques personnelles, devraient normalement aboutir immédiatement à la consommation de l'infraction envisagée ; on dit alors que le point de non retour a été franchi. Si par contre la consommation de l'infraction n'est pas immédiate, mais est reportée à un moment relativement éloigné, et si le déroulement imaginé par l'auteur lui permet de revenir sur son

---

93 L'instigation n'étant toutefois pas un degré de réalisation, mais un degré de participation, nous n'en traiterons pas ici et renvoyons le lecteur au chapitre 2 sur les degrés de participation à l'infraction.

94 Par exemple : ATF 117 IV 395 (f), ATF 114 IV 112 = JdT 1989 IV 66, ATF 99 IV 151 = JdT 1975 IV 14.

95 Entre autres ATF 117 IV 395 (f), ATF 131 IV 100 = JdT 2007 IV 95.

projet, on considérera que l'on en est encore au stade des actes préparatoires[96].

Comme la simple idée de commettre une infraction, les actes préparatoires ne sont en principe pas punissables. Néanmoins, le législateur suisse a énuméré exhaustivement un certain nombre de crimes pours lesquels il est fait exception au principe général et pour lesquels on prévoit des actes préparatoires délictueux. Il s'agit des crimes de meurtre (art. 111 CPS), d'assassinat (art. 112 CPS), de lésions corporelles graves (art. 122 CPS), de mutilation d'organes génitaux féminins (art. 124 CPS), de brigandage (art. 140 CPS), de séquestration et enlèvement (art. 183 CPS), de prise d'otage (art. 185 CPS), d'incendie intentionnel (art. 221 CPS), de génocide (art. 264 CPS), de crimes contre l'humanité (art. 264*a* CPS) et de crimes de guerre (art. 264*c* à 264*h* CPS). Toutes ces infractions sont énumérées à l'article 260bis CPS, infractions auxquelles viennent encore s'ajouter les actes préparatoires en matière de mise en danger collectif par l'intermédiaire de l'énergie nucléaire, de matières radioactives ou de rayonnements ionisants (art. 226ter CPS). Mentionnons encore ici que, dans certaines lois ou articles du Code pénal suisse[97], le domaine incriminé est tellement étendu qu'il englobe presque tous les actes préparatoires envisageables. Dans ce cas de figure, les « actes préparatoires » sont toutefois assimilés au délit consommé. Tel est par exemple le cas de l'article 19 chiffre 1 de la Loi fédérale sur les stupéfiants et les substances psychotropes (Lstup)[98] qui érige en infractions toutes les variantes imaginables d'actes préparatoires au trafic illicite de stupéfiants, telles que notamment le fait de fabriquer, entreposer, aliéner, posséder, acquérir des substances interdites.

Jusqu'ici, nous avons donc mentionné que la règle est que les actes préparatoires ne sont pas punissables, l'exception étant que les actes préparatoires à certains crimes particulièrement graves

---

96 Pour des informations complémentaires sur ce sujet, voir Meylan J.-F., *Les actes préparatoires délictueux en droit pénal suisse (art. 260bis CP)*, thèse Lausanne, 1990.

97 Il en va notamment ainsi des articles 155 (falsification de marchandises), 197 ch. 3 (pornographie dite dure), 135 (représentation de la violence), ainsi que 265 et 266 (haute trahison/atteinte à l'indépendance de la Confédération).

98 RS 812.121.

(exhaustivement énumérés) sont néanmoins punissables, même lorsqu'ils sont commis à l'étranger et que l'infraction n'a finalement pas été commise (art. 260bis al. 3 CPS). Dans ce second cas de figure, l'article 260bis al. 2 CPS prévoit toutefois une exception à l'exception, puisque l'auteur qui aura, de son propre mouvement, renoncé à poursuivre jusqu'au bout son activité préparatoire, sera obligatoirement exempté de toute peine, ce qui signifie qu'il sera reconnu coupable d'actes préparatoires délictueux, mais qu'il ne sera pas sanctionné pour cela.

3.4. La tentative

Malgré le fait que les trois formes de tentatives connues en droit pénal suisse sont réunies dans une seule disposition légale (art. 22 CPS) et que les conséquences qui découlent de l'existence de l'une ou l'autre de ces formes de tentatives sont identiques, il nous semble utile de les distinguer les unes des autres. Par ailleurs, en sus de la tentative, nous aborderons également les notions de désistement et de repentir actif.

3.4.1. La tentative simple

La tentative simple – ou inachevée – couvre le cas de figure dans lequel l'auteur dépasse le stade des actes préparatoires et commence l'exécution de l'infraction, sans pourtant la poursuivre jusqu'au bout, car il est interrompu par une force extérieure dans l'accomplissement des différents actes qui constituent l'infraction dans son ensemble. La force extérieure qui vient interrompre la commission de l'infraction peut être de tout ordre, notamment humaine en cas d'intervention d'une tierce personne (policier par exemple) ou technique en cas d'empêchement dû à un disfonctionnement matériel imprévu (tel qu'une porte qui ne s'ouvre pas, le déclenchement d'une alarme, etc.).

3.4.2. Le délit manqué

Le délit manqué – également appelé tentative achevée – est le fait de celui qui fait tout ce qui, d'après le déroulement de l'infraction qu'il a imaginé, est nécessaire pour que le résultat se produise. Néanmoins, pour une raison indépendante de sa volonté, le résultat ne se réalise pas. Tel est par exemple le cas du meurtrier qui tire, mais qui manque sa cible. Une telle forme de la tentative n'est évidemment possible que pour les délits matériels, soit les infractions qui nécessitent un résultat pour être consommées.

3.4.3. Le délit impossible

Le délit impossible est une tentative de commettre une infraction qu'il n'est matériellement pas possible de commettre. Cette impossibilité peut provenir du moyen utilisé ou de l'objet de l'infraction.

Le *moyen* est impossible lorsqu'il ne permet pas de réaliser l'infraction en question. Il ne l'est toutefois que lorsque cette impossibilité est absolue. C'est ainsi que le fait de vouloir empoisonner un tiers en lui versant de la farine dans le café représente un délit impossible quant au moyen. Par contre, le fait de vouloir empoisonner un tiers avec un poison véritablement susceptible de tuer, mais en en administrant une dose manifestement trop faible pour entraîner la mort, n'est pas un délit impossible mais un délit manqué.

L'*objet* est impossible lorsqu'il lui manque une des caractéristiques nécessaires à la commission de l'infraction. C'est ainsi que le meurtrier qui tire sur une personne déjà morte ne peut pas l'avoir tuée. Il y aura alors délit impossible de meurtre.

3.4.4. Les conséquences de l'existence d'une tentative

Quelle que soit la forme de la tentative, sa conséquence légale est que le juge peut[99] atténuer la peine à l'encontre de l'auteur par rapport à celle qu'il infligerait au même auteur si celui-ci avait été au bout de son activité délictueuse et que l'infraction avait donc été consommée (art 22 al. 1 CPS).

Dans le cas particulier du délit impossible commis par une personne souffrant d'un grave défaut d'intelligence qui ne lui permettait pas de se rendre compte que la consommation de l'infraction envisagée était absolument impossible, le juge sera néanmoins tenu d'acquitter l'auteur (art. 22 al. 2 CPS).

---

[99] Si l'on en croit le texte de la loi, il s'agit en effet d'une possibilité et non d'une obligation. Néanmoins, le Tribunal fédéral en a fait une obligation, même en cas de délit manqué (ATF 121 IV 49 = JdT 1997 IV 34).

3.4.5. Le désistement

Nous avons mentionné ci-dessus que la tentative simple est le fait de celui qui ne parvient pas réaliser l'infraction envisagée en raison d'une force extérieure qui vient l'en empêcher. Lorsque l'empêchement ne provient pas d'une force extérieure, mais d'une décision de l'auteur lui-même qui décide de ne pas poursuivre son activité délictueuse, on se trouve en présence d'un désistement (art. 23 al. 1 CPS). Dans ce cas de figure, le juge peut non seulement atténuer la peine de l'auteur, mais il peut même l'exempter de toute peine, c'est-à-dire ne pas prononcer de sanction après avoir pourtant reconnu sa culpabilité et donc l'avoir condamné.

3.4.6. Le repentir actif

De la même manière que le désistement est le pendant de la tentative simple lorsque l'auteur a interrompu son activité délictueuse de sa propre initiative, le repentir actif est le pendant du délit manqué lorsque le résultat ne se produit pas grâce à une intervention de l'auteur (art. 23 al. 1 CPS). Dans le cas du repentir actif, l'auteur fait donc tout ce qui, d'après le déroulement de l'infraction qu'il a imaginé, est nécessaire pour que le résultat se produise, mais empêche finalement ce résultat de se produire. Il en va par exemple ainsi du meurtrier qui tire sur sa victime et la blesse mortellement mais qui, au lieu de la laisser mourir ou de l'achever, lui prodigue des soins ou appelle les secours pour que le décès n'intervienne pas. Là encore, le juge pourra non seulement atténuer la peine de l'auteur, mais également l'exempter de toute peine.

3.4.7. Les infractions concernées

Les distinctions qui précèdent ne concernent que les crimes et délits et ne s'appliquent qu'exceptionnellement aux contraventions. En effet, en vertu de l'article 105 al. 2 CPS, la tentative de commission d'une contravention n'est punissable que dans la mesure où la loi le prévoit expressément.

3.5. Le délit consommé

L'infraction est dite consommée dès lors que tous les éléments constitutifs ont été réalisés. En cas de délit matériel, il n'y a ainsi de délit consommé qu'en présence du résultat dommageable.

3.6. Le délit achevé

L'infraction est dite achevée, si l'auteur a atteint le dessein particulier qui caractérise l'infraction en question – dans la mesure bien entendu où un tel dessein fait partie des éléments constitutifs de l'infraction. Tel est par exemple le cas pour le vol qui, outre le fait de soustraire une chose mobilière appartenant à autrui, se définit par un dessein d'enrichissement illégitime et un dessein d'appropriation. Le vol étant un délit formel – ne nécessitant donc aucun résultat – un voleur sera ainsi condamné pour délit consommé de vol dès qu'il a soustrait une chose mobilière appartenant à autrui avec le but de se l'approprier et de s'enrichir. Il est toutefois des cas dans lesquels le butin du vol n'est pas entre les mains du voleur ; ce dernier ne s'est dès lors pas (encore) enrichi. L'acte commis n'en reste pas moins un délit consommé de vol. Le vol sera dit achevé lorsque le butin lui sera restitué.

Pour la plupart des infractions – toutes celles n'ayant pas un dessein particulier comme élément constitutif –, le délit consommé et le délit achevé se confondent.

L'importance de cette distinction se situe au niveau de la participation des tiers ; en effet, jusqu'au moment de l'achèvement, un tiers peut intervenir en tant que complice[100]. Dans ce cas de figure, il est donc possible de devenir complice même après la consommation de l'infraction.

---

100 Pour la notion de complice, voir le chapitre 2 sur les degrés de participation à l'infraction.

Chapitre 4
Les faits justificatifs
En France

4.1. Introduction

Une fois que le juge a établi une coïncidence entre le fait qui lui est soumis et un texte pénal, il doit rechercher si ce comportement, *a priori* coupable, ne se trouve pas exceptionnellement dépouillé de son caractère délictueux. Il arrive en effet qu'un comportement contraire à la loi pénale ne soit pas contraire au droit, c'est-à-dire pas injuste. Il y a alors obstacle à la qualification.

Les faits justificatifs sont des circonstances matérielles ou juridiques (objectives) dont la réalisation neutralise la responsabilité pénale par la non-application du texte de loi. Certains faits justificatifs sont propres à certaines infractions, d'autres s'appliquent à toutes les circonstances et toutes les catégories d'infractions, ils sont au nombre de trois.

4.2. L'ordre de la loi ou le commandement de l'autorité légitime

En application de l'article 122-4 CPF : « n'est pas pénalement responsable la personne qui accomplit un acte prescrit ou autorisé par des dispositions législatives ou réglementaires », ni celle « qui accomplit un acte commandé par l'autorité légitime, sauf si cet acte est manifestement illégal ». Toutefois, l'article 213-4 CPF dispose qu'un acte prescrit ou autorisé par la loi ou commandé par une autorité supérieure, même si l'ordre n'est pas manifestement illégal, n'est jamais un fait justificatif s'il constitue un crime contre l'humanité.

4.2.1. L'ordre ou l'autorisation de la loi ou du règlement

Il se peut qu'une loi ou qu'un règlement prévoit des exceptions au texte d'incrimination soit en obligeant un individu à effectuer un acte qui entre dans le champ d'application d'une incrimination, soit en lui laissant la possibilité d'effectuer cet acte. Dans l'hypothèse où un individu se plie à la loi ou effectue ce que permet la loi, l'acte perd son caractère d'infraction, il est justifié. Ainsi, le secret professionnel auquel sont tenus certains professionnels de santé doit obligatoirement être levé dans certain cas et peut l'être dans d'autres (ex. : art. 226-14 CPF pour les sévices exercés sur un mineur de 15 ans).

Bien sûr, l'individu qui obéit ou profite d'une autorisation de la loi ne commet pas une infraction tant qu'il se trouve strictement dans l'hypothèse prévue par la loi. En outre, l'ordre ou l'autorisation de la loi ou du règlement se suffit à lui seul, il est inutile d'attendre un ordre d'une autorité supérieure.

4.2.2. Le commandement de l'autorité légitime

Le terme « autorité légitime » doit être entendu au sens étroit. En effet, la jurisprudence décide qu'il ne peut s'agir d'une autorité privée telle celle d'un père sur son enfant ou d'un patron sur son salarié[101]. Par contre entre dans cette prévision toute autorité publique, civile ou militaire, à condition qu'elle soit légitime.

Le problème s'est posé de savoir si le commandement illégal donné par une autorité légitime constitue tout de même un fait justificatif. Trois solutions étaient envisageables. On pouvait d'abord considérer que l'exécution de tout ordre, même illégal, serait toujours une cause de justification, car en toute circonstance la personne subordonnée doit obéir à son supérieur hiérarchique. Ce système dit de « l'obéissance passive ou aveugle » est critiquable en ce qu'il inciterait les supérieurs à dépasser le cadre de leur pouvoir et ne permettrait de prévenir aucune infraction puisque le subordonné serait

---

[101] Cass. crim., 26 juin 2002, D 2003, p. 172 obs. M. Segonds : n'obéit pas à un ordre de l'autorité légitime, l'employé qui exécute sous l'ordre de son employeur le démontage d'équipements déjà installés dans un magasin en raison du refus de l'exploitante de régler son dû, entraînant ainsi des dommages importants au magasin.

obligé d'obéir. Une seconde solution consistait à considérer que tout subordonné aurait le devoir d'apprécier systématiquement la légalité de l'ordre qui lui est donné et de refuser d'y obéir s'il est illégal. Mais ce système dit «des baïonnettes intelligentes» remet gravement en cause l'autorité et la discipline. Un troisième système intermédiaire distingue entre l'ordre manifestement illégal qui ne doit pas être exécuté et les autres ordres qui donnent toujours lieu à exécution.

C'est ce troisième système qu'applique l'article 122-4 al. 2 CPF. Ainsi si un ordre manifestement illégal est exécuté par un subordonné, celui-ci en sera pleinement responsable. Dans ce cadre, est considéré comme « manifestement » illégal par la jurisprudence tout acte portant atteinte à la vie ou à l'intégrité corporelle ainsi que tout acte de torture. Pour le reste tout est question d'expérience du subordonné et d'appréciation subjective par le juge[102].

4.3. La légitime défense

Aux termes de l'article 122-5 al. 1er CPF, « n'est pas pénalement responsable la personne qui, devant une atteinte injustifiée envers elle-même ou autrui, accomplit, dans le même temps, un acte commandé par la nécessité de la légitime défense d'elle-même ou d'autrui, sauf s'il y a disproportion entre les moyens de défense employés et la gravité de l'atteinte ». L'alinéa 2 du même article prévoit la possible légitime défense des biens. En droit pénal français, la légitime défense est considérée comme un droit naturel, un réflexe, un instinct de conservation. Du fait de l'agression, l'acte de la victime est considéré comme objectivement juste.

4.3.1. Les conditions de la légitime défense

Les conditions de la légitime défense tiennent tant aux caractères de l'agression qu'à ceux de l'acte de défense.

---

[102] Cass. crim., 13 octobre 2004, Dr. pénal 2005 comm. 2, aff. dite des paillottes : « est manifestement illégal l'ordre donné par un préfet à un colonel de gendarmerie de détruire (par incendie) des biens de manière clandestine, en utilisant un moyen dangereux, sans assurer la sécurité des biens et des personnes ». Dès lors, le colonel ayant exécuté l'ordre manifestement illégal est personnellement responsable de l'infraction.

4.3.1.1. Les caractères de l'agression

L'agression prise en considération au titre de la légitime défense peut d'abord consister en une agression contre soi-même ou autrui. L'agression peut porter atteinte soit à l'intégrité physique de la personne, soit être morale, dès lors qu'un péril irréparable est encouru. Ainsi, ne remplit pas cette condition une atteinte à l'honneur car il n'y a pas péril. Mais une atteinte à la moralité notamment des mineurs remplit cette condition.

Outre l'atteinte aux personnes, la légitime défense peut également être invoquée en cas d'atteinte aux biens. Toutefois, dans cette hypothèse, les conditions relatives à l'acte de défense sont beaucoup plus strictes et l'atteinte doit être un crime ou un délit contre les biens (une contravention contre les biens ne justifie pas un acte de légitime défense).

L'agression doit être réelle ou tout au moins vraisemblable. Ceci signifie que l'agent a pu croire en l'existence d'un danger. Les juges dans de telles hypothèses font recours à des indices. Mais ne remplit pas les caractères de la légitime défense la réaction à une agression purement imaginaire.

L'acte d'agression ne doit pas être fondé en droit, cela signifie qu'il ne doit être ni autorisé, ni ordonné par la loi. On parle de l'acte injuste. Ainsi, une arrestation ou une perquisition ne peut donner lieu à légitime défense. Un problème se pose toutefois en cas de riposte à l'acte illégal commis par un agent de l'autorité publique. Selon une jurisprudence constante, la victime n'a pas le droit de se faire juge de la légalité de l'acte d'un agent de la force publique[103]. Cependant la légitime défense existe en cas de violences inutiles commises par un agent de l'autorité publique. Sont des agressions injustes toutes les agressions constitutives d'infractions (vol, coups et blessures, etc.) ainsi que celles provenant d'irresponsables pénaux (déments, mineurs).

---

[103] Cass. crim., 5 janvier 1821, aff. Bernard, Grands arrêts, Dalloz (pour une arrestation) ; Cass. crim., 2 juillet 1987, Bull. crim. n° 281 (pour un refus de se soumettre à une prise d'empreintes digitales illégale).

4.3.1.2. Les conditions relatives à l'acte de défense

L'acte de défense peut consister en de nombreux comportements. Il peut s'agir d'infractions volontaires. Mais concernant les homicides ou coups et blessures involontaires, la jurisprudence a longtemps considéré qu'il y avait incompatibilité entre de telles infractions et la légitime défense. Ainsi, a-t-il d'abord été jugé qu'une personne agressée qui repousse vivement son adversaire de telle sorte que celui-ci tombe et se blesse ou se tue reste pénalement responsable[104]. Cette jurisprudence a vivement été critiquée par la doctrine au motif qu'elle opérait une confusion entre l'acte de défense et le résultat obtenu. Pour apprécier s'il y a légitime défense ou non ce n'est en effet pas le résultat qu'il convient de prendre en considération, mais l'acte de défense lui-même. Une partie de la doctrine pense que depuis l'entrée en vigueur du nouveau code pénal français en 1994 cette solution devrait être abandonnée, d'autant que cette position est conforme à la jurisprudence européenne[105].

Trois conditions doivent être remplies pour que la riposte constitue un acte de légitime défense. Il est à noter que ces conditions sont appréciées de manière beaucoup plus stricte lorsqu'il s'agit d'une atteinte aux biens.

D'abord l'acte de défense doit être immédiat. Cette condition figure dans le texte sous l'expression : « dans le même temps ». Ce caractère est apprécié par le juge. Dès lors, en cas de réaction contre une attaque passée, il s'agit d'une vengeance, qui ne sera donc pas justifiée. Il en va de même en cas de menace d'un mal futur. Cependant, il n'est pas interdit de préparer sa défense, mais il faut l'utiliser lors de l'agression (ex. : acheter une arme, avoir un chien de garde).

L'infraction commise en réaction à l'agression n'est ensuite justifiée que si elle est nécessaire à la défense de l'agent ou d'autrui ou de ses biens. Il en résulte que l'acte ne se justifie pas s'il est possible

---

104 Cass. crim., 16 février 1967, aff. Cousinet, Bull. crim. n° 70, grands arrêts Dalloz, JCP 1967, II, 15034, note Combaldieu, RSC 1967, p. 659, obs. Levasseur et p. 854, obs. Legal

105 CEDH, 27 septembre 1995, aff. Mac Cann, Farelle et Savage c/ Royaume-Uni, Gaz. Pal. 1996, 2, p. 532, note Puéchavy, RSC 1996, p. 462, obs. Koering-Joulin.

d'assurer sa protection, celle d'autrui ou du bien en appelant l'autorité publique. Ainsi faut-il que la personne n'ait pas pu se défendre autrement.

Enfin, la réaction doit être mesurée, en rapport avec le danger couru c'est-à-dire en lien avec la nature et la gravité de l'agression. L'appréciation est ici une question de fond qui relève donc du juge. Mais celui-ci doit justifier sa décision pour que la Cour de cassation puisse contrôler son bien-fondé. Ainsi, il n'y a pas légitime défense lorsque l'on répond à l'agression venant d'un homme ivre et préalablement désarmé par une technique de guerre (*close combat*) entraînant la mort[106]. Si la défense est excessive, la légitime défense est exclue, le juge n'a d'autre solution que de réduire la peine en prenant en considération les circonstances de commission de l'infraction. Il convient, pour cette condition de distinguer entre l'agression d'une personne et celle d'un bien :

- En cas d'agression dirigée à l'encontre d'une personne, la légitime défense est facilement admise par la jurisprudence, elle l'est toujours lorsque l'acte de riposte est inférieur à l'attaque (séquestration d'un cambrioleur armé), mais aussi parfois lorsqu'il est plus grave que l'attaque (homicide pour lutter contre un viol) ;
- En cas d'atteinte aux biens, deux conditions spécifiques sont exigées (art. 122-5 al. 2 CPF). D'abord l'action de l'agent doit servir à interrompre l'exécution d'un crime ou d'un délit contre un bien. La réaction doit donc intervenir après l'appréhension ou la tentative d'appréhension du bien. Ensuite, la proportionnalité est appréciée de manière plus stricte. La riposte n'est jamais un acte de légitime défense lorsqu'elle consiste en un homicide volontaire. L'acte de défense doit ainsi être « strictement nécessaire »[107].

4.3.2. La preuve de la légitime défense

En principe, il incombe à la personne qui l'invoque de démontrer qu'il y a eu légitime défense. Concrètement, la personne poursuivie doit

---

106 Cass. crim., 24 mars 2009, AJP 2009, p. 318.
107 Cass. crim., 7 décembre 1999, D. 2000, IR, p. 31.

alléguer des circonstances qui rendent vraisemblable la légitime défense, puis le ministère public va tenter d'en prouver l'inexactitude.

Par dérogation à ce principe, il est fait recours dans certains cas à la présomption de légitime défense (art. 122-6 CPF). Est ainsi présumé avoir agi en état de légitime défense celui qui accomplit l'acte soit pour repousser de nuit l'entrée par effraction, violence ou ruse dans un lieu habité, soit pour se défendre contre les auteurs de vols ou de pillages exécutés avec violence. Dans ces cas l'auteur qui a réagi n'est pas tenu de prouver que les six conditions précédemment étudiées sont satisfaites. Concernant la force de cette présomption, il est admis aujourd'hui qu'il s'agit d'une présomption simple entraînant seulement renversement de la charge de la preuve. Dès lors la personne ayant subi la dite riposte peut prouver qu'il n'y a eu aucune agression préalable.

4.3.3. Les effets de la légitime défense

La légitime défense est une cause générale de justification. Elle concerne tous les crimes, les délits et les contraventions (sauf les contraventions contre les biens). En cas de légitime défense, l'infraction disparaît et la responsabilité pénale est donc exclue. Elle fait également disparaître la responsabilité civile.

4.4. L'état de nécessité

Ce fait justificatif d'origine prétorienne a été officiellement reconnu par le nouveau code pénal français en 1994. Il est prévu à l'article 122-7 CPF. Il s'agit de la situation dans laquelle une personne, face à un danger objectif actuel et imminent, est obligée de commettre une infraction. À la différence de la légitime défense, le danger ne provient pas d'une agression humaine, mais peut être d'origines diverses : choses, animaux, circonstances. Le comportement humain peut être à l'origine d'un danger, mais il n'est alors pas voulu.

En cas de nécessité, la personne qui a commis l'infraction n'est pas contrainte de le faire. Elle se trouve face à une option : tolérer un mal considérable ou commettre l'infraction (par hypothèse il s'agit donc toujours d'une infraction intentionnelle)[108]. L'infraction nécessaire n'est pas commise par volonté antisociale, c'est pourquoi la peine, si elle était prononcée, n'aurait aucune valeur d'amendement ou d'intimidation. C'est l'application de l'adage « Nécessité n'a point de loi » de Loisel.

4.4.1. Les conditions

Les conditions de l'état de nécessité sont proches de celles de la légitime défense.

D'abord le danger doit être présent ou imminent. Cette condition est appréciée de manière plus stricte que pour la légitime défense puisque la jurisprudence considère que ne remplit pas la condition le danger passé, futur ou éventuel[109]. La nature du danger est indifférente. Il peut ainsi menacer l'auteur des faits, un tiers ou encore un bien. Ce peut être un danger matériel (incendie), physique (mise en péril de la vie d'une personne) ou même moral (moralité d'un enfant mise en danger). La seule restriction est que le danger doit être réel, c'est-à-dire non putatif, il doit être injuste et ne doit pas provenir de l'agent lui-même[110].

L'acte de réponse constitutif de l'infraction doit être « nécessaire à la sauvegarde de la personne ou du bien » menacé. Ainsi, en raison des

---

108 V. la célèbre affaire Ménard, Cour d'appel d'Amiens, 22 avril 1898 dans laquelle une mère, qui avait volé de la nourriture pour nourrir ses enfants, fut acquittée.

109 Cass. crim., 1er juin 2005, AJP 2005 p 325 : une bijoutière agressée et volée à neuf reprises décide de ne pas déposer au greffe du tribunal de commerce ses documents comptables (obligation légale) – ce dépôt rendant accessible à tous les résultats de la société via le Greffe du tribunal – estimant que les bons résultats de sa société étaient de nature à attiser la convoitise des malfaiteurs. La Cour d'appel accueille l'existence de l'état de nécessité mais la Cour de Cassation casse et refuse le danger invoqué considérant qu'il n'est qu'éventuel est pas imminent, elle refuse ainsi l'état de nécessité.

110 Ne peut ainsi invoquer utilement l'état de nécessité le conducteur d'un camion qui s'est engagé sur un passage à niveau dont les barrières étaient baissées d'un seul côté et a défoncé celles qui venaient de se baisser pour éviter la collision avec le train : Cass. crim., 28 juin 1958, aff. Lesage, D. 1958, p. 693 ; JCP 1959, II, 10941, note Larguier ; RSC 1959, p. 111, obs. Larguier.

circonstances, il doit ressortir que la commission de l'infraction était le meilleur, voire le seul moyen pour conjurer le danger.

La réponse doit ensuite être proportionnée à la gravité de la menace. La condition essentielle qui doit ici être remplie est que l'intérêt sacrifié doit être de moindre valeur, voire d'égale valeur, que l'intérêt sauvegardé[111].

4.4.2. Les effets

La preuve de l'état de nécessité entraîne disparition de la responsabilité pénale. Il n'y aura donc ni déclaration de culpabilité, puisque l'agent n'a commis aucune faute (l'acte illicite est objectivement justifié), ni peine prononcée. En raison de l'objectivité du fait justificatif, cet effet s'applique *erga omnes*, à tous ceux qui ont participé à l'acte : auteurs, co-auteurs, complices.

4.5. Le problème du consentement de la victime

L'hypothèse est ici celle dans laquelle la victime d'une infraction consent à ce que l'acte en question soit commis à son encontre (ex. : acte d'euthanasie).

Le consentement de la victime empêche la constitution de l'infraction dans deux hypothèses.

C'est d'abord le cas dans les domaines dans lesquels le consentement de la « victime » joue un rôle exonératoire. Ces hypothèses sont expressément prévues par la loi. Il s'agit par exemple des sports de combat, des actes médicaux ou chirurgicaux, de la divulgation d'un secret professionnel (art. 226-14-2° CPF) Dans ces hypothèses, le consentement de la victime est une condition de validité de la

---

111 Remplit cette condition le fait pour un automobiliste de couper une ligne blanche pour éviter deux piétons qui traversaient imprudemment la chaussée : T. police Avesnes-sur-Helpe, 12 décembre 1964, Gaz. Pal. 1965, I, p. 91 ; ne remplit pas cette condition le fait pour une mère d'avoir volé plusieurs kilos de viandes sous prétexte de vouloir « améliorer » le quotidien de ses enfants qui ne mangeaient que de la purée et du jambon : CA Poitiers, 11 avril 1997, JCP 1997, II, 22 933.

permission légale (l'essentiel étant que les règles du sport, de la pratique médicale, etc. soient respectées).

C'est ensuite le cas dans les domaines dans lesquels l'absence de consentement de la victime est un élément constitutif de l'infraction. Pour nombre d'infractions, l'absence de consentement est une condition nécessaire à la qualification de l'infraction. Ainsi, le fait de s'approprier une chose appartenant à autrui ou de porter atteinte à un droit d'autrui n'est pas une infraction (vol) si le tiers en question a donné son consentement.

Pour être valable, le consentement en question doit remplir certaines conditions. Il doit être antérieur ou concomitant à l'acte, réel – c'est-à-dire émaner d'une personne consciente (c'est pourquoi en cas d'atteinte sexuelle sur un mineur de 15 ans, le consentement de ce dernier n'est pas pris en compte [art. 227-25s. CPF]) – ; il doit être libre – donné sans contrainte – et enfin éclairé – la personne qui donne son consentement doit le donner en connaissance de cause.

Sauf les cas précédents, le droit français ne tient pas compte du consentement de la victime. Il n'est donc pas un fait justificatif. Cette solution s'explique par le fait que le droit pénal a pour objet la sauvegarde de l'ordre public et la défense des intérêts collectifs. Aussi, le fait que la victime de l'infraction a consenti à l'acte ne saurait effacer son caractère répréhensible et paralyser l'action publique. Ainsi, en matière de proxénétisme, l'exploitation de la prostitution est sanctionnée même pour le proxénète qui embauche en vue de la prostitution une personne consentante (art. 225-5 CPF). En cas de mort donnée à des personnes pour mettre fin à leurs souffrances, l'euthanasie est un assassinat et le consentement insistant ne supprime pas la responsabilité.

Les faits justificatifs

En Suisse

4.1. Introduction[112]

Tout acte typique d'une infraction – et qui en remplit dès lors tous les éléments constitutifs objectifs et subjectifs[113] – n'est pas forcément punissable. Il paraîtrait en effet choquant de considérer que le médecin qui inflige de nécessaires lésions corporelles à son patient lors d'une opération chirurgicale (une cicatrice par exemple), que le policier qui arrête (et donc séquestre) un criminel, que la victime qui se défend et qui blesse – voire tue – son agresseur (commettant ainsi des lésions corporelles ou un meurtre), ou encore que le pompier qui casse une porte pour pouvoir éteindre le feu à l'intérieur d'une maison (commettant ainsi un dommage à la propriété), tombent sous le coup de la loi pénale, et ce même si leurs actes correspondent exactement à ceux que cette loi réprime lorsqu'ils sont commis dans des

---

112 L'un des coauteurs du présent ouvrage ayant également participé à la rédaction du Précis de droit pénal général suisse (Killias M., Kuhn A., Dongois N, *Précis de droit pénal général*, 4e édition, Berne : Stämpfli, 2016), certains passages de ce chapitre en sont largement imprégnés. Pour un approfondissement de la matière, nous renvoyons d'ailleurs audit Précis.

113 Les éléments constitutifs objectifs d'une infraction sont les éléments matériels qui caractérisent l'acte. Pour leur part, les éléments constitutifs subjectifs sont du ressort de ce qui se passe dans la tête de l'auteur de l'acte ; il en va par exemple ainsi d'un dessein particulier ou encore de l'intention de l'auteur. C'est ainsi qu'en droit pénal suisse, le vol (art. 139 CPS ; RS 311.0) est réalisé lorsqu'une personne soustrait intentionnellement une chose mobilière à autrui dans le dessein de se l'approprier et dans le dessein de se procurer à elle-même ou de procurer à autrui un enrichissement illégitime ; les éléments constitutifs objectifs sont (1) quiconque (2) soustrait (3) une chose mobilière (4) appartenant à autrui, alors que les éléments constitutifs subjectifs sont (a) l'intention, (b) le dessein d'appropriation et (c) le dessein d'enrichissement illégitime. Pour d'autres exemples d'extractions des éléments constitutifs des infractions, voir Corboz B., *Les infractions en droit suisse*, 3e édition, Berne : Stämpfli, 2010.

circonstances ordinaires. Il existe donc des circonstances extraordinaires qui font qu'un acte, recouvrant pourtant toutes les caractéristiques d'un acte illicite, reste licite.

Ces circonstances extraordinaires son appelées des « faits justificatifs ». Certains sont contenus dans la loi, alors que d'autres sont des constructions jurisprudentielles. Les faits justificatifs principaux sont au nombre de cinq en droit suisse, trois faits justificatifs légaux (les actes autorisés par la loi, la légitime défense et l'état de nécessité) et deux extra-légaux (le consentement du lésé et la sauvegarde d'intérêts légitimes).

Après avoir déterminé qu'un acte était typique d'une infraction, il s'agit donc pour le juge pénal de se questionner sur son illicéité. En d'autres termes, il se posera la question de la présence d'un fait justificatif – rendant l'acte licite – ou de son absence – qui fera du comportement de l'auteur un acte illicite.

4.2. Les actes autorisés par la loi

Il va de soi que celui qui commet un acte autorisé – voire parfois commandé – par la loi ne peut pas se voir ensuite reprocher cet acte et devoir subir les foudres de la justice pénale. C'est l'article 14 CPS qui règle cette situation en mentionnant que « quiconque agit comme la loi l'ordonne ou l'autorise, se comporte de manière licite ». Si le concept est clair, le problème provient de ce que l'on entendra par le mot « loi ». En effet, la Suisse étant un État fédéral dans lequel la législation n'est pas centralisée, il y existe des lois fédérales, des lois cantonales, des lois communales, ainsi que des textes de niveau hiérarchiques différents, tels que lois, ordonnances, règlements, etc. C'est ainsi que, la police étant cantonale, l'usage de l'arme à feu par un policier est souvent régi par un règlement cantonal de police ; dès lors, si un policier agissant conformément à un tel règlement tue un individu (acte typique d'un meurtre au sens du CPS qui est une loi fédérale), pourra-t-il se prévaloir de ce règlement cantonal de niveau inférieur pour tenter de rendre licite un acte qui tombe sous le coup d'une loi hiérarchiquement supérieure ? En d'autres termes, la notion de « loi » au sens de l'article 14 CPS couvre-t-elle le règlement cantonal de police ?

La réponse à cette question est clairement affirmative. Le terme « loi » utilisé à l'article 14 CPS doit être compris comme couvrant toute norme juridique. Sont donc considérées comme licites toutes les obligations ou autorisations légales. Le caractère licite d'un acte peut ainsi résulter d'une loi, d'une ordonnance, d'un règlement, et même d'un principe général non écrit[114]. La jurisprudence élargit même le terme « loi » de l'article 14 CPS à certaines règles déontologique des professions juridiques[115] et médicales[116].

4.3. La légitime défense

Comme son nom l'indique, la légitime défense est un acte de défense par lequel on sacrifie un bien juridique – en commettant donc un acte typique d'une infraction – dans le but d'en préserver un autre. Etant donné qu'il s'agit d'un acte de défense, il présuppose une attaque, c'est-à-dire un acte illicite commis par un tiers, acte qui est soit actuel soit imminent. La légitime défense consiste dès lors à repousser une attaque dirigée contre soi-même ou contre une tierce personne. Le bien juridique sacrifié appartient ainsi toujours à l'auteur de l'attaque illicite.

Pour que cette défense soit légitime, il faut encore qu'il existe une certaine proportionnalité entre le bien menacé et le bien sacrifié. On considère généralement comme proportionné un acte de défense sacrifiant un bien juridique de valeur moindre ou identique à celui qui est menacé. Et pour déterminer la valeur d'un bien juridique, on applique soit une méthode abstraite – consistant à comparer les peines maximales dont les deux actes (soit l'attaque illicite et l'acte de défense) sont passibles – soit une méthode concrète – qui consiste à se fonder sur les circonstances spécifiques du cas d'espèce. De surcroît, le bien juridique sauvegardé doit impérativement être un bien individuel.

---

114 Il en va par exemple ainsi dans l'ATF 121 IV 109 (f), dans lequel le Tribunal fédéral indique que la licéité pourrait découler d'une règle de droit coutumier.

115 À ce propos, voir par exemple ATF 118 IV 248 (f), ainsi que ATF 116 IV 211 = JdT 1992 IV 83.

116 Il s'agit surtout des directives de l'Académie suisse des sciences médicales (ASSM), qui a codifié certaines règles déontologiques dans des directives concernant notamment le diagnostic de la mort, ainsi que l'euthanasie.

Il est dès lors licite en droit suisse de tuer un agresseur qui nous menace de manière actuelle ou imminente de mort. La conséquence légale de l'existence d'une telle légitime défense est l'acquittement de celui qui se défend (art. 15 CPS). Par contre, il serait totalement disproportionné de s'en prendre à la vie d'un voleur. Un tel acte ne tomberait dès lors pas dans la définition de la légitime défense. Néanmoins, en considération du fait que l'auteur d'un acte de défense disproportionné le commet dans une situation dans laquelle il – ou un tiers – est l'objet d'une attaque, le législateur suisse a considéré que sa peine doit être atténuée[117] et a créé la notion de « défense excusable » (art. 16 CPS).

En résumé, la règle est que, de manière générale, un acte remplissant l'ensemble des éléments constitutifs d'une infraction est illicite. Exceptionnellement, il peut être rendu licite par des circonstances remplissant les conditions de la légitime défense. Néanmoins, l'exception à l'exception intervient lorsque l'acte de défense est disproportionné par rapport à l'attaque. Dans ce cas de figure l'auteur de la défense disproportionnée est punissable, mais sa peine sera atténuée. Pour compliquer encore un peu la situation, le législateur suisse a introduit une exception de l'exception à l'exception en considérant que l'auteur de l'acte de défense – pourtant disproportionnée – doit être acquitté lorsque l'excès des limites de la légitime défense provient d'un état excusable d'excitation ou de saisissement causé par l'attaque.

Quant à la question de savoir si l'auteur de l'attaque initiale peut, lui aussi, se prévaloir de la légitime défense à l'encontre de l'acte de légitime défense dont il est victime, la réponse est évidemment négative, puisque la légitime défense vis-à-vis de son acte initial rend l'acte de celui qui se défend licite. Il n'y a donc pas d'attaque illicite – condition nécessaire à l'exercice de la légitime défense – à l'encontre de l'agresseur initial. Néanmoins, s'il y a disproportion entre la contrattaque et l'acte initial, l'agresseur initial pourra se prévaloir d'une éventuelle légitime défense vis-à-vis de celui qui commet alors une riposte qui reste illicite.

---

117 Sur la signification de cette notion d'atténuation, nous renvoyons le lecteur au chapitre 10 sur la fixation de la peine.

4.4. L'état de nécessité

Lorsqu'un bien juridique individuel est en danger – actuel ou imminent – sans qu'il ne soit forcément attaqué par autrui et qu'une personne commet un acte punissable pour le préserver, celle-ci sera considérée comme étant en état de nécessité et son acte comme étant licite, pour autant qu'il ne soit pas possible de détourner le danger autrement que par la commission de l'infraction (art. 17 CPS). Le danger peut provenir d'une cause naturelle (telle que la foudre qui met le feu à un immeuble) comme d'un acte criminel (tel que celui d'un pyromane qui met le feu à un immeuble). Dans cette dernière hypothèse, si l'on s'en prend à un bien juridique appartenant au pyromane pour l'empêcher d'agir, il y aura légitime défense[118], mais dans les deux cas, si l'on s'en prend à l'immeuble en feu (par exemple en forçant la porte et en y pénétrant pour éteindre le feu, c'est-à-dire en commettant un dommage à la propriété [art. 144 CPS] et une violation de domicile [art. 186 CPS]), il y aura état de nécessité.

Comme pour la légitime défense, il faudra ici aussi que l'acte commis par celui qui se prévaut d'un état de nécessité soit proportionné au danger que cet acte est destiné à détourner. Néanmoins, en cas d'état de nécessité, seul sera considéré comme proportionné un acte sacrifiant un bien juridique de valeur moindre que celui qui est menacé[119]. Pour déterminer la valeur d'un bien juridique, on applique les mêmes méthodes – abstraite et concrète – que pour la légitime défense.

Finalement, comme dans l'hypothèse de la légitime défense, il existe une règle (un acte remplissant l'ensemble des éléments constitutifs d'une infraction est illicite), une exception (l'acte peut être rendu licite par l'intermédiaire d'un état de nécessité) et une exception à l'exception lorsque l'acte commis par l'auteur est disproportionné par

---

118 En l'occurrence – en partant de l'idée que celui qui intervient pour empêcher le pyromane d'agir n'est pas le propriétaire de l'immeuble –, il s'agirait d'une légitime défense pour autrui (art. 15 *in fine*).

119 Pour rappel, en cas de légitime défense, la proportionnalité est plus largement admise, puisque l'on considère généralement comme proportionné un acte de défense sacrifiant un bien juridique de valeur moindre ou identique à celui qui est menacé.

rapport au danger[120] qu'il envisageait de détourner. On parlera alors d'« état de nécessité excusable » (art. 18 al. 1 CPS) et le juge atténuera la peine[121]. L'exception de l'exception à l'exception intervient ici lorsque le sacrifice du bien menacé ne pouvait raisonnablement pas être exigé de l'auteur (art. 18 al. 2 CPS), auquel cas ce dernier sera acquitté.

4.5. La sauvegarde d'intérêts légitimes

Nous l'avons mentionné, aussi bien l'état de nécessité que la légitime défense ne rendent licite un acte typique d'une infraction que lorsque le bien juridique ainsi sauvegardé est un bien individuel. Il arrive toutefois que le bien que l'auteur tente de préserver soit un bien collectif. Il en va par exemple ainsi d'un motard chargé de la sécurité d'une course cycliste se déroulant sur routes ouvertes qui enfreint certaines règles de la circulation routière (franchissement d'une ligne de sécurité et excès de vitesse) dans le but d'arriver au carrefour suivant avant les coureurs et d'y assurer la sécurité de ceux-ci[122]. On parlera alors de sauvegarde d'intérêts légitimes et on considérera que l'acte en question est justifié et donc licite.

4.6. Le consentement du lésé

De nombreuses infractions ne sont, par définition, punissables que lorsque l'auteur agit contre la volonté du lésé. Il en va ainsi du vol, du viol, de la contrainte, etc. Dans tous ces cas, l'absence de consentement du lésé est intégrée dans les éléments constitutifs de l'infraction. L'acte commis avec consentement n'entre ainsi pas dans la définition-même de l'acte, c'est-à-dire dans sa typicité. Il ne s'agit dès lors pas d'une question d'illicéité. Pour que le consentement du lésé soit traité au stade des faits justificatifs, il doit impérativement intervenir dans le cadre d'une infraction dont la typicité n'implique

---

120 Pour que l'article 18 CPS s'applique, il faut de surcroît que le danger menace la vie, l'intégrité corporelle, la liberté, l'honneur, le patrimoine ou d'autres biens essentiels.

121 Sur la signification de cette notion d'atténuation, nous renvoyons le lecteur au chapitre 10 sur la fixation de la peine.

122 ATF 113 IV 4.

aucunement l'absence de consentement. Il en va tout particulièrement ainsi des infractions contre la vie et l'intégrité corporelle. Commettre un homicide ou des lésions corporelles est constitutif d'une infraction, que l'acte ait été commis avec ou sans le consentement du lésé. Mais dans quelle mesure ce consentement pourrait-il justifier – et dès lors rendre licite – l'infraction commise ? En d'autres termes, est-il licite de tuer autrui ou de lui casser le bras avec son consentement ?

Un premier indice se trouve à l'article 114 CPS qui incrimine spécifiquement le meurtre sur la demande de la victime. Tuer autrui avec son consentement est dès lors toujours illicite. En revanche, il est admis que le consentement de la victime justifie – et rende donc licite – certaines atteintes de moindre gravité telles que les lésions corporelles simples (art. 123 CPS). Encore faut-il toutefois que ce consentement remplisse certaines conditions :

- L'intéressé doit être capable de discernement ;
- Le consentement doit être libre – donc sans qu'aucune contrainte n'ait été exercée – et éclairé – il doit intervenir en pleine connaissance de cause – ;
- Le consentement doit intervenir avant l'acte ;
- Le consentement doit être révocable à tout moment ;
- Dans la mesure où le consentement a été donné sous certaines conditions, l'acte n'est licite que si ces conditions sont respectées ;
- Le consentement doit en principe être donné par l'intéressé lui-même ; toutefois, dans certains cas, il n'est plus en mesure de le faire (en raison par exemple d'un coma nécessitant une intervention d'urgence) ; dans ce genre de circonstances, les règles de la gestion d'affaire sans mandat (art. 419 à 424 du Code des obligations [CO] [123]) s'appliquent et le consentement peut être présumé[124] ; l'acte entrepris est alors licite s'il est conforme aux intérêts et aux intentions présumées du représenté.

Comme mentionné préalablement, en application du principe selon lequel nul ne peut aliéner sa personnalité au-delà d'une mesure tolérable en vertu des mœurs et de l'ordre public, on ne peut en

[123] RS 220.
[124] À ce propos, voir ATF 124 IV 258 = SJ 1999 247.

principe consentir qu'à des lésions corporelles simples (art. 123 CPS) et non à des lésions corporelles graves (art. 122 CPS)[125]. Il en va toutefois autrement lorsque la lésion corporelle grave est commise dans le cadre d'un acte médical effectué dans le respect des règles de l'art et dans le but de contribuer au bien du patient. Dans un tel cas, la lésion corporelle – même grave – devient licite si elle est justifiée par le consentement du lésé.

En application des conditions énumérées ci-dessus, dans le domaine du sport – principalement des sports de combat –, on part de l'idée que celui qui participe à un certain jeu en accepte les règles et consent dès lors à subir les inconvénients liés à la pratique de son sport, ce pour autant que son adversaire agisse conformément à ce qu'il est usuel d'appeler les « règles du jeu ». Une violation intentionnelle de ces « règles du jeu » rend dès lors caduc le consentement préalable du lésé[126].

---

125 En droit suisse la lésion corporelle grave se définit notamment comme étant le fait de blesser autrui de façon à mettre sa vie en danger, de mutiler le corps d'une personne, un de ses membres ou un de ses organes importants, de causer à une personne une incapacité de travail, une infirmité ou une maladie mentale permanentes, ou encore de défigurer une personne d'une façon grave et permanente. La lésion corporelle simple se définit quant à elle par rapport à la première, puisque « toute autre atteinte à l'intégrité corporelle ou à la santé » sera catégorisée comme telle.

126 À ce propos, voir ATF 121 IV 249 (i) et ATF 109 IV 102 (f).

Deuxième partie

La culpabilité

Chapitre 5
La faute
En France

5.1. Introduction

La responsabilité pénale implique la possibilité pour une personne de comprendre la valeur de la norme sociale méconnue et de comprendre les conséquences de l'infraction puis d'en assumer les effets et de subir les sanctions prévues par la loi. Ainsi, pour que l'infraction soit constituée, il ne suffit pas que l'agent soit l'auteur matériel de l'acte. L'acte n'est une infraction que s'il émane d'un être humain jouissant de ses facultés mentales, agissant en toute liberté (c'est l'imputabilité) et ayant commis une faute (c'est la culpabilité).

Ainsi, schématiquement :

Elément moral de la responsabilité pénale = imputabilité + culpabilité.

Il y a faute lorsqu'une personne mérite le reproche qu'on lui adresse aux fins de lui appliquer un texte d'incrimination. Ce reproche peut découler soit d'une faute d'imprudence soit d'une faute intentionnelle. Cette condition de mise en œuvre de la responsabilité pénale implique que la personne en question ait fait preuve d'anti-sociabilité, qu'elle ait eu un état d'esprit contraire à l'intérêt social. Il s'agit d'une des trois constituantes de la responsabilité pénale à côté de l'élément légal et de l'élément matériel. Une faute est donc toujours nécessaire pour engager la responsabilité pénale d'une personne. Mais la faute pénale recouvre une grande diversité de situations.

C'est l'article 121-3 CPF qui pose le principe relatif à l'exigence de la faute ainsi que les exceptions à ce principe. La faute en droit pénal français présente une triple nature. Elle peut être intentionnelle, non intentionnelle ou « contraventionnelle ». Un sort particulier est par ailleurs réservé à la « faute de mise en danger délibérée d'autrui ».

5.2. La faute intentionnelle ou dol (art. 121-3 al. 1 CPF)

5.2.1. Présentation

L'intention criminelle doit être entendue comme l'intention de violer la loi pénale, c'est-à-dire la volonté de commettre l'infraction considérée. Elle implique donc que l'auteur de l'infraction savait que le comportement était interdit par la loi et pénalement sanctionné et qu'il a pourtant volontairement décidé d'adopter ce comportement. C'est donc en connaissance de cause et de plein gré qu'il a violé la loi. Dès lors, si l'auteur des faits n'est pas animé de l'intention de causer le résultat posé par la loi, l'infraction intentionnelle n'est pas constituée. Ainsi, celui qui ramasse un objet perdu pour le ramener à son véritable propriétaire ne commet pas de vol, il n'est pas animé de l'intention de s'approprier la chose d'autrui.

L'article 121-3 al. 1er CPF pose le principe selon lequel la faute pénale est une faute intentionnelle : « il n'y a point de crime ou de délit sans intention de le commettre ». Il apparaît consécutivement que l'intention criminelle, encore appelée dol général, est une condition nécessaire de la culpabilité.

Le dol général doit soigneusement être distingué du dol spécial, encore appelé mobile, qui est le sentiment qui détermine à l'action et qui varie selon le délinquant (haine, jalousie, cupidité). Le principe retenu en droit pénal français est celui de l'indifférence au mobile qui a animé le délinquant. Toutefois, ce principe connaît certaines exceptions qui se multiplient depuis les années 2000.

5.2.2. Les degrés du dol

5.2.2.1. Le dol aggravé : la préméditation

La préméditation est, en application de l'article 132-72 CPF, le « dessein formé avant l'action de commettre un crime ou un délit déterminé ». Il s'agit donc du fait de concevoir, de réfléchir, de préparer, de calculer, d'une manière continue et déterminée, l'infraction par avance. Deux conditions sont ici exigées, l'antériorité de la préméditation et la persistance de l'intention dans le temps. Cette circonstance entraîne, dans les cas où la loi le prévoit, l'aggravation des peines encourues. Ainsi, le meurtre, puni de trente ans de réclusion criminelle (art. 221-1 CPF), se transforme-t-il, lorsqu'il est commis avec préméditation, en assassinat puni de la réclusion criminelle à perpétuité (art. 221-3 CPF).

5.2.2.2. Le dol déterminé, indéterminé et praeterintentionnel

Le dol est déterminé lorsque le résultat effectivement obtenu correspond exactement à celui qu'avait désiré l'auteur des faits. Mais les situations de fait ne sont pas toujours aussi simples. Deux hypothèses peuvent alors se présenter.

D'abord, le dol peut-être indéterminé. Tel est le cas lorsque le résultat de l'action infractionnelle n'est pas connu à l'avance par son auteur, soit que le dommage qu'il a l'intention de commettre est imprécis, soit que la victime de ses actes ne soit pas précisément déterminée. Dans un tel cas, l'auteur est sanctionné en fonction de la gravité du résultat qui s'est effectivement produit. Ainsi, dans l'hypothèse de violences volontaires, il convient de distinguer selon que les coups ont entraîné une incapacité totale de travail inférieure à 8 jours, il s'agira d'une contravention de la 5e classe (art. R 625-1 CPF) ou bien une mutilation ou une infirmité permanente, ce qui constituera un délit puni de 10 ans d'emprisonnement et 150 000 euros d'amende (art. 222-9 CPF). Dans l'hypothèse de l'indétermination de l'identité de la victime (actes terroristes), l'auteur des faits ayant prévu la réalisation du résultat dommageable est censé l'avoir voulu et l'infraction reste intentionnelle. Pour conclure, le dol indéterminé est puni comme le dol déterminé.

Le dol est dit praeterintentionnel ou dépassé lorsque le résultat obtenu est allé au-delà des prévisions de l'agent. Le droit français prévoit dans ce cas une répression spécifique, il s'agit d'une peine intermédiaire. Ainsi, en cas de violences volontaires ayant entraîné le décès de la victime sans intention de donner la mort, la peine encourue est de 15 ans de réclusion criminelle (art. 222-7 CPF), soit plus que si l'auteur des coups volontaires n'avait pas causé le décès de sa victime (10 ans d'emprisonnement en cas de mutilation ou d'infirmité permanente : art. 222-9 CPF), mais moins que s'il avait eu l'intention de le tuer (30 ans de réclusion criminelle : art. 221-1 CPF).

Toutefois, il arrive que le législateur punisse l'auteur d'une infraction praeterintentionnelle comme s'il avait voulu causer le dommage qui est survenu. C'est alors le résultat effectif de l'infraction qui est pris en considération. Ainsi, la destruction, la dégradation ou la détérioration intentionnelle d'un bien appartenant à autrui par l'effet d'un incendie, d'une substance explosive ou de tout autre moyen dangereux, qui est punie de 10 ans d'emprisonnement et 15 000 euros d'amende (art. 322-6 CPF), est punie de la réclusion criminelle à perpétuité et 150 000 euros d'amende, si les faits causent involontairement la mort d'autrui (art. 322-10 CPF).

5.2.2.3. Le dol éventuel

C'est une simple faute commise sans intention particulière d'atteindre un résultat donné, mais qui produit le même résultat que s'il y avait dol déterminé. Le droit français a érigé cette situation en infraction autonome, distincte de l'infraction par imprudence ou par négligence : c'est la mise en danger d'autrui (5.4.).

5.3. La faute non intentionnelle (art. 121-3 al. 3 et 4 CPF)

Le droit pénal français punit parfois des faits qui ne reposent sur aucune faute intentionnelle. Ainsi, l'alinéa 3 de l'article 121-3 CPF dispose qu'« il y a également délit lorsque la loi le prévoit, en cas de faute d'imprudence ou de négligence ou de manquement à une obligation de prudence ou de sécurité ».

Bien que l'auteur d'une telle faute ne désire pas atteindre le résultat, une répression pénale est prévue en raison de l'importante valeur à laquelle il est porté atteinte. Le législateur érige en délit ou en contravention et non en crime, des comportements non intentionnels à condition toutefois que leur auteur puisse se voir reprocher une faute de négligence ou d'imprudence.

Depuis la loi n° 2000-647 du 10 juillet 2000 dite « Fauchon », l'article 121-3 CPF distingue l'auteur qui a causé directement le dommage – causalité directe – de l'auteur qui a seulement créé ou contribué à créer la situation qui a permis la réalisation du dommage – causalité indirecte. Toutefois, cette distinction ne s'applique que pour les seules personnes physiques[127]. Deux situations sont ainsi prévues qui s'appuient sur l'intensité du lien de causalité entre le fait reproché au défendeur et le dommage. Ainsi, si le lien de causalité entre la faute et le dommage est direct, une simple faute de négligence ou d'imprudence suffira à engager la responsabilité pénale de l'intéressé (5.3.1.) ; si le lien est indirect, une faute plus grave[128] devra nécessairement être établie pour entrer en voie de condamnation (5.3.2.).

5.3.1. La faute d'imprudence ayant causé directement le dommage (art. 121-3 al 3 CPF)

Dans ce cas, la responsabilité pénale est engagée quelle que soit la gravité de la faute d'imprudence ou de négligence.

La faute ordinaire d'imprudence ou de négligence suppose à la fois une imprévoyance et une indiscipline dont l'existence doit être appréciée *in abstracto*. L'auteur d'une telle faute n'a pas prévu les conséquences dommageables de son acte. Il n'y a pas eu d'intention de violer la loi, il n'y a donc ni dol spécial, ni dol général. Pour qu'une telle faute soit sanctionnée, elle suppose la réalisation d'un dommage dont la gravité fixera la mesure de la répression. L'imprudence ou la négligence implique le non respect d'une certaine discipline sociale. La règle de conduite peut alors être inscrite dans une loi ou un règlement. À défaut, il appartient au juge de rechercher si une imprudence ou une négligence a été commise en se référant au comportement, dans le domaine d'activité considéré, d'un individu « normalement » prudent et diligent (*bonus pater familias*).

---

[127] Pour les personnes morales il suffit pour engager leur responsabilité pénale d'établir l'existence d'une faute non intentionnelle même simple en lien direct ou indirect avec le dommage.

[128] Faute délibérée ou caractérisée.

5.3.2. La faute d'imprudence ayant causé indirectement le dommage (art. 121-3 al. 4 CPF)

Ici, deux cas doivent être distingués[129] :

- il n'y a pas de responsabilité pénale si la faute pénale est simple (art. 121-3 al. 4 CPF)
- la responsabilité pénale est engagée si la faute pénale est grave c'est-à-dire délibérée – « violation manifestement délibérée d'une obligation particulière de prudence ou de sécurité prévue par la loi ou le règlement », ici un texte doit être cité dans le jugement et les caractéristiques de cette faute doivent être établies par le juge – soit « caractérisée » – « faute caractérisée et qui exposait autrui à un risque d'une particulière gravité qu'elle ne pouvait ignorer », cette notion n'est pas définie par la loi, les contours ont donc été arrêtés par les juges qui considèrent qu'il s'agit d'un échelon intermédiaire entre la violation manifestement délibérée (au-dessus) et l'imprudence consciente (au-dessous).

5.4. La faute contraventionnelle

La contravention relève du domaine réglementaire. Pour être caractérisée, il n'est pas nécessaire de prouver l'existence d'une imprudence ou d'une négligence. Elle est présumée c'est-à-dire que son existence est tirée du seul fait de la violation d'une prescription légale ou réglementaire mais nécessite toutefois que son auteur ait eu une volonté libre. La preuve de cette volonté résulte souvent de la seule matérialité de l'acte. Mais il n'y a pas de contravention en cas de force majeure (art. 121-3 dernier al. CPF) et l'existence d'une cause de non responsabilité (démence, état de nécessité, force majeure) la fait disparaître.

5.5. La faute de mise en danger délibérée de la personne d'autrui (art. 121-3 al. 2 CPF)

Entre l'individu qui viole intentionnellement la loi pénale, avec le plus souvent l'intention de parvenir à un résultat donné, et celui qui cause

---

129 Rappel : cette distinction ne s'applique que pour les personnes physiques !

un dommage sans en avoir eu conscience, par pure imprudence ou par négligence, il existe une hypothèse intermédiaire : celle de la personne qui prend un risque de façon délibérée, tout en espérant que ce risque ne provoque aucun dommage.

Depuis l'entrée en vigueur du nouveau code pénal français en 1994, l'article 121-3 al. 2 dispose que « lorsque la loi le prévoit, il y a délit en cas de mise en danger délibérée de la personne d'autrui ». Cette notion s'entend d'un « manquement délibéré à une obligation de sécurité ou de prudence imposée par la loi ou le règlement ».

Deux conséquences découlent de cette définition, d'abord la faute de mise en danger est constituée uniquement par la volonté de violer une réglementation comportant des prescriptions de sécurité ou de prudence, Ensuite, le manquement à cette obligation doit être délibéré, c'est-à-dire intentionnel. Seules les éventuelles conséquences du manquement ne sont pas voulues.

La faute
En Suisse

5.1. Introduction[130]

Un comportement objectivement contraire à la loi pénale ne peut être reproché à son auteur que si ce dernier aurait pu et dû se comporter différemment. C'est ainsi que pour reprocher une faute à l'auteur, il faut (1) qu'il se soit rendu compte – ou qu'il aurait pu se rendre compte – que son comportement est constitutif d'une infraction[131], (2) qu'il se soit rendu compte – ou qu'il aurait pu se rendre compte – de l'illicéité de son comportement[132] et (3) que son fonctionnement psychique lui permette, d'une part, de se rendre compte de l'illicéité de son comportement et, d'autre part, d'agir en conformité avec cette appréciation[133].

En d'autres termes, pour qu'une faute puisse être reprochée à un justiciable, il est indispensable qu'il en ait eu conscience au moment de la commettre. Si, fort de cette conscience, il agit volontairement, on

---

130 L'un des coauteurs du présent ouvrage ayant également participé à la rédaction du Précis de droit pénal général suisse (Killias M., Kuhn A., Dongois N, *Précis de droit pénal général*, 4e édition, Berne : Stämpfli, 2016), certains passages de ce chapitre en sont largement imprégnés. Pour un approfondissement de la matière, nous renvoyons d'ailleurs audit Précis.

131 C'est-à-dire qu'il réalise l'ensemble des éléments constitutifs de cette infraction et qu'il ne soit pas dans une situation d'erreur sur les faits au sens de l'article 13 du Code pénal suisse (CPS ; RS 311.0). À ce propos, voir le chapitre 7 sur l'erreur, plus particulièrement ici l'erreur sur les faits qui consiste à agir sous l'influence d'une appréciation erronée des faits.

132 Cela fait référence au chapitre 4 sur les faits justificatifs qui sont propres à rendre licite un comportement qui réalise pourtant tous les éléments constitutifs d'une infraction, ainsi qu'au chapitre 7 sur l'erreur, plus particulièrement ici l'erreur sur l'illicéité qui consiste à croire que l'on était en droit d'agir (art. 21 CPS).

133 Cela fait référence au chapitre 6 sur la responsabilité et l'irresponsabilité pénale.

dira qu'il agit avec conscience et volonté qui, en droit suisse, sont les deux éléments de l'intention. Si par contre il agit sans intention, mais qu'il est tout de même possible de lui reprocher une imprévoyance coupable, on dira qu'il agit par négligence.

De surcroît, pour que la forme intentionnelle d'une infraction puisse être retenue, la conscience et la volonté doivent impérativement porter sur l'ensemble des éléments constitutifs objectifs[134] de l'infraction.

5.2. La règle de base en matière d'intention et de négligence

Non seulement l'article 12 CPS définit l'intention – comme étant la commission d'une infraction avec conscience et volonté – et la négligence – comme la commission d'une infraction sans se rendre compte des conséquences de son acte en raison d'une imprévoyance coupable –, mais il émet également la règle fondamentale en la matière. C'est ainsi que, selon l'article 12 al. 1 CPS, seules les infractions commises intentionnellement sont punissables, sauf disposition expresse et contraire de la loi. En d'autres termes, la règle de base est que tous les actes listés dans le Code pénal, ainsi que toutes les infractions pénales contenues dans d'autres lois ne sont punissables que si elles ont été commises intentionnellement. Deux exceptions à cette règle existent cependant : d'une part on ouvre la porte à la punissabilité de certains actes commis par négligence pour autant qu'ils soient expressément prévus par la loi [il en va par exemple ainsi de l'homicide par négligence (art. 117 CPS), des lésions

---

134 Les éléments constitutifs objectifs d'une infraction sont les éléments matériels qui caractérisent l'acte. Ils s'opposent aux éléments constitutifs subjectifs – tels un dessein particulier ou encore l'intention – qui sont du ressort de ce qui se passe dans la tête de l'auteur de l'acte. Les éléments constitutifs objectifs sont également à distinguer des conditions objectives de punissabilité qui sont des éléments qui doivent objectivement être réalisés, mais sur lesquels l'intention ne porte pas [il en va par exemple ainsi de la rixe (art. 133 CPS) qui se définit comme une bagarre entre plusieurs individus ayant entraîné des lésions corporelles ou la mort d'une personne ; si l'intention portait sur la mort ou les lésions, on appliquerait les dispositions sur le meurtre ou les lésions corporelles ; la mort ou les lésions corporelles sont dès lors des conditions objectives de punissabilité de la rixe ; une simple bagarre sans décès ni lésion corporelle n'est ainsi pas une rixe].

corporelles par négligences (art. 125 CPS) et de l'incendie par négligence (art. 222 CPS)] ; d'autre part la règle est retournée par les articles 100 ch. 1 de la Loi fédérale sur la circulation routière (LCR)[135] – pour l'ensemble des infractions routières – et 333 al. 7 CPS – pour l'ensemble des contraventions prévues par d'autres lois fédérales que le Code pénal suisse. Ces dernières sont ainsi toujours punissables – qu'elles soient commises intentionnellement ou par négligence –, à moins que la négligence ne soit expressément exclue.

Au vu du fait que, pour la très grande majorité des infractions, seule la forme intentionnelle est punissable – à l'exclusion donc du même acte mais commis par négligence –, il est capital de définir clairement la limite entre ces deux concepts.

5.3. Les différents degrés de la faute

Du dessein pur et dur à l'acte commis sans aucune imprévoyance coupable, les degrés de faute sont multiples. La législation (art. 12 CPS), la jurisprudence et la doctrine suisses en retiennent six : trois formes d'intention, deux formes de négligence et une forme d'absence de faute.

5.3.1. Le dessein (intention)

Agit par dessein l'auteur qui cherche à produire une conséquence précise par l'intermédiaire de son acte. Le but de l'acte commis est le résultat. Défini de la sorte, le dessein ne peut exister qu'en présence de délits matériels, soit des infractions qui nécessitent un résultat pour être consommées.

5.3.2. Le dol simple (intention)

Agit par dol simple – également appelé dol direct – l'auteur qui, sans forcément chercher un résultat, commet son acte avec conscience et volonté. Le but est de commettre l'acte et non d'obtenir un résultat, même si le second est le corollaire du premier. Si un résultat se produit, l'auteur l'accepte. Défini de la sorte, le dol simple peut

---

135 RS 741.01.

exister aussi bien en présence d'un délit matériel que d'un délit formel, soit une infraction entièrement réalisée par la seule commission d'un acte.

5.3.3. Le dol éventuel (intention)

Agit par dol éventuel l'auteur qui, sachant que son acte pourrait avoir certaines conséquences, les accepte et s'en accommode au cas où elles se produiraient. Cet ainsi qu'en paraphrasant la loi (art. 12 al. 2 CPS), on peut affirmer qu'agit déjà intentionnellement l'auteur qui tient pour possible la réalisation de l'infraction et l'accepte au cas où celle-ci se produirait.

5.3.4. La négligence consciente (négligence)

Agit par négligence consciente l'auteur qui, sachant que son acte pourrait avoir certaines conséquences, espère que celles-ci ne se réaliseront pas.

5.3.5. La négligence inconsciente (négligence)

Agit par négligence inconsciente l'auteur qui, par une imprévoyance coupable, agit sans se rendre compte des conséquences possibles de son acte.

5.3.6. L'acte commis sans imprévoyance coupable

L'imprévoyance coupable se définit comme le fait de ne pas user des précautions commandées par les circonstances et par la situation personnelle de l'auteur. Cette imprévoyance coupable est l'élément qui fait naître la négligence. *A contrario*, en l'absence de toute imprévoyance coupable, rien ne peut être reproché à quiconque et l'auteur de l'acte ne sera dès lors pas punissable.

5.4. Négligence *versus* non-punissabilité

L'existence et l'absence d'imprévoyance coupable sont donc souvent déterminantes pour savoir s'il y a eu commission d'une infraction pénale ou non. Il paraît dès lors utile de tenter de déterminer ce qui est constitutif d'une imprévoyance coupable.

Agit par négligence – et donc avec une imprévoyance coupable – celui qui viole de manière fautive une règle de prudence ou un devoir de diligence. Cette violation peut notamment provenir de la création de risques excessifs pour des tiers, de la réalisation de travaux sans disposer des moyens appropriés, de la violation d'une prescription de sécurité propre à un domaine particulier, etc. Quant à l'étendue du devoir de prudence, elle se mesure en fonction de ce que ferait une personne raisonnable dans une situation identique.

Pour ce qui est de la distinction entre la négligence consciente et inconsciente, elle n'a aucun effet sur la punissabilité de l'auteur. Elle interviendra toutefois dans la détermination du degré de culpabilité de l'individu au moment de la fixation de la peine.

5.5. Dol éventuel *versus* négligence consciente

Comme nous l'avons mentionné plus haut, il est capital de bien saisir le point de basculement entre l'intention et la négligence, puisque très souvent seul l'intention est pénalement punissable. Ce point de basculement se situe très exactement entre le dol éventuel et la négligence consciente[136].

En théorie, la différence entre les deux concepts est à chercher sur le plan de la volonté et non de la conscience, puisque cette dernière est identique dans les deux cas : l'auteur sait que l'acte qu'il est en train de commettre pourrait être constitutif d'une infraction et tient donc pour possible la réalisation de cette infraction. Il s'agira dès lors de déterminer si l'auteur a agi en espérant que la réalisation de

136 Mentionnons toutefois que, pour certaines infractions, le dol éventuel est exclu pour certains éléments constitutifs. Par exemple, cette forme de faute est exclue pour la mise en danger de la vie d'autrui (art. 129 CPS). Quant à certaines infractions de mise en danger, comme par exemple l'incendie intentionnel aggravé (art. 221 al. 2 CPS), un dol éventuel sur le danger créé ne suffit pas, un dol direct étant nécessaire. C'est notamment le cas lorsque le législateur a précisé qu'il fallait que l'auteur ait agi sciemment. Le point de basculement de la punissabilité se fait ainsi parfois entre le dol direct et le dol éventuel.

l'infraction ne se produira pas – auquel cas on sera dans un cas de négligence consciente – ou si, au contraire, il s'est accommodé de l'éventuelle réalisation de l'infraction – auquel cas il aura agi par dol éventuel et donc intentionnellement. En d'autres termes, il sera nécessaire *a posteriori* de se poser la question hypothétique de savoir si l'auteur se serait abstenu de commettre son acte s'il avait su que l'infraction se réaliserait (négligence consciente) ou s'il aurait de toute manière commis son acte (dol éventuel).

En pratique, la réponse à cette question dépend souvent de la conscience qu'avait l'auteur de la probabilité avec laquelle l'infraction se réaliserait[137]. Lorsque le résultat saute aux yeux et a donc une grande probabilité de se produire, on opte régulièrement pour le dol éventuel en arguant que l'auteur avait accepté – et donc voulu – commettre l'infraction. En revanche, on admet généralement la négligence consciente lorsque le résultat paraît clairement évitable[138].

En résumé, agit par négligence consciente celui qui connaît les risques et qui ne modifie pas son comportement en conséquence parce qu'il part de l'idée que rien ne se produira. S'il savait que le risque se réaliserait, il s'abstiendrait d'agir. À l'opposé, agit par dol éventuel celui qui connaît les risques, mais qui, sans chercher à ce que ces risques se réalisent, ne modifie pas son comportement en conséquence, parce qu'il s'accommode de la réalisation éventuelle des risques. On admettra donc qu'il agirait même dans l'hypothèse où il serait certain que le résultat se produirait et on retiendra dès lors l'intention.

---

137 ATF 131 IV 1 = JdT 2006 IV 187.

138 ATF 125 IV 242 = JdT 2002 IV 38, ATF 119 IV 242 = JdT 1995 IV 171, ATF 119 IV 1 (f).

Chapitre 6
La responsabilité pénale
En France

6.1. Introduction

La mise en œuvre de la responsabilité pénale d'une personne implique la possibilité de mettre une infraction sur son compte, on parle de l'imputabilité. Cette dernière suppose deux conditions : l'intelligence ou discernement – qui est l'aptitude à distinguer le licite de l'illicite et à percevoir les conséquences de ses actes – et la liberté d'action – qui est le pouvoir d'agir et d'orienter ses comportements dans la direction choisie, c'est le libre-arbitre.

L'élément d'imputabilité est exigé non seulement à l'égard des personnes physiques, mais aussi des personnes morales, depuis que ces dernières sont pénalement responsables[139]. Pour elles cependant, l'élément est apprécié au travers de l'organe ou du représentant à condition, bien sûr, qu'il ait agi pour le compte de la personne morale.

L'imputabilité peut disparaître et entraîner de la sorte l'irresponsabilité pénale de l'agent, on parle alors des causes de non-imputabilité.

Elle peut disparaître en premier lieu lorsque l'agent auteur de l'infraction n'a pas eu conscience de violer une valeur pénalement protégée en raison d'une déficience de ses facultés mentales (6.2.). Une telle cause d'irresponsabilité ou d'atténuation de la responsabilité pénale ne se pose évidemment que pour les personnes physiques.

L'imputabilité peut également disparaître alors même que l'agent a eu conscience de violer une norme pénale, mais qu'il n'a pas pu agir

139 V. Chap. 11.

différemment, qu'il n'a pas été libre de son action, c'est l'hypothèse de la contrainte (6.3.)[140].

6.2. L'état des facultés mentales

Seuls certains mineurs délinquants bénéficient d'une présomption de non imputabilité sauf à prouver qu'ils sont doués de discernement. Pour les majeurs, la preuve de non-imputabilité doit être établie.

6.2.1. La minorité : cause éventuelle de non-imputabilité

La majorité pénale en France est fixée à 18 ans, sachant que l'âge du mineur s'apprécie non au jour de la comparution en justice, mais au jour où l'infraction est commise. De la sorte, il est tout a fait possible qu'un jeune majeur soit jugé selon les règles applicables aux mineurs du fait qu'il a commis l'infraction avant ses 18 ans.

Le droit français de la responsabilité pénale des mineurs est encore régi aujourd'hui par l'ordonnance n° 45-174 du 2 février 1945 relative à l'enfance délinquante. Seul l'article 122-8 CPF est consacré aux mineurs, il fait dans une large mesure renvoi à l'ordonnance de 1945. Cet article pose en son alinéa premier le principe de la responsabilité pénale « pour les mineurs capables de discernement » et consacre l'alinéa 2 à la sanction pénale. Sur ce dernier point, il conviendra de relever que les mineurs bénéficient généralement d'une atténuation de responsabilité (V. *infra* chap. 10)[141].

6.2.2. Le trouble psychique ou neuro-psychique

L'insuffisance des facultés intellectuelles peut tenir non seulement à l'âge, mais aussi à des raisons congénitales, à la maladie ou à un

140 La loi n° 2016-1691 du 9 décembre 2016 a introduit une nouvelle cause d'irresponsabilité dans le cadre spécial de la lutte contre la corruption en faveur des « lanceurs d'alerte » dans l'hypothèse d'une atteinte à un secret protégé par la loi, dès lors que cette divulgation est nécessaire et proportionnée à la sauvegarde des intérêts en cause art. 122-9 CPF.

141 Le Conseil constitutionnel a érigé l'atténuation de responsabilité des mineurs en principe fondamental reconnu par les lois de la République : Cons. Const., 29 août 2002, D. 2003, p. 779.

accident, c'est ce que l'on appelle la démence au sens large. La conception morale et rétributive du droit pénal français moderne interdit de punir les individus dénués de discernement et privés de leur libre arbitre.

L'article 122-1 CPF dispose que « n'est pas pénalement responsable la personne qui était atteinte, au moment des faits, d'un trouble psychique ou neuropsychique ayant aboli son discernement ou le contrôle de ses actes ». Cet article prévoit par ailleurs qu'en cas de simple altération de son discernement ou d'entrave du contrôle de ses actes, la personne demeure responsable, toutefois, la juridiction tient compte de cette circonstance lorsqu'elle détermine la peine et en fixe le régime. Ces dispositions sont applicables pour toutes les infractions quelle que soit leur nature. En outre, elles distinguent clairement selon que le trouble a aboli ou simplement altéré le discernement.

6.2.2.1. La notion de trouble psychique ou neuropsychique

Par ce terme, le législateur français a voulu viser toutes les formes de troubles mentaux, quelle que soit leur origine ou leur nature dès lors que l'ensemble de la personnalité de l'intéressé est altéré (la conséquence de cet état doit être extrême et aboutir à la perte du libre arbitre). Le trouble peut par exemple consister en une maladie de l'intelligence soit congénitale, soit acquise par l'effet d'une maladie.

6.2.2.2. La preuve du trouble psychique ou neuropsychique

Alors que l'insuffisance mentale du mineur est présumée, celle du dément doit être prouvée. Elle peut l'être par tout moyen apprécié souverainement par le juge qui ordonnera généralement une expertise, dont les conclusions ne le lient cependant pas.

Une condition essentielle doit toutefois être remplie, la concomitance des faits commis avec le trouble mental (art. 122-1 CPF). La concomitance doit être causale c'est-à-dire que le trouble doit être en rapport avec l'infraction commise (homicide volontaire en rapport avec un délire de persécution). C'est également une concomitance chronologique qui est ici exigée entre le trouble et la commission de l'infraction.

Si la perte du libre arbitre intervient avant la commission de l'infraction, la responsabilité pénale existe. En pratique, le juge en tirera souvent une raison d'indulgence.

Si la perte du libre arbitre intervient après la commission de l'infraction, il faut distinguer deux hypothèses :

- si le trouble intervient avant la condamnation définitive, les poursuites pénales seront suspendues puisque l'on ne peut plus interroger utilement la personne, ni la faire comparaître ;
- si le trouble intervient après la condamnation définitive, les peines privatives de droit ou pécuniaires seront exécutées, mais les peines privatives de liberté seront subies dans un établissement pénitentiaire à finalité psychiatrique.

La loi du 25 février 2008[142] a mis en place une procédure spécifique de déclaration d'irresponsabilité pénale pour cause de trouble mental, qui permet de reconnaître l'existence des faits, leur commission par le dément, mais de déclarer ce dernier irresponsable. Cette procédure met fin à l'absence totale de procès pénal que connaissait le système français antérieur qui a été jugé contraire à l'intérêt des victimes (art. 706-123s. CPPF).

6.2.2.3. Les effets du trouble psychique ou neuropsychique

Différentes hypothèses doivent être distinguées selon l'importance du trouble.

En cas de trouble psychique ou neuropsychique ayant aboli le discernement et le contrôle des actes, le principe est celui de l'irresponsabilité du malade. La raison en est que l'élément moral de l'infraction a disparu, ce qui exclut par conséquent la responsabilité pénale. Il s'agit là d'une cause subjective d'irresponsabilité. De la sorte, l'infraction demeure. Ceci implique que les coauteurs et complices du malade demeurent responsables.

Lorsque le trouble psychique ou neuropsychique a seulement altéré le discernement et le contrôle des actes, l'article 122-1 CPF exigeant un trouble mental grave pour exonérer l'intéressé de sa responsabilité

[142] Loi n° 2008-174 du 25 février 2008 relative à la rétention de sûreté et à la déclaration d'irresponsabilité pénale pour cause de trouble mental.

pénale, l'acte reste pénalement punissable, mais l'alinéa 2 précise que la juridiction tient compte en pratique de cette circonstance pour diminuer la peine.

Certains états sont voisins du trouble psychique ou neuropsychique, le problème est alors de déterminer le régime applicable en cas de troubles passagers provenant d'événements accidentels. Différentes situations doivent être distinguées. Dans le cas des maladies de la volonté, l'intelligence n'est pas atteinte, mais c'est la volition qui est altérée et le sujet est poussé malgré lui à des actes que son intelligence repousse (exhibitionnisme, cleptomanie, pyromanie, etc.). L'individu obéit à des obsessions, à des impulsions irrésistibles. Dans de tels cas, le principe de la responsabilité pénale est maintenu, mais les juges, s'il y a un lien entre la maladie et l'acte, accordent souvent des peines moins sévères. En cas d'intoxications volontaires qui consistent le plus souvent en l'absorption d'alcool ou de stupéfiants, parce que l'intoxication est volontaire, la responsabilité pénale demeure.

6.3. La contrainte

Comme le trouble mental, la contrainte est une cause subjective d'irresponsabilité, elle supprime à l'auteur de l'infraction son libre arbitre. Cependant, tandis que le trouble mental abolit les facultés intellectuelles, la contrainte abolit la volonté, c'est-à-dire la liberté d'agir. L'article 122-2 CPF dispose que la personne qui a agi sous l'empire d'une force ou d'une contrainte à laquelle elle n'a pu résister est pénalement irresponsable. C'est la force majeure. La contrainte peut revêtir deux formes : physique ou morale.

Lorsqu'elle est physique, la contrainte s'exerce sur le corps même de l'auteur de l'infraction. Le plus souvent, elle provient d'une force étrangère à l'auteur de l'infraction. Elle peut être d'origine naturelle (foudre, tempête, tremblement de terre, inondation, etc.), mais également être le fait de l'homme (guerre, émeute, grève, attentat, etc.). La contrainte peut également être d'origine interne, il s'agit pour l'essentiel des contraintes liées à la maladie[143]. La contrainte physique

[143] Cass. crim, 15 novembre 2005, D 2006, p. 1582, note E. Dreyer : personne atteinte d'un malaise et qui se gare sur une aire d'autoroute, tuant quatre personnes. La Cour de cassation a ici pris soin de préciser que le conducteur,

ne constitue une cause d'irresponsabilité pénale que si elle résulte d'un « événement indépendant de la volonté humaine et que celle-ci n'a pu ni prévoir ni conjurer »[144]. Pour être retenue au titre des causes d'irresponsabilité, la contrainte doit donc être irrésistible – l'auteur des faits se trouvait dans l'impossibilité absolue de respecter la loi – et imprévisible – la situation ne doit donc pas être issue d'une faute antérieure de l'auteur des faits[145].

Lorsqu'elle est morale, la contrainte s'exerce sur la volonté de l'agent. La jurisprudence française refuse de prendre la contrainte morale interne (haine, colère, etc.) au titre des causes exonératoires de responsabilité. Cependant, en pratique, les juges ne répugneront pas à atténuer la répression et les Cours d'assises à acquitter les criminels passionnels ou à prononcer une peine symbolique. Pour être retenue, la contrainte morale doit être d'origine externe. Il s'agit alors d'une pression extérieure sur la volonté de l'agent (menaces de mort) le déterminant à commettre une infraction qu'il ne souhaite pas voir se réaliser. Pour être retenue, la contrainte doit être illégitime[146], et suffisamment pressante pour enlever toute liberté d'action[147].

---

qui jusque là était en bonne santé, avait été victime d'un malaise brutal et imprévisible.

144 Cass. crim., 3 octobre 1963, Bull. crim. n° 302.

145 La contrainte a été refusée à un marin militaire poursuivi pour désertion parce qu'il n'avait pas rejoint à temps son bâtiment alors que son absence avait été causée par une garde à vue, consécutive à une permission trop arrosée : Cass. crim., 29 janvier 1921, aff. Tremintin, S 1922, I, p. 185, note Roux.

146 Tel n'est pas le cas de la crainte inspirée par l'employeur sur ses salariés : Cass. crim., 14 janvier 1980, Bull. crim. n° 21 ; Cass. crim., 9 novembre 1992, Bull. crim. n° 364.

147 Ainsi, n'ont pas été jugées suffisamment contraignantes pour une personne accusée de crime contre l'humanité les menaces de représailles allemandes contre des fonctionnaires français, faute d'avoir été d'une intensité de nature à abolir son libre arbitre : Cass. crim., 23 janvier 1997, D. 1997, p. 147, note J. Pradel ; JCP 19997, II, 22812, note J.-H. Robert.

La responsabilité pénale En Suisse

6.1. Généralités

Il découle des principes généraux du droit pénal que la condamnation d'un auteur suppose que soient vérifiées les conditions de la culpabilité. On peut déduire notamment cette affirmation de l'article 6 § 2 CEDH qui consacre la présomption d'innocence en référence à la nécessité d'établir légalement la culpabilité d'une personne[148]. C'est en quelque sorte la consécration du principe « pas de peine sans faute ». Le droit suisse obéit à cette règle en exigeant à l'article 12 CPS que la condamnation d'un auteur repose sur la commission par ce dernier d'une faute intentionnelle, voire, selon les cas, par négligence.

Toutefois, pour qu'une faute soit commise, encore faut-il que l'auteur soit doté de la capacité de comprendre et de vouloir l'infraction qu'il commet. La responsabilité est donc à comprendre comme étant l'aptitude à la faute. La responsabilité fait référence à la capacité cognitive (« la faculté d'apprécier le caractère illicite de son acte ») et la capacité volitive (« [la faculté de se déterminer] d'après cette appréciation ») de l'auteur[149]. La capacité cognitive se réfère aux aptitudes intellectuelles de l'individu de reconnaître ses devoirs, de comprendre les exigences de la société et, globalement, de pouvoir prendre conscience que le comportement qu'il adopte est contraire à l'ordre juridique. Quant à la capacité volitive, elle se réfère à l'aptitude de l'individu, conscient de ses devoirs, d'agir conformément au droit, selon ses propres motivations.

Les sources d'une altération de l'état de responsabilité de l'auteur sont indifférentes dans le contexte de l'article 19 CPS. Il importe peu que l'auteur souffre, par exemple, d'un trouble mental, d'une faiblesse

---

148 CR CP I-Moreillon, art. 19 N. 1-3; ATF 142 IV 137.

149 CR CP I-Moreillon, art. 19 N. 15-16; Killias M., Kuhn A., Dongois N., *Précis de droit pénal général*, 4e édition, Berne : Stämpfli, 2016, p. 155 N. 906.

d'esprit ou d'un état passagèrement altéré en raison de la consommation d'alcool ou de stupéfiants. Est seule déterminante la question de savoir si, au moment d'agir, pour une quelconque raison, l'auteur était ou non atteint dans sa responsabilité[150].

L'article 19 CPS distingue à cet égard la pleine responsabilité, la responsabilité restreinte et l'irresponsabilité totale.

6.2. La pleine responsabilité

6.2.1. Définition

La loi ne mentionne pas expressément cette hypothèse. Elle constitue en quelque sorte la normalité que le droit suisse présume. Ainsi, sauf indice contraire ressortant des circonstances et/ou du comportement de l'auteur, il y a lieu de partir de la présomption que l'auteur de l'infraction est doté d'une pleine capacité cognitive et volitive[151].

6.2.2. Conséquence

Étant pleinement responsable, l'auteur sera reconnu coupable de l'infraction et verra sa peine fixée sur les critères ordinaires liés, notamment, à la faute (art 47 CPS).

6.3. L'irresponsabilité

6.3.1. Définition

L'auteur qui, au moment de commettre l'infraction, est totalement privé de sa capacité cognitive et/ou volitive est considéré comme irresponsable. À titre d'exemple, en matière d'imprégnation alcoolique, la Tribunal fédéral[152] retient qu'un taux d'alcoolémie supérieur à 0,3‰ crée un indice sérieux d'irresponsabilité totale.

---

[150] Killias M., Kuhn A., Dongois N., *Précis de droit pénal général*, 4e édition, Berne : Stämpfli, 2016, p. 155 N. 906.

[151] Killias M., Kuhn A., Dongois N., *Précis de droit pénal général*, 4e édition, Berne : Stämpfli, 2016, p. 161 N. 911.

[152] ATF 122 IV 49.

6.3.2. Conséquence

L'auteur que l'on considère totalement irresponsable ne peut pas agir de manière coupable, puisqu'il est dénué de toute aptitude à la faute. Dès lors, faute de culpabilité, l'article 19 al. 1 CPS dispose que l'auteur doit être acquitté. Nonobstant l'acquittement, celui qui a objectivement commis les éléments constitutifs d'une infraction, mais n'en répond pas fautivement, en raison de son absence de responsabilité, pourra se voir infliger une mesure thérapeutique institutionnelle ou ambulatoire (art. 59 à 61 et 63 CPS) ou un internement (art. 64 CPS) ou encore d'autres mesures telles qu'une interdiction d'exercer une activité (art. 67 CPS), une interdiction de contact ou géographique (art. 67*b* CPS) ou une interdiction de conduire (art. 67*e* CPS), ce en application de l'article 19 al. 3 CPS.

6.4. La responsabilité restreinte

6.4.1. Définition

Lorsque l'une et/ou l'autre des deux facultés, cognitive et volitive, n'est que partiellement diminuée, il y a lieu de retenir une responsabilité dite restreinte. En matière d'imprégnation alcoolique, la Tribunal fédéral[153] retient qu'un taux d'alcoolémie compris entre 0,3 et 0,3‰ crée un indice sérieux de responsabilité restreinte.

6.4.2. Conséquence

Lorsque la responsabilité est restreinte, l'auteur doit être puni moins sévèrement, raison pour laquelle l'article 19 al. 2 CPS prévoit une atténuation obligatoire de la peine, ce qui suppose l'application de l'article 48*a* CPS[154]. Selon la jurisprudence[155], le juge doit apprécier la culpabilité subjective de l'auteur en partant de la gravité objective de l'acte et en tenant aussi compte, dans ce processus, de la diminution de la responsabilité de l'auteur en indiquant dans son jugement la mesure de l'effet atténuant de la responsabilité restreinte sur la

---

153 ATF 122 IV 49.

154 V. chap. 10.3.1.2.

155 ATF 136 IV 55.

culpabilité. En d'autres termes, le juge doit intégrer la diminution de la responsabilité à son évaluation de la gravité de la faute, puis fixer ensuite la peine concrète en considération de cette culpabilité atténuée (art 47 CPS).

Si nécessaire, une mesure pourra être prononcée aux côtés de la peine (art. 57 al. 1 CPS), comme pour n'importe quel auteur.

6.5. La diminution fautive de la responsabilité

6.5.1. *L'actio libera in causa*

Lorsque la diminution de la responsabilité est due à un acte de l'auteur lui-même, l'article 19 al. 4 CPS aménage un régime dérogatoire, en ce sens que l'auteur ne pourra pas se prévaloir des articles 19 al. 1 et 2 CPS ; en d'autres termes, il sera jugé comme s'il était pleinement responsable. Il sera généralement question des cas de consommation d'alcool et/ou de stupéfiants.

Le régime de l'article 19 al. 4 CPS suppose la réunion de deux conditions : l'auteur doit avoir été en situation d'éviter de se trouver en état de diminution de responsabilité, d'une part, et avoir pu prévoir la commission de l'acte une fois en cet état, d'autre part. L'article 19 al. 4 CPS réglemente ce que l'on appelle l'*actio libera in causa* intentionnelle et par négligence. Cette construction vise l'auteur qui, de son fait, abolit ou réduit ses facultés d'apprécier le caractère illicite de l'acte ou de se déterminer d'après cette appréciation, intentionnellement ou par une imprévoyance coupable. Il n'est pas nécessaire que le délinquant ait voulu l'infraction (dol simple), mais il suffit qu'il ait accepté la possibilité de commettre une infraction (dol éventuel) ou qu'il ait pu ou dû se rendre compte ou tenir compte du fait qu'en diminuant ses facultés, il s'exposait au danger de commettre une infraction (négligence)[156]. Ainsi, par exemple, l'auteur qui boit de l'alcool pour se donner le courage de commettre un meurtre (art. 111 CPS) ne pourra pas bénéficier d'une réduction de sa responsabilité. Il en ira de même pour l'auteur de lésions corporelles (art. 122/123 CPS) qui consomme des stupéfiants en sachant qu'une fois intoxiqué, il a

---

[156] ATF 120 IV 169 ; ATF 117 IV 292 ; TF, 6B_146/2016, c. 3.1.

une propension à la violence. En revanche, celui qui ne peut pas prévoir l'acte, au moment où il se met en état de responsabilité diminuée, sera jugé selon le système ordinaire et bénéficiera de l'article 19 al. 1 ou 2 CPS, sous réserve de l'article 263 CPS[157].

6.5.2. L'acte commis en état d'irresponsabilité fautive

L'article 263 CPS, infraction figurant au titre 12 du CPS dans la protection de la paix publique, incrimine au titre d'un délit passible d'une peine de 180 jours-amende au plus les actes commis en état d'irresponsabilité fautive. L'article 263 al. 2 CPS permet une peine privative de liberté de 3 ans au plus si l'acte commis est un crime passible uniquement d'une peine privative de liberté, comme, par exemple, le meurtre (art. 111 CPS).

Cette incrimination n'est susceptible d'être appliquée que dans un unique cas : il s'agit de l'hypothèse dans laquelle l'auteur s'est fautivement mis en état d'irresponsabilité complète, mais que l'infraction commise n'était pas prévisible. Dans ce cas, faute d'*actio libera in causa* au sens de l'article 19 al. 4 CPS, l'auteur n'est pas coupable de l'infraction commise dans cet état (art. 19 al. 1 CPS). Toutefois, le législateur a considéré que l'impunité totale n'était pas acceptable et, au prix d'une entorse au principe qui veut que le droit pénal repose sur une faute individuelle, a érigé ce comportement en infraction. Ainsi, l'auteur est puni pour s'être fautivement – par intention ou négligence – mis en état d'irresponsabilité et avoir commis, dans cet état, une infraction sanctionnée au titre d'un crime ou d'un délit, à l'exclusion donc des contraventions. La commission d'un crime ou d'un délit doit ici être considérée comme une condition objective de punissabilité, c'est-à-dire un élément objectif sur lequel la conscience et la volonté de l'auteur n'ont pas être projetés.

6.6. Le constat de la diminution de responsabilité

L'article 20 CPS dispose que lorsqu'il existe un doute sérieux quant à la responsabilité de l'auteur, l'autorité pénale en charge du dossier au moment considéré a l'obligation de mettre en œuvre une expertise. Le

---

157 V. chap. 6.5.2.

doute dont il est question doit exister en présence de symptômes d'une gravité certaine, par comparaison avec la population en général, mais aussi la population délinquante[158].

L'expertise dont il est question sera souvent couplée avec celle que requiert l'article 56 al. 3 CPS afin de déterminer si une mesure thérapeutique ou un internement doivent être ordonnés. Elle devra être confiée à un médecin psychiatre et non à un psychologue[159].

Il s'agira d'une expertise judiciaire qui ne lie pas pour autant le juge, lequel reste tenu, à cet égard, par le principe de la libre appréciation des preuves consacré à l'article 10 al. 2 CPPS[160]. Toutefois, la jurisprudence[161] retient que le juge ne peut s'écarter des conclusions d'une expertise judiciaire que moyennant une motivation circonstanciée.

---

158 ATF 133 IV 145, c. 3.3 : ainsi, le fait de souffrir d'un stress post-traumatique et d'être mis au bénéfice d'une rente invalidité ne sont pas des indices suffisants.

159 ATF 140 IV 49, c. 2

160 ATF 102 IV 225, c. 7b ; TF, 6B_547/2014 c. 1.1.

161 ATF 107 IV 7, c. 5; TF, 6B_547/2014 c. 1.1.

Chapitre 7
L'erreur
En France

7.1. Introduction

L'erreur doit ici être entendue comme une méprise de l'auteur de l'infraction au moment de sa commission. Le droit pénal français, admet avec parcimonie cette cause d'irresponsabilité pénale en distinguant l'objet sur lequel l'erreur a porté. Ainsi, tandis que l'erreur de fait est reconnue partiellement (7.2.), l'erreur de droit l'est uniquement si elle est invincible (7.3.).

7.2. L'erreur de fait

Il s'agit d'une méprise de l'agent sur la matérialité de l'acte, il peut ainsi s'agir d'une erreur sur la personne, l'âge ou encore la propriété d'un bien, etc. Parce qu'elle fait disparaître l'élément intellectuel de l'infraction, elle est sans effet s'agissant des infractions non intentionnelles.

Le principe retenu par la jurisprudence française est que si l'erreur porte sur un élément essentiel de l'infraction, elle exclut la responsabilité. Par « élément essentiel », il faut entendre soit une condition préalable de l'infraction, soit l'un de ses éléments constitutifs. Dès lors, l'erreur de fait est sans conséquence quand elle ne supprime pas le dol. Il en est ainsi lorsqu'elle ne porte ni sur l'élément préalable, ni sur un élément constitutif de l'infraction, mais sur un élément secondaire, tel par exemple la faible valeur de la chose volée.

Le fait que l'erreur provienne d'une faute de l'intéressé ou de sa négligence est sans incidence sur l'acceptation de l'erreur, l'erreur de fait n'a pas à être invincible.

7.3. L'erreur de droit

L'article 122-3 CPF prévoit que « n'est pas pénalement responsable la personne qui justifie avoir cru, par une erreur sur le droit qu'elle n'était pas en mesure d'éviter, pouvoir légitimement accomplir l'acte ». Cette disposition revêt un caractère exceptionnel. En effet, la présomption demeure que tout citoyen est censé connaître le droit (7.3.1.). L'erreur de droit ne permet de renverser cette présomption que dans des conditions restrictives (7.3.2.) et ses effets sont relativement limités (7.3.3.).

7.3.1. La présomption de connaissance du droit

L'un des grands principes du droit pénal français pose que « nul n'est censé ignorer la loi » (*Nemo censetur ignorare legem*). Cette présomption s'applique tant aux nationaux qu'aux étrangers.

La présomption de connaissance du droit était, jusqu'en 1994, date d'entrée en vigueur du nouveau code pénal français, irréfragable et ne pouvait être combattue. Toutefois, une telle sévérité a été jugée excessive. C'est pourquoi, à l'instar de nombreux pays étrangers (Belgique, Allemagne, Italie, Suisse, etc.), le législateur français a reconnu en 1994 l'erreur de droit comme cause d'irresponsabilité pénale.

7.3.2. Les conditions restrictives d'admission de l'erreur sur le droit

Aux termes de l'article 122-3 CPF trois conditions doivent être remplies pour qu'existe l'erreur de droit : il doit s'agir d'une erreur sur le droit, que la personne n'était pas en mesure d'éviter et en raison de laquelle elle a cru pouvoir légitimement accomplir l'acte. C'est bien entendu à la personne poursuivie qui invoque cette cause d'irresponsabilité qu'en incombe la preuve.

L'article 122-3 CPF ne faisant aucune distinction sur ce point, l'erreur peut porter sur n'importe quelle règle de droit. Il peut tout aussi bien s'agir d'un texte législatif ou réglementaire de nature pénale que d'un texte de nature non pénale. De même, l'erreur peut consister en l'ignorance de l'existence d'une règle de droit ou en une interprétation erronée de celle-ci[162].

Mais elle n'est admise que si elle est invincible, autrement dit si elle ne pouvait pas être évitée par l'auteur de l'infraction. Celui-ci ne pourra donc être déclaré irresponsable que s'il apporte la preuve qu'il n'avait pas d'autres moyens utiles de se renseigner sur la législation applicable. Cette condition empêche de faire échec au principe selon lequel nul n'est censé ignorer la loi.

L'erreur de droit ne peut enfin être admise que si elle a donné à la personne qui en est victime la croyance que l'acte qu'elle commet est légitime. Ceci constitue le caractère subjectif de cette cause d'irresponsabilité, qui est donc propre à son seul auteur.

7.3.3. L'effet de l'erreur sur le droit

La personne à laquelle le bénéfice de l'erreur sur le droit est reconnu doit être déclarée pénalement irresponsable. En revanche, comme il s'agit d'une cause subjective d'irresponsabilité, il est possible de condamner des coauteurs ou complices de cette personne si ces derniers ne démontrent pas qu'ils ont été également victimes d'une erreur de droit.

---

162 Cass. crim., 24 novembre 1998, JCP 1999, II, 10208, note M-A. Houtmann : pour une prolongation excessive de la durée de travail effectif de ses salariés par le chef d'une entreprise de déménagement, l'erreur de droit invoquée résultait d'une information erronée fournie par l'administration représentée aux négociations préalables à la signature de l'accord illicite.

L'erreur

En Suisse

7.1. Généralités

Les erreurs sont partie intégrante de la problématique de la faute, plus spécifiquement sous l'angle de l'élément cognitif. Lorsque l'auteur se trompe, le CPS distingue entre l'erreur qui porte sur un élément constitutif de l'infraction, soit une erreur sur les faits (art. 13 CPS) et l'erreur portant sur l'illicéité de l'acte (art. 21 CPS). Dans un cas comme dans l'autre, la jurisprudence[163] requiert que l'auteur se trouve dans une erreur certaine à ses yeux ; s'il n'envisage, ne serait-ce qu'à titre éventuel, l'hypothèse de l'erreur, il ne peut alors s'en prévaloir dans le contexte des articles 13 et 21 CPS.

7.2. L'erreur sur les faits

L'article 13 al. 1 CPS dispose que lorsque l'auteur a agi sous l'empire d'une appréciation erronée des faits, il doit être jugé selon sa propre représentation si celle-ci lui est plus favorable. Lorsque l'erreur est défavorable à l'auteur, elle n'est pas prise en considération. Lorsque la représentation erronée de l'auteur lui fait croire qu'il a commis une infraction alors qu'objectivement, tel n'est pas le cas, il y a place alors pour un éventuel délit impossible[164].

L'erreur peut porter tant sur un élément constitutif de l'infraction, voire sur une circonstance atténuante ou aggravante, que sur un motif justificatif. Ainsi, celui qui croit tuer un animal et ôte la vie à un être humain ne sera pas coupable d'un meurtre (art. 111 CPS) car il sera jugé selon sa représentation des faits. De même, celui qui se croit, à tort, l'objet d'une attaque et se défend en commettant une infraction,

---

[163] ATF 130 IV 77, c. 2 ; ATF 129 IV 238, c 3.1.

[164] V. chap. 3.4.3.

pourra invoquer une erreur sur un fait pertinent pour l'invocation de la légitime défense (art. 15 CPS). Dans ce dernier cas, on parlera d'un motif justificatif putatif. L'erreur peut également porter sur un élément constitutif normatif ; ainsi, par exemple, l'erreur de l'auteur sur la notion de chose appartenant à autrui figurant à l'article 139 CPS pour la définition du vol constitue une erreur sur les faits.

La question du caractère évitable ou non de l'erreur dans laquelle se trouve l'auteur n'est pertinente que si l'infraction est punissable par négligence (art. 13 al. 2 CPS)[165]. Dans ce cas, l'auteur sera puni au titre de la négligence (art. 12 al. 3 CPS) s'il n'a pas déployé les efforts raisonnablement exigibles au gré des circonstances et de sa situation personnelle pour se rendre compte de son erreur[166]. Ainsi, pour reprendre l'exemple précédent, l'auteur du coup de feu sur ce qu'il croyait, à tort, être un animal, sera coupable d'homicide par négligence (art. 117 CPS) s'il n'a pas déployé les efforts raisonnablement exigibles pour s'assurer qu'il n'était pas en train de tirer sur un être humain. *A contrario*, en présence d'une infraction exclusivement punie intentionnellement, l'erreur devra profiter à l'auteur, même si l'on peut lui adresser le reproche de ne pas avoir entrepris ce qui était pourtant raisonnablement exigible pour se détromper. L'auteur qui croit à tort prendre une chose lui appartenant, alors qu'en réalité elle appartient à autrui, ne sera pas coupable de vol, nonobstant le fait qu'avec un peu de perspicacité il aurait pu se rendre compte de son erreur.

7.3. L'erreur sur l'illicéité

Selon l'article 21 CPS, celui qui commet une erreur sur le caractère illicite de son acte n'agit pas de manière coupable, à savoir qu'il doit être acquitté ; toutefois, si l'erreur apparait évitable et ce indépendamment de savoir si l'infraction punissable ou non par négligence, l'auteur est alors coupable, mais sa peine atténuée au titre d'une circonstance atténuante générale obligatoire[167].

---

[165] V. chap. 1.9.
[166] V. chap. 5.2 et 5.3.4 et 5.3.5.
[167] Sur cette notion v. chap. 10.3.1.2.

L'auteur d'une erreur sur l'illicéité a une appréciation parfaitement correcte des faits pertinents, mais il se trompe sur la question de savoir si son comportement est contraire ou non à la loi. Ce pourrait être le cas d'une personne qui ignore que la majorité sexuelle en Suisse est placée à 16 ans et entretient des relations sexuelles avec une personne de moins de 16 ans en croyant son comportement conforme au droit (art. 187 CPS).

Toutefois, dans la mesure où cette règle vient créer une brèche dans le principe qui veut que nul n'est censé ignorer la loi, la jurisprudence a retenu une interprétation très rigoureuse et restrictive de l'application de cette disposition[168]. Cette rigueur intervient dans l'appréciation du caractère évitable ou non de l'erreur sur l'illicéité. Ainsi, il faut que l'auteur ait eu des raisons suffisantes de se croire en droit d'agir. Une raison de se croire en droit d'agir est suffisante lorsqu'aucun reproche ne peut être adressé à l'auteur, parce que son erreur provient de circonstances qui auraient pu induire en erreur tout homme consciencieux. L'erreur est évitable si l'auteur avait ou aurait dû avoir des doutes quant à l'illicéité de son comportement ou s'il a négligé de s'informer suffisamment alors qu'il savait qu'une réglementation juridique existait. L'erreur sera inévitable, par exemple, lorsque l'auteur se renseigne auprès de l'autorité compétente et qu'il obtient des assurances erronées, sans qu'il puisse s'en rendre compte[169]. Le principe est que le justiciable doit faire tout son possible pour connaître la loi et que son ignorance ne le protège que dans des cas exceptionnels. Le caractère évitable de l'erreur doit être examiné en tenant compte tant des circonstances personnelles de l'auteur, telles que son degré de socialisation ou d'intégration, que des circonstances matérielles qui ont pu induire l'auteur en erreur[170]. Une erreur sur l'illicéité a été retenue, par exemple, pour un chauffeur de bus qui exécute une instruction erronée de son supérieur, donnée par écrit et en accord avec le chef de la police[171].

---

168 ATF 138 IV 13, c. 8.2 ; ATF 129 IV 238, c. 3.1.

169 ATF 98 IV 279.

170 ATF 121 IV 109, c. 5; ATF 120 IV 208, c. 5b ; ATF 116 IV 56, c. II/3a, ATF 98 IV 293, c. 4a.

171 ATF 98 IV 279.

Troisième partie

Les conditions d'engagement de la poursuite pénale

Chapitre 8
La prescription de l'action publique / pénale
En France

8.1. Introduction

La prescription de l'action publique peut être définie comme une cause d'extinction de l'action publique par l'écoulement d'un certain délai sans que des poursuites aient eu lieu. Véritable instrument de politique criminelle, le droit français de la prescription de l'action publique était, de par l'interprétation qui en avait été donnée par la jurisprudence, devenu source de confusion et d'insécurité. Cette situation résultait pour l'essentiel de l'élaboration progressive prétorienne d'un droit spécial de la prescription de l'action publique pour les infractions dites dissimulées ou occultes pour lesquelles la chambre criminelle de la Cour de Cassation reportait le point de départ du délai au jour où l'infraction était découverte dans des conditions permettant d'engager des poursuites ce qui pouvait avoir pour effet de reporter le procès de plusieurs dizaines d'années après la commission de l'infraction. La récente loi n° 2017-242 du 27 février 2017 *portant réforme de la prescription en matière pénale* est venue remanier en profondeur les règles applicables en l'espèce. Elle a, pour la partie la plus visible de la réforme, doublé les délais de prescription en matière criminelle et correctionnelle et mis fin au report du point de départ du délai de prescription de l'action publique.

Quant aux raisons d'existence de la prescription, la justification repose sur l'idée d'oubli et de pardon : les preuves s'estompent, elles deviennent moins sûres et l'opinion publique ne réclame plus la répression. C'est donc dans l'intérêt social, plus spécialement pour une bonne administration de la justice pénale, qu'a été instaurée cette règle de la prescription. Elle est donc d'ordre public.

Cette cause d'extinction de l'action publique peut être invoquée par le prévenu à tout moment de la procédure[172] et être relevée d'office par les juges à condition d'avoir permis au préalable aux parties d'en débattre[173].

8.2. Les délais de prescription

La prescription s'applique à toute infraction de droit commun sauf aux crimes contre l'humanité qui sont imprescriptibles (art. 7 al. 3 CPPF).

Avec la loi du 27 février 2017, les délais ordinaires de prescription de l'action publique sont passés, respectivement pour les crimes, délits et contraventions, de 10 ans, 3 ans et 1 an à 20 ans, 6 ans et 1 an (art. 7 à 9 CPPF).

Toutefois, de nombreux délais spéciaux existent dont la liste s'est encore allongée avec la loi du 27 février 2017. Sans entrer dans le détail de la législation, nous relèverons que la prescription est le plus souvent allongée.

Elle est ainsi portée en application de l'article 7 al. 2 CPPF de 20 à 30 ans en matière de crime de terrorisme, de trafic de stupéfiants et d'association de malfaiteurs à cette fin, de crime de prolifération d'armes de destruction massive et de leurs vecteurs, d'eugénisme et de clonage reproductif, de disparition forcée et de crime de guerre.

Le délai de prescription de l'action publique passe de 6 à 20 ans pour certains délits commis sur mineur (violences ayant entraîné une incapacité totale de travail de plus de huit jours, agression et atteinte sexuelles), ainsi que pour certains délits de prolifération d'armes de destruction massive et de leurs vecteurs, de terrorisme, de trafic de stupéfiants et de guerre (art. 8 al. 3 et 4 CPPF).

Il est par ailleurs porté de 6 à 10 ans pour les délits de l'art 706-47 CPPF commis contre des mineurs sauf agression sexuelle et atteinte sexuelle aggravée (délits de traite des êtres humains, de proxénétisme,

---

172 Cass. crim., 28 juin 2016, n° 15-84 968, publié au Bulletin.
173 Cass. crim., 10 janvier 2017, n° 15-86 019, publié au Bulletin.

de recours à la prostitution, de corruption, de proposition sexuelle faite par un majeur (mais ici uniquement pour les mineurs de 15 ans), d'utilisation d'images pédopornographiques et de consultation habituelle de tels sites, de fabrication, de transport, diffusion ou commerce de messages violents ou pornographiques susceptibles d'être vus ou perçus par un mineur, d'incitation à une mutilation sexuelle) (CPPF, art. 8 al. 2).

La prescription peut également être plus courte, tel est par exemple le cas pour les délits de presse qui se prescrivent par 3 mois sauf lorsqu'il s'agit de délits à caractère antisémite, raciste ou xénophobe pour lesquels la prescription est de 1 an (loi presse et communication du 29 juillet 1881, art. 65-3, liste limitative).

Remarque : l'article 10 CPPF précise que l'action civile se prescrit comme l'action publique lorsqu'elle est exercée devant une juridiction répressive et selon les règles de droit civil lorsqu'elle est exercée devant une juridiction civile.

8.3. Le mode de calcul du délai de prescription de l'action publique

8.3.1. Le point de départ

Le point de départ du délai de prescription de l'action publique est traditionnellement fixé au jour de commission de l'infraction. Ce principe ne soulève pas de difficulté lorsqu'il s'agit d'une infraction instantanée (qui se consomme en un trait de temps) ou permanente (qui produit des effets qui durent dans le temps). Mais en cas d'infraction continue (action qui se prolonge dans le temps avec une réitération de la volonté coupable), le point de départ se situe au jour où cesse l'état délictueux. Ainsi en va-t-il en matière de recel ou de délit de prise illégale d'intérêts. Dans ce dernier cas, la prescription commence à courir à compter du dernier acte administratif accompli par l'agent public et par lequel il prend ou reçoit directement un intérêt[174].

174 Cass. crim., 4 octobre 2000, D. 2001, p. 1654, note M. Segonds.

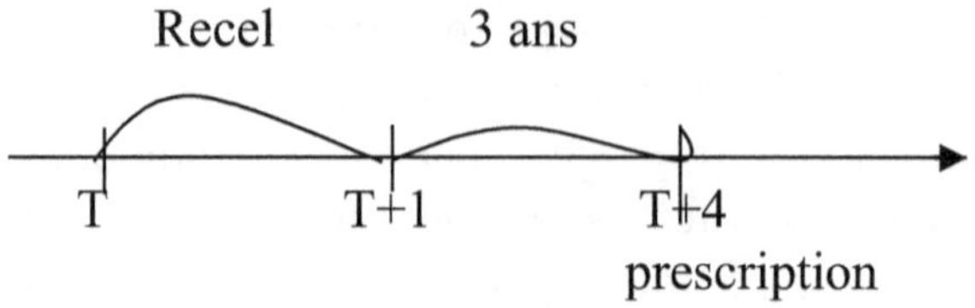

De la même manière, pour les infractions d'habitude qui résultent de la commission de plusieurs faits dont la répétition seule est punie par la loi (délit d'exercice illégal de la médecine, etc.), la prescription ne commence à courir qu'à partir du jour du dernier acte constitutif de l'habitude qui réalise l'infraction.

À titre exceptionnel, le point de départ du délai de prescription de l'action publique (*dies a quo*) peut-être reporté.

D'abord le report peut-être légal. Ainsi en va-t-il pour bon nombre de crimes et délits commis à l'encontre de mineurs et dont le point de départ du délai de prescription de l'action publique est reporté au jour de la majorité de la victime (art. 9-1 al. 1 CPPF). Ces crimes et délits mentionnés aux articles 706-47 CPPF et 222-10 et 222-12 CPF consistent principalement en des atteintes à l'intégrité physique, morale ou sexuelle des mineurs. L'article 9-1 CPPF dispose en outre que le délai de prescription de l'action publique des crimes de clonage et d'eugénisme, lorsqu'ils ont conduit à la naissance d'un enfant, courent à compter de la majorité de celui-ci.

Le report peut ensuite être décidé par le juge pour les infractions dites dissimulées ou occultes. Tandis qu'antérieurement à la loi du 27 février 2017 aucune limite à ce report n'existait, la loi nouvelle, tout en consacrant en partie cette solution prétorienne, instaure désormais un délai butoir. Ainsi, désormais, en application de l'article 9-1 al. 3 CPPF, le juge peut fixer le point de départ du délai de prescription de l'action publique d'une infraction occulte ou dissimulée « à compter du jour où l'infraction est apparue ou a pu être constatée dans des conditions permettant la mise en mouvement ou l'exercice de l'action publique ». Toutefois, le délai « de prescription » ne peut excéder 12 ans en matière délictuelle et 30 ans en matière criminelle à compter du jour où l'infraction a été commise. Le législateur de 2017 a défini l'infraction « occulte » comme celle qui, « en raison de ses éléments constitutifs, ne peut être connue ni de la victime ni de l'autorité judiciaire » et l'infraction dissimulée comme celle « dont l'auteur accomplit délibérément toute manœuvre caractérisée tendant à en empêcher la découverte » (art. 9-1 al. 4 et 5 CPPF).

Concernant l'application de cette loi dans le temps, aux termes de l'article 112-2 CPF « sont applicables immédiatement à la répression des infractions commises avant leur entrée en vigueur [...] 4° lorsque les prescriptions ne sont pas acquises, les lois relatives à la prescription de l'action publique... ». La loi du 27 février 2017 est donc d'application immédiate, elle doit s'appliquer à toutes les affaires non encore poursuivies (mais non prescrites), à celles pendantes devant une juridiction pénale et à celles à venir. Quant à l'application du délai butoir, il est de nature à empêcher la poursuite de faits anciens n'ayant pas encore donné lieu à poursuites et ayant été commis plus de 12 années (pour les délits) et 30 années (pour les crimes) avant la date d'entrée en vigueur de la loi nouvelle.

8.3.2. Le décompte

Le décompte du délai se fait par échéances consécutives de mois ou d'années et non par jour. En principe, sauf disposition contraire de la loi, le jour de la commission de l'infraction n'est pas compté dans le délai (*dies a quo*) – le délai ne court que le lendemain du jour de commission de l'infraction – et le délai n'est expiré qu'à la fin du dernier jour (*dies ad quem*).

8.3.3. Les accidents du cours de la prescription

Différents types d'événements peuvent avoir pour conséquence soit d'interrompre soit de suspendre le délai de prescription de l'action publique.

Il y a interruption lorsque le délai déjà parcouru est anéanti et qu'il faut repartir à zéro au jour de la fin de l'interruption pour une durée égale au délai initial. L'interruption résulte désormais en application de l'article 9-2 CPPF de « 1° Tout acte émanant du ministère public ou de la partie civile, tendant à la mise en mouvement de l'action publique [...] ; 2° Tout acte d'enquête émanant du ministère public, tout procès-verbal dressé par un officier de police judiciaire ou agent habilité exerçant des pouvoirs de police judiciaire tendant effectivement à la recherche et à la poursuite des auteurs d'une infraction ; 3° tout acte d'instruction (…) accompli par un juge d'instruction, une chambre de l'instruction ou des magistrats et officiers de police judiciaire par eux délégués, tendant effectivement à la recherche et à la poursuite des auteurs d'une infraction ; 4° Tout jugement ou arrêt, même non définitif, s'il n'est pas entaché de nullité ». L'interruption opère *erga omnes*[175], elle s'étend donc aux auteurs et complices même non visés par l'un des actes ou décisions (art. 9-2 al. 3 CPPF). L'interruption opère également à l'égard des infractions connexes.

La suspension bloque quant à elle temporairement l'action publique, mais conserve la partie écoulée du délai qui reprend là où il s'était arrêté lorsque l'événement disparaît. Elle résulte désormais et en application de l'article 9-3 CPPF, qui consacre la jurisprudence antérieure, d'un obstacle qui empêche « la mise en mouvement ou l'exercice de l'action publique ». Cet obstacle peut être soit de fait, il doit alors être « insurmontable et assimilable à la force majeure » (invasion du territoire en temps de guerre, disparition des pièces d'une procédure, etc.), soit de droit (inviolabilité parlementaire, exception préjudicielle, immunité[176], etc.).

---

175 Cass. crim., 3 février 1955, aff. Garaudy, JCP 1955, II, 8663, grands arrêts Dalloz.

176 Cass. ass. plén., 10 octobre 2001, JCP 2002, p. 675, note J. Pradel.

La prescription de l'action publique / pénale

En Suisse

8.1. Généralités

La prescription de l'action pénale constitue un obstacle à la poursuite lié à l'écoulement du temps. Elle ne doit pas être confondue avec la prescription de la peine des articles 99 et 100 CPS qui constitue un obstacle empêchant l'État de procéder à l'exécution d'une peine, lié à l'écoulement du temps.

8.2. Les délais de prescription

Les délais de prescription de l'action pénale sont définis en nombre d'années. La détermination du délai de prescription d'une infraction s'effectue de manière abstraite, c'est-à-dire en fonction de la peine-menace la plus élevée prévue par l'infraction et non en fonction de la peine concrètement encourue par l'auteur dans le cas d'espèce ; il en découle que les facteurs aggravants ou atténuants de la partie générale (art. 47s. CPS) n'exercent aucune influence sur la détermination du délai de prescription[177].

En revanche, lorsque l'infraction prévoit une circonstance aggravante spéciale, c'est la peine maximale prévue pour la forme aggravée qui est déterminante pour la détermination du délai de prescription. S'agissant des formes atténuées de l'infraction, la jurisprudence retient que lorsqu'elle ne constitue qu'une faculté du juge de prononcer une peine plus clémente, cette dernière n'exerce aucune influence sur la détermination du délai de prescription qui reste donc celui issu de la peine maximale de base ; ainsi en est-il, par exemple,

---

177 ATF 136 IV 117, c. 4.3.3.2.

du cas de « très peu de gravité » de l'article 251 ch. 2 CPS[178]. À l'inverse, lorsqu'il est question d'une forme privilégiée de l'infraction qui prévoit une autre peine maximale en présence de certaines conditions, objectives et/ou subjectives, qui sont précisément décrites dans la loi, c'est la peine maximale prévue pour l'infraction privilégiée concrètement en cause, qui sera déterminante pour fixer le délai de prescription, et non celle de l'infraction de base[179]. Ainsi, par exemple, l'application de l'article 172ter CPS aux côtés d'une infraction du Titre 2 du CPS déqualifie celle-ci en contravention et se prescrit donc selon le délai applicable à cette catégorie d'infractions[180].

Dans sa version en vigueur depuis le 1er janvier 2014[181], l'article 97 CPS prévoit quatre catégories de délais, à savoir 30 ans si la peine maximale encourue est une peine privative de liberté à vie, 15 ans si la peine maximale encourue est une peine privative de liberté de plus de trois ans, 10 ans si la peine maximale encourue est une peine privative de liberté de trois ans et 7 ans si la peine maximale encourue est une autre peine. Il faut encore ajouter à cela que les contraventions se prescrivent par 3 ans en application de l'article 109 CPS. Il existe également quelques normes dérogatoires contenues dans la partie spéciale, comme l'article 178 CPS qui prévoit un délai de prescription de 4 ans pour les atteintes à l'honneur (art. 173, 174 et 177 CPS), l'article 302 al. 3 CPS qui fixe à 2 ans la prescription relative aux outrages à des chefs d'États étrangers ou à des institutions interétatiques (art. 296 et 297 CPS) ou l'article 118 al. 4 CPS qui prévoit un délai de 3 ans pour l'avortement punissable commis avec le consentement de la femme enceinte (art. 118 al. 1 et 3 CPS). Ces délais ainsi fixés s'appliquent également aux infractions du droit pénal accessoire par l'effet de l'article 333 al. 1 CPS, sous réserve de normes dérogatoires. En matière de confiscation de valeurs patrimoniales (art. 70 CPS), respectivement de créance compensatrice

---

178 ATF 125 IV 74, c. 2.

179 ATF 108 IV 41, c. 2a.

180 ATF 136 IV 117, c. 4.3.3.2.

181 RO 2013 4417: introduction d'un délai de prescription de 10 ans pour la quasi totalité des délits en lieu et place du délai de 7 ans qui ne subsistent que pour les rares délits passibles d'une peine maximale de moins de 3 ans de peine privative de liberté (p. ex. l'exhibitionnisme : art. 194 CPS).

(art. 71 CPS)[182], l'article 70 al. 3 CPS impose un délai de 7 ans, sous réserve d'un délai plus long relatif à l'infraction en cause.

Un système dérogatoire à double détente a été mis en place, successivement, s'agissant de la protection de la vie, de l'intégrité physique et sexuelle des mineurs. Le système tel qu'il se présente dans la loi depuis le 1er janvier 2013[183] est ainsi conçu. Lorsque l'une ou l'autre des infractions exhaustivement énumérées à l'art 97 al. 2 CPS[184] est commise à l'encontre d'un mineur de moins de 16 ans[185], la prescription court en tout cas jusqu'au jour où la victime atteint (ou aurait atteint en cas de décès) l'âge de 25 ans. Ainsi, le délai de prescription ordinaire ne s'applique que lorsque son terme est postérieur à l'accession de la victime à sa 25ème année. En outre, lorsque la victime de l'une des infractions [186] exhaustivement mentionnées à l'article 101 al. 1 let. e CPS[187] est âgée de moins de 12 ans, l'action pénale est alors imprescriptible. Ainsi, pour les infractions communes aux deux systèmes, à savoir les articles 187 ch. 1 et 189 à 191 CPS, l'action pénale est imprescriptible lorsque la victime est âgée de moins de 12 ans au moment des faits, tandis que si son âge est compris entre 12 et 16 ans, c'est le système de l'article 97 al. 2 CPS qui prévaut.

Finalement, l'article 101 al. 1 let. a-d CPS postule l'imprescriptibilité de certaines infractions gravissimes, telles que le génocide (art. 264 CPS), les crimes de guerre (art. 264*c* à *h* CPS) et les crimes contre l'humanité (art. 264*a* al. 1 et 2 CPS).

---

182 ATF 129 IV 305.

183 RO 2012 5951.

184 Art. 111, 113, 122, 124, 182, 187 à 191, 195 et 197, al. 3 CPS.

185 Sous réserve de l'art. 188 CPS qui protège des victimes âgées entre 16 et 18 ans et qui sont pleinement placées au bénéfice de l'art. 97 al. 2 CPS, sans restriction d'âge.

186 Art. 187 ch. 1, 189, 190, 191, 192 al. 1 et art. 193 al. 1 CPS.

187 Cette norme est la mise en œuvre de l'art. 123b Cst. adoptée en votation le 30 novembre 2008, à la suite d'une inititative populaire constitutionnelle (RO 2009 471).

8.3. Le *dies a quo*

L'article 98 CPS définit les évènements qui déclenchent le cours de la prescription de l'action pénale. Selon la jurisprudence [188], la prescription commence à courir le lendemain de l'évènement qui en déclenche le cours, à l'instar de ce qui prévaut généralement en matière de computation des délais, notamment en procédure pénale (art. 90 al. 1 CPPS). Conformément à l'article 110 al. 6 CPS, ils sont comptés de quantième à quantième.

Trois catégories d'évènements déclencheurs sont définies à l'article 98 CPS : l'accomplissement de l'activité coupable (let. a), la commission du dernier d'une série d'actes (let. b) et la fin de l'agissement coupable présentant une certaine durée (let. c).

8.3.1. L'accomplissement de l'activité coupable

L'activité coupable est accomplie au sens de l'art 98 let. a CPS, lorsque l'auteur réalise pleinement (ou partiellement en cas de tentative simple au sens de l'art. 22 al. 1 CPS), le comportement incriminé par la loi pénale, indépendamment de la survenance de l'éventuel résultat requis, s'agissant des infractions matérielles[189]. L'accomplissement de l'activité coupable ne se confond donc pas avec la consommation de l'infraction. De même, lorsque l'infraction prévoit une condition objective de punissabilité ou le dépôt d'une plainte pénale, le moment de leur survenance est indifférent sur le cours de la prescription[190]. Ainsi, par exemple, le *dies a quo* de la prescription du vol (art. 139 CPS), infraction formelle, correspond au moment de l'accomplissement de la soustraction avec les deux desseins requis par la norme, tandis que pour l'homicide, infraction matérielle, c'est l'adoption du comportement homicide qui déclenche le délai de prescription, indépendamment du moment de la survenance de la mort, résultat requis par l'article 111 CPS[191]. Cela a pour conséquence fâcheuse qu'une infraction peut être prescrite alors que le

---

[188] ATF 107 Ib 74, c.34 ; ATF 97 IV 98, c. 2.

[189] Sur cette notion v. chap. 1.4.

[190] ATF 101 IV 20.

[191] ATF 134 IV 297, c. 4.3.5 ; ATF 122 IV 61, c. 2a/aa.

résultat n'est pas encore survenu[192]. De même, notamment pour les infractions dans la faillite et la poursuite pour dettes qui, pour la plupart, prévoient le prononcé de la faillite ou la délivrance d'un acte de défaut de biens comme condition objective de punissabilité (art. 163s. CPS), seule la réalisation du comportement incriminé déclenche le cours de la prescription, abstraction faite du moment du prononcé de la faillite ou de la délivrance d'un acte de défaut de biens[193]. Ainsi, une infraction peut être prescrite avant même qu'elle soit poursuivable.

Lorsque l'infraction consiste en une omission ou une commission par omission (art. 11 CPS)[194], le moment déterminant est celui à partir duquel l'auteur aurait dû agir, étant précisé que si ce devoir est durable, la prescription commence à courir aussitôt que le devoir d'agir prend fin[195]. Ainsi, la prescription de l'omission de prêter secours réprimée par l'article 128 CPS commence à courir dès le moment où le devoir de prêter secours est exigible, ou encore, s'agissant d'un homicide par négligence par omission (art. 11 *cum* 117 CPS) commis par le directeur d'une entreprise de remontées mécaniques qui omet de remédier à un défaut technique des installations, dès que l'auteur a remédié audit défaut ou qu'il cesse d'occuper une position de garant.

8.3.2. Le dernier acte d'une série

Selon l'article 98 let. b CPS, face à une pluralité d'actes, la prescription ne commence à courir pour tous les actes qu'au moment de l'accomplissement du dernier de ceux-ci. Selon le Tribunal fédéral, l'article 98 let. b CPS ne s'applique que dans deux hypothèses restrictives que sont, d'une part, l'unité naturelle d'action et, d'autre part, l'unité juridique d'action [196]. En substance, selon la

---

192 TF, 6B_1026/2008 où un accident mortel causé par la répération défectueuse d'une machine survient à un moment postérieur à la survenance de la prescription, le délai ayant commené à courir au moment de l'imprévoyance coupable, à savoir la réparation défectueuse.

193 ATF 101 IV 20, c. 3a.

194 Sur ces notions v. chap. 1.6.

195 ATF 122 IV 61, c.2a.

196 ATF 133 IV 256, c. 4.5.3 ; ATF 132 IV 49 ; ATF 131 IV 83.

jurisprudence[197] « il y a unité naturelle d'actions lorsque des actes séparés procèdent d'une décision unique et apparaissent objectivement comme des événements formant un ensemble en raison de leur relation étroite dans le temps et dans l'espace. Cela vise la commission répétée d'infractions ou la commission d'une infraction par étapes successives. Une unité naturelle est exclue si un laps de temps assez long s'est écoulé entre les différents actes, quand bien même ceux-ci seraient liés entre eux », tandis qu'il y a unité juridique d'action « lorsque le comportement défini par la norme présuppose, par définition, de fait ou typiquement, la commission d'actes séparés, tel le brigandage (CP 140), mais aussi lorsque la norme définit un comportement durable se composant de plusieurs actes, par exemple les délits de gestion fautive (CP 165) ». Cette construction est admise de manière très restrictive. Ainsi, par exemple, il y a unité naturelle d'action lorsqu'une personne accomplit le sprayage d'un même mur avec des graffitis[198] pendant plusieurs nuits successives[199], alors que celle-ci est niée, la plupart du temps, pour des infractions en série, comme des vols ou des abus de confiance successifs[200], des infractions contre l'intégrité sexuelle commises de manière réitérée et planifiée contre une même victime[201] ou l'obtention indue de prestations sociales durant plusieurs années[202].

8.3.3. La fin des agissements coupables de durée

L'article 98 let. c CPS dispose que la prescription court dès le jour où les agissements coupables ont cessé s'ils ont eu une certaine durée. Cette règle ne s'applique qu'aux infractions continues[203], à savoir

---

197 ATF 132 IV 49, c. 3.1.1.3 ; ATF 131 IV 83.

198 Il s'agit alors d'un domage à la propriété au sens de l'art. 144 CPS : ATF 120 IV 319

199 Exemple donné par le TF dans l'ATF 131 IV 83, c. 2.4.5.

200 TF 6B_25/2008, c. 3 (14 abus de confiance répartis sur 14 mois et espacés de quelques jours à quelques mois, ne forment pas une unité) ; TF 6B_472/2011, c. 13.5.2 (plusieurs escroqueries au moyen de notes de frais fictives sur une durée de 4 ans) ; ATF 133 IV 256 (escroqueries successives commises par le paiement au moyen de faux billets sur une période de 10 jours) .

201 ATF 131 IV 83, c. 2.4 ; TF 6S.397/2005, c. 2.3.

202 ATF 131 IV 83.

203 Sur cette notion v. chap. 1.5.

celles qui se caractérisent par le fait que la création puis la perpétuation d'un état de fait illicite font expressément ou implicitement partie des éléments constitutifs de l'infraction. Tel est le cas, par exemple, de la séquestration (art. 183 CPS)[204], de la violation d'une obligation d'entretien (art. 217 CPS)[205], de la violation de domicile (art. 186 CPS)[206] ou du défaut de vigilance en matière d'opérations financières (art. 305ter CPS) [207]. Dans ces cas, la prescription ne commence pas à courir tant que l'infraction dure et elle se déclenche au moment où les agissements coupables cessent. Ainsi, dans les exemples précités, la prescription commence à courir lors de la remise en liberté de la personne séquestrée, lors de la reprise du versement des contributions d'entretien impayées ou de la survenance d'une incapacité non fautive de verser les aliments, lorsque la personne non invitée quitte le domicile ou que l'ayant droit donne son consentement pour l'avenir ou encore lorsque l'intermédiaire financier satisfait à son devoir d'identification de l'ayant droit économique ou que la relation contractuelle cesse.

Les infractions continues ne doivent pas être confondues avec les infractions de situation[208] qui sont commises à un moment précis, mais dont les effets peuvent se perpétuer dans le temps. Ces infractions sont soumises à la règle ordinaire de l'article 98 let. a CPS. Constituent, par exemple, des infractions de situation, la bigamie (art. 215 CPS)[209] ou la diffamation (art. 173 CPS)[210] pour lesquelles la prescription court au jour de la conclusion d'un deuxième mariage ou d'un partenariat enregistré, respectivement lors de la communication à un tiers du propos diffamatoire, indépendamment du fait que le message puisse rester accessible dans la durée. Le Tribunal fédéral a précisé que la responsabilité subsidiaire de l'entreprise au sens de l'article 102 al. 1 CPS[211] ne constitue pas une infraction continue, mais vraisemblablement une infraction de situation, de sorte que la

---

204 ATF 119 IV 216.
205 ATF 132 IV 49.
206 ATF 128 IV 81 ; ATF 118 IV 167.
207 ATF 136 IV 127 ; ATF 134 IV 307.
208 Sur cette notion v. chap. 1.5.
209 ATF 105 IV 326.
210 ATF 142 IV 18.
211 Sur cette notion v. chap. 11.4.

prescription commence à courir au moment de la commission de l'infraction de base dans des conditions de désorganisation ne permettant pas d'en identifier l'auteur[212].

8.4. Le *dies ad quem*

En application de l'article 97 al. 3 CPS, la prescription de l'action pénale cesse définitivement de courir lorsque, avant son échéance, un jugement de première instance est rendu. Ainsi, lorsque l'on parle d'interruption de la prescription, il s'agit en réalité du moment à partir duquel la prescription cesse définitivement de courir. Le CPS ne prévoit aucun motif de suspension temporaire du cours de la prescription. L'effet interruptif ne vaut qu'à l'égard de la personne jugée en relation avec les faits considérés et non à l'égard d'éventuels autres participants à l'infraction qui ne sont pas parties à la procédure. La jurisprudence[213] a précisé que ces règles s'appliquent également sans restriction s'agissant des contraventions, par l'effet du renvoi général de l'article 104 CPS.

Par jugement de première instance, on entend avant tout les jugements rendus par un tribunal de première instance au sens de l'article 19 CPPS, au terme d'une procédure contradictoire. Suite à un revirement de jurisprudence[214], le Tribunal fédéral considère désormais que tant un jugement de condamnation qu'un jugement d'acquittement emportent les effets de l'article 97 al. 3 CPS. Si le jugement a été rendu par défaut, en application des articles 366s. CPPS, il y a lieu de retenir qu'il s'agit d'un jugement interruptif, à condition qu'il ne fasse pas l'objet d'une demande de nouveau jugement au sens des articles 368s. CPPS, respectivement que celle-ci soit rejetée. Au contraire, si la demande de nouveau jugement est acceptée, la mise à néant du jugement rendu par défaut lui supprime *a posteriori* tout effet interruptif ; ainsi, dans ce dernier cas, la prescription a continué à

212 TF, 6B_7/2014, c. 3.4.3.

213 ATF 139 IV 62, c. 1.1 ; ATF 135 IV 196, c. 2.

214 ATF 139 IV 62 qui revient sur la jurisprudence antérieure qui retenait que seul un jugement de condamnation interrompait la prescription: ATF 135 IV 196, c. 2.1 ; ATF 134 IV 328, c. 2.1.

courir et ne s'interrompt qu'au rendu du nouveau jugement contradictoire.

S'agissant de l'ordonnance pénale au sens des articles 352s. CPPS, la jurisprudence a clairement consacré la règle selon laquelle elle ne constitue pas un jugement de première instance tant et aussi longtemps que le délai d'opposition n'est pas échu sans être utilisé ; *a contrario*, l'ordonnance pénale frappée d'opposition est mise à néant et ne déploie aucun effet interruptif de la prescription[215].

Le moment auquel un jugement a été « rendu » au sens de l'article 97 al. 3 CPS correspond à la date du prononcé[216] du jugement et non à celle de son entrée en force. Ainsi, la prescription est interrompue aussitôt que le tribunal de première instance notifie son jugement à l'issue de l'audience (art. 84 al. 1 CPPS), voire lors d'une audience ultérieure (art. 84 al. 3 CPPS). Exceptionnellement, la prescription est interrompue par la notification écrite du jugement lorsque le dispositif est notifié ultérieurement alors que les parties ont renoncé au prononcé public du jugement (art. 84 al. 3 *in fine* CPPS). S'agissant des ordonnances pénales, c'est l'acquisition du statut de jugement entré en force de cette dernière, par l'écoulement du délai d'opposition non utilisé (art. 354 al. 3 CPPS), qui correspond au moment entraînant l'interruption de la prescription.

8.5. Les effets de la prescription

La question de la prescription doit être examinée d'office, à tous les stades de la procédure, par toutes les autorités en charge du dossier, y compris devant le Tribunal fédéral[217]. Le constat de la prescription doit être considéré comme un empêchement définitif de procéder qui doit conduire au prononcé immédiat d'une ordonnance de non entrée en matière (art. 310 al. 1 let. b CPPS) ou de classement (art. 319 al. 1 let. d CPPS), y compris lorsque la prescription survient et/ou est constatée devant le tribunal, en phase de jugement (art. 329 al. 1 let. c et al. 4 CPPS).

---

215 ATF 142 IV 11 ; ATF 139 IV 62 ; ATF 135 IV 196, c. 2 ; ATF 133 IV 112, c. 9.4.4.

216 ATF 135 IV 196, c. 2.1 ; ATF 130 IV 101, c. 2.3.

217 ATF 139 IV 62, c. 1.

Chapitre 9

La plainte / le déclenchement des poursuites pénales

En France

9.1. Le principe : le monopole du ministère public

Le principe en droit pénal français est celui du monopole du ministère public dans la mise en mouvement de l'action publique. Le ministère public doit dans ce cadre être informé des infractions commises. Tous les renseignements obtenus par le biais de constatations directes faites par les autorités policières ou par le biais de plaintes, dénonciations, procès verbaux, etc. sont dirigés vers le procureur de la République. Le ministère public examine alors la légalité des poursuites en s'assurant de l'existence d'une qualification pénale, de la recevabilité de l'action publique notamment qu'il n'existe pas de cause de blocage de l'action publique (nécessité d'une plainte préalable, amnistie, etc.). Il décide ensuite du devenir du dossier et peut mettre l'action publique en mouvement. Il dispose sur ce point d'un privilège : le principe d'opportunité des poursuites.

9.1.1. Le principe de l'opportunité des poursuites

L'article 40 al. 1 du CPPF confie au procureur de la République le pouvoir de déclencher l'action publique : « le procureur de la République reçoit les plaintes et les dénonciations et apprécie la suite à leur donner ». Ainsi, il n'a pas l'obligation de déclencher les poursuites c'est le principe de l'opportunité des poursuites. C'est parce que le procureur de la République est le gardien de l'ordre public que la loi lui attribue le pouvoir de déclencher les poursuites pénales.

Dans certaines situations limitativement énumérées, la possibilité pour le ministère public de déclencher des poursuites est cependant conditionnée à l'exigence d'une plainte préalable de la victime (tel est le cas par exemple en matière d'atteinte à la vie privée ou encore pour certaines diffamations ou injures) ou de l'administration (en matière fiscale, de sécurité sociale, etc.). Dans ces cas, une fois la plainte déposée, le ministère public n'est pas obligé de poursuivre. Mais le retrait de la plainte après le déclenchement des poursuites pénales entraîne extinction de l'action publique (art. 6 al. dernier CPPF).

9.1.2. La décision relative au devenir de l'affaire

Lorsque le procureur de la République est informé de la commission d'une infraction, trois possibilités s'offrent à lui : le classement sans suite, la poursuite et enfin les mesures dites « alternatives aux poursuites » (art. 40-1 CPPF).

9.1.2.1. Le classement sans suite

Par cette décision, le ministère public refuse de poursuivre pénalement. Deux séries de motifs principaux expliquent généralement le classement sans suite :

- Les poursuites sont irrecevables pour des raisons légales (prescription de l'action publique, absence de qualification pénale, etc.) ;
- Les raisons sont de pure opportunité (l'objet de l'infraction est jugé insignifiant, le préjudice social trop faible, le coupable excusable, etc.).

L'article 40-2 al. 2 CPPF impose au parquet de prévenir le plaignant des suites qu'il donne lorsqu'il y a eu plainte et d'indiquer les raisons juridiques ou d'opportunité qui la justifient.

Le dossier est classé dans les archives, ce classement n'est pas un jugement, mais une simple décision administrative ce qui entraîne deux conséquences principales :

- D'abord il n'existe pas de recours juridictionnel contre ce type de décision, toutefois un recours hiérarchique est possible.
- Ensuite, la décision n'a pas autorité de chose jugée, il est donc toujours possible de reprendre le dossier tant que le délai de prescription n'est pas écoulé.

9.1.2.2. Le déclenchement de l'action publique

Il s'agit de la décision de poursuivre. Rien ne peut être tenté contre une telle décision. Ceci implique donc le danger de poursuites inopportunes. Toutefois, cette situation est contrebalancée par le devoir d'obéissance hiérarchique existant au sein du ministère public même si ce contrôle est limité.

Une fois les poursuites engagées, la légalité reprend absolument le dessus et le parquet ne peut plus arrêter la procédure. Il n'existe pas de recours hiérarchique contre une telle décision, le parquet ne peut pas dessaisir le juge d'instruction ou de jugement. Cette décision a donc un caractère irréversible.

Le parquet peut mettre en mouvement l'action publique de différentes manières :

- Soit en saisissant directement la juridiction de jugement (citation directe) ;
- Soit, en matière criminelle (où l'instruction est obligatoire) ou lorsque le dossier n'est pas en état d'être jugé, en saisissant le juge d'instruction par un réquisitoire introductif.

9.1.2.3. La troisième voie : les procédures d'alternative aux poursuites

S'il estime que cette mesure peut contribuer à réparer le dommage causé à la victime, à mettre fin au trouble résultant de l'infraction ou à contribuer au reclassement de l'auteur des faits, le procureur de la République peut, préalablement à sa décision sur l'action publique, décider de recourir à l'une des mesures dites de « classement sans suite sous conditions ». Il peut alors opérer soit directement, soit par l'intermédiaire d'un officier de police judiciaire, d'un délégué ou encore d'un médiateur (art. 41-1 CPPF). Cette possibilité va consister à soumettre l'auteur de l'infraction à certaines obligations qui, si elles sont respectées ou exécutées, aboutiront généralement à une décision de classement sans suite.

Le recours à la transaction en matière pénale a été étendu par deux lois récentes. D'abord, la loi n° 2014-896 du 15 août 2014 a introduit un nouvel article 41-1-1 CPPF, en application duquel un officier de police judiciaire sur autorisation du procureur de la République peut, tant que l'action publique n'a pas été mise en mouvement, transiger avec les personnes physiques et morales dans des domaines tels que certaines contraventions prévus par le code pénal, des « petits » délits punissable d'une peine d'amende, etc. Il peut proposer une amende transactionnelle inférieure à un tiers du montant de l'amende encourue ou la réparation du préjudice. Si la proposition est acceptée par l'intéressé, Elle doit alors être homologuée par le président du tribunal de grande instance. L'action publique est éteinte lorsque l'auteur de l'infraction a exécuté dans les délais impartis l'intégralité des obligations résultant de la transaction. En cas d'inexécution, le procureur de la République peut recourir à la composition pénale (procédure alternative aux poursuites) ou engager des poursuites.

C'est ensuite la loi n° 2016-1691 du 9 décembre 2016 relative à la transparence, à la lutte contre la corruption et à la modernisation de la vie économique qui a créé la nouvelle procédure de « convention judiciaire d'intérêt public » (art. 41-1-2 CPPF), procédure applicable aux seules personnes morales mises en cause pour délit de corruption, trafic d'influence actif ou blanchiment de fraude fiscale. Cette nouvelle procédure, proche de celle de justice négociée des systèmes anglo-saxons, permet à la personne morale d'éviter le déclenchement des poursuites pénales en acceptant la proposition faite par le procureur de la République de respecter certaines obligations (versement d'une amende, adoption d'un programme de mise en conformité).

9.2. Le déclenchement de l'action publique par la partie civile

La victime d'une infraction peut agir en réparation du dommage qu'elle a subi au choix soit devant le tribunal civil, soit devant la juridiction pénale (art. 3 et 4 CPPF). Dans ce second cas, elle exerce alors l'action civile qui est de nature essentiellement indemnitaire, mais également vindicative puisqu'elle permet parfois le déclenchement de l'action publique. Cette solution a été dégagée, sous l'empire du code d'instruction criminelle, par l'arrêt Laurent-Athalin (appelé aussi arrêt Thirion)[218].

L'action civile lorsqu'elle est exercée devant les juridictions pénales présente de nombreux intérêts pour la victime mais également dans le but d'une meilleure répression. Elle est d'abord plus économique qu'une action exercée devant une juridiction civile ; elle est aussi souvent plus efficace dans la mesure où les preuves sont apportées par la juridiction pénale et est également plus rapide. L'action civile permet enfin parfois de pallier l'inertie du Parquet et d'apporter des preuves que la justice pénale n'aurait peut-être pas obtenues sinon.

9.2.1. Les demandeurs à l'action civile

Il s'agit de la victime ou de ses ayants droit ou encore des représentants d'un incapable. Il peut aussi bien s'agir d'une personne physique que d'une personne morale. Mais ces personnes juridiques doivent avoir un intérêt à agir d'où l'existence de certaines conditions.

Ainsi, toute personne souhaitant exercer une action civile doit invoquer un préjudice certain né d'une infraction punissable. En outre, et en application de l'article 2 al. 1 du CPPF, l'action civile en réparation du dommage causé par un crime, un délit ou une contravention appartient à tous ceux qui ont personnellement souffert du dommage directement causé par l'infraction. Le préjudice subi doit donc être personnel et direct[219].

L'action civile peut être exercée par les ayants cause de la victime dans la mesure où cette action fait partie de son patrimoine. Plusieurs personnes peuvent à ce titre exercer cette action.

---

[218] Cass. crim., 8 décémbre 1906, D. 1907, I, p. 207, S 1907, I, p. 377, note Demogue, Les grands arrêts du droit criminel.

[219] Jugé que lorsque des dirigeants de société ont commis un abus de biens sociaux, ce ne sont pas les actionnaires, ni les associés qui sont victimes directes mais la société qui donc, seule, peut se constituer partie civile : Cass. crim., 13 décembre 2000 (2 arrêts), JCP 2001, I, 338, obs. G. Viney.

Concernant l'action civile des personnes morales, qu'il s'agisse d'une personne morale de droit privé ou de droit public, celle-ci doit, pour pouvoir exercer l'action civile, justifier, à l'image de ce qui est exigé pour les personnes physiques, d'un préjudice personnel et direct[220].

La difficulté survient lorsque le préjudice découle de l'atteinte à l'intérêt collectif dont la personne morale assure la défense. Dans ce cas, le préjudice n'est alors plus vraiment direct et personnel (ex. : association de consommateurs, ordre des médecins, etc.). Il se crée dès lors une sorte de rivalité entre le ministère public et ces groupements. Il convient ici de distinguer la personne morale dont il s'agit :

- Pour les syndicats professionnels et les ordres professionnels ainsi que les organismes assimilés, depuis que la loi Royer de 1973 a admis largement l'action des associations de consommateurs, la jurisprudence se montre favorable à leur action qui est jugée recevable dès lors que l'infraction en question porte préjudice à l'ensemble de la profession (concurrence déloyale, fraude des marchandises, etc.) ;
- L'action civile des associations est admise lorsqu'elle a pour objet de défendre leurs intérêts particuliers, mais la difficulté s'est posée quand les associations ont voulu défendre des intérêts collectifs. Il faut ici distinguer les associations dont le droit a été aménagé par la loi de celles auxquelles il n'est pas reconnu.

  Pour les associations dont le droit à l'action civile pour la défense d'un intérêt collectif n'a pas été reconnu par un texte, la

---

220 Si pendant un temps la chambre criminelle de la Cour de cassation a refusé de reconnaître l'existence d'un préjudice moral pour les personnes morales, elle reconnait cette possibilité depuis deux arrêts de 1996 et dans un arrêt Cass. crim., 27 avril 1999, aff. Parc national des écrins, RSC 2000, p. 645 : dans cette dernière affaire, le propriétaire d'un chien avait été poursuivi pour une contravention de divagation, son animal ayant pourchassé un chamois à l'intérieur des limites du parc national des écrins. La Cour de cassation cassa l'arrêt de la juridiction du second degré et accueillit la constitution de partie civile du parc considérant que « l'atteinte portée, par la contravention retenue, aux intérêts que le parc national a pour mission de préserver caractérise, pour celui-ci, un préjudice personnel découlant directement des faits poursuivis, distinct du trouble social ».

jurisprudence est très restrictive. Elle considère dans la plus grande majorité des cas que l'association invoque soit un préjudice personnel touchant quelques individus, soit un préjudice social que seul le ministère public a pour mission de protéger.
Pour les associations dont le droit à l'action civile pour la défense d'un intérêt collectif a été légalement aménagé, si les lois reconnaissant un tel droit se sont multipliées (associations de lutte contre le racisme et la discrimination, de lutte contre les violences sexuelles, contre l'enfance martyrisée, contre les atteintes à l'environnement, depuis la loi du 27 janvier 2017 n° 2017-86 les associations de défense et d'assistance des étudiants et élèves d'établissements d'enseignement victimes de bizutage etc.), elles cherchent à maintenir l'action civile dans certaines limites en posant des conditions variables visant à contrôler le développement de ces actions civiles[221] (art. 2-1 à 2-23 CPPF). Toutefois, l'ensemble de la législation applicable en l'espèce s'avère disparate et peu cohérent[222].

9.2.2. L'exercice de l'action civile

Une fois l'option entre une action devant la juridiction civile ou devant la juridiction pénale est exercée par la victime, le choix ainsi opéré est en principe irrévocable. C'est l'application de la maxime : « *electa una via, non datur recursus ad alteram* » (« une voie ayant été choisie on ne peut en choisir une autre ») (art. 5 CPPF).

Les modes d'exercice de l'action civile par la partie civile varient selon que l'action publique a déjà été engagée ou non par le ministère public.

Lorsque le ministère public a déjà mis en mouvement l'action publique, la partie lésée peut se constituer partie civile devant une

---

221 V. notamment : Lapérou-Scheneider B., Les associations, voisines encombrantes du ministère public, de quelques récentes et futures évolutions de l'action civile et de l'action publique, *in* Tricoire J.-Ph. (dir.), *Variations sur le thème du voisinage*, PUAM, 2012, p. 313-324.

222 Lapérou-Scheneider B., À la recherche d'une cohérence de l'exercice par les associations des « droits reconnus à la partie civile », Dr. Pén. 2016, étude 13.

juridiction de première instance et sous certaines conditions formelles (art. 419s. CPPF). On parle de la voie de l'intervention.

Lorsque le ministère public n'a pas intenté l'action publique, la partie civile lésée peut tout de même porter son action civile devant une juridiction répressive, elle agit alors par la voie de l'action et déclenche ainsi les poursuites pénales en même temps que les poursuites civiles. Elle a pour cela deux moyens à sa disposition :

- la citation directe qui permet de citer directement devant la juridiction de jugement l'auteur d'une contravention ou d'un délit (art. 392 et 531 CPPF) ;
- La plainte avec constitution initiale de partie civile, obligatoire en matière criminelle et facultative en matière délictuelle (exceptionnelle en matière contraventionnelle), qui saisit le juge d'instruction (art. 85s. CPPF).

Ce pouvoir pour la victime de déclencher l'action publique la place sur un pied d'égalité avec le Parquet et peut conduire à des abus. Pour faire face à de telles situations, outre le système de la consignation (qui consiste pour ces deux procédures à conditionner leur recevabilité au versement d'une somme d'argent ayant pour objet de garantir le sérieux de la démarche, sorte de caution), sont prévues la possibilité pour la personne visée dans la plainte de demander des dommages-intérêts (art. 91 CPPF) et la possibilité d'engager des poursuites pour dénonciation calomnieuse. En outre, seul le ministère public peut décider de la réouverture de l'information sur charges nouvelles.

La plainte / le déclenchement des poursuites pénales

En Suisse

9.1. Généralités

Le droit suisse contient deux catégories d'infractions, les unes poursuivies d'office, les autres poursuivies sur plainte[223]. Lorsque la poursuite a lieu d'office, l'autorité de poursuite pénale met en œuvre l'action pénale dès lors qu'elle a connaissance des faits, que ce soit par elle-même, par les constatations de la police ou une dénonciation. À l'inverse, lorsque la loi requiert le dépôt d'une plainte, la poursuite ne peut être mise en œuvre qu'à la condition que le lésé le requiert par le dépôt d'une plainte aurpès d'une autorité de poursuite pénale (art. 303 al. 1 CPPS). Lorsque l'infraction poursuivie d'office prévoit exceptionnellement la poursuite sur plainte au gré de relations personnelles particulières entre l'auteur et le lésé, cette relation doit exister au moment de la commission de l'infraction. Tel est le cas, par exemple, du vol (art. 139 ch. 4 CPS) ou de l'abus de confiance (art. 138 ch. 1 al. 4 CPS) commis entre proches ou familiers. Lorsque la plainte est requise, celle-ci est nécessaire quel que soit le degré de réalisation de l'infraction considérée ou la forme de la participation.

Le choix du législateur de soumettre une infraction à la condition de la plainte repose sur un arbitrage entre les intérêts individuels et les intérêts de l'État à la poursuite des infractions. Lorsque ces derniers n'apparaissent pas prééminents, la loi laisse au citoyen le droit de choisir s'il souhaite ou non qu'une poursuite pénale soit entreprise. Sont ainsi poursuivis sur plainte, par exemple, les atteintes non graves à l'intégrité corporelle (art. 126 et 123 CPS), le dommage à la propriété (art. 144 CPS), la plupart des atteintes à l'honneur (art. 173 et 177 CPS) ou à la sphère privée (art. 179s. CPS).

---

223 V. chap. 1.10.

Selon le Tribunal fédéral, la plainte est une condition posée à l'ouverture de l'action pénale[224]. Son absence ou son retrait entraine le classement de la procédure par le ministère public en application de l'article 319 al.1 let. d CPPS, voire par le tribunal lorsque la procédure est pendante devant ce dernier (art. 329 al. 1 let. c et al. 4 CPPS).

9.2. La qualité pour déposer plainte

La qualité pour déposer plainte appartient au lésé (art. 30 al. 1 CPS). Selon une définition bien ancrée dans la jurisprudence, le lésé est la personne physique ou morale qui est titulaire du bien juridique protégé par la norme et qui a été directement et personnellement touché[225]. Ainsi, par exemple, c'est la personne blessée qui pourra déposer plainte pour les lésions corporelles subies (art. 123 CPS), celui qui est visé par les allégations diffamatoires (art. 173 CPS) ou l'occupant régulier de l'appartement, par exemple au bénéfice d'un bail, et non le propriétaire du logement qui sera légitimé à se plaindre d'une violation de domicile (art. 186 CPS).

Le droit de déposer plainte est considéré comme un droit strictement personnel[226]. Toutefois, lorsque le lésé n'a pas l'exercice des droits civils, le droit de porter plainte appartient au représentant légal et, lorsqu'est mise en place une tutelle ou une curatelle, l'autorité de protection de l'adulte est également légitimée (art. 30 al. 2 CPS). Toutefois, ce droit concédé au représentant légal existe concurremment[227] avec celui du lésé direct, pour autant que celui-ci soit capable de discernement (art. 30 al. 3 CPS). Lorsque le lésé direct n'y a pas expressément renoncé et décède avant d'avoir pu déposer plainte, son droit passe à chacun de ses proches (art. 30 al. 4 CPS), à savoir son conjoint, son partenaire enregistré, ses parents en ligne directe, ses frères et sœurs germains, consanguins ou utérins ainsi que ses parents, frères et sœurs et enfants adoptifs (art. 110 al. 1 CPS).

---

224 ATF 99 IV 257, c. 2a.

225 ATF 141 IV 380, c. 2.3.4 ; ATF 130 IV 978, c. 2.1.

226 ATF 130 IV 97, c. 2.1.

227 ATF 127 IV 193 : ainsi, le retrait de la plainte du représentant légal n'a aucun effet sur la plainte déposée par le lésé lui-même.

Le dépôt d'une plainte pénale entraine nécessairement la constitution de partie plaignante à la procédure pénale ouverte consécutivement (art. 118 al. 2 CPPS).

9.3. Le délai pour déposer plainte

L'article 31 CPS prescrit un délai de péremption de 3 mois pour déposer plainte. Nonobstant la lettre de la loi, il s'agit bien d'un délai de péremption[228] qui ne peut dont être interrompu ou suspendu d'une quelconque manière. Si la plainte est déposée tardivement, l'action pénale ne peut irrémédiablement plus être entreprise.

Le *dies a quo* du délai correspond au moment où le lésé a une connaissance suffisante des faits et de l'identité de l'auteur principal de l'infraction, étant précisé que la connaissance d'un participant accessoire, comme un complice, ne suffit pas à faire courir le délai[229]. C'est le lésé lui-même qui doit avoir une connaissance effective de ces éléments, la seule connaissance par son mandataire n'étant à cet égard pas suffisante[230]. Lorsqu'il est question d'une infraction continue[231], comme la violation d'une obligation d'entretien (art. 217 CPS) ou la violation de domicile (art. 186 CPS), la jurisprudence[232] admet l'application analogique des principes qui prévalent en matière de prescription de l'action pénale[233], à savoir que le délai ne commence à courir que dès la dernière omission coupable. Dans la mesure où la plainte ne doit pas désigner nommément un auteur, elle peut être déposée avant même d'avoir connaissance de celui-ci, de manière anonyme, soit avant que le délai de 3 mois a commencé à courir.

9.4. Le contenu, la forme et le destinataire

La plainte pénale est une déclaration de volonté de voir une infraction être poursuivie par l'autorité pénale. La plainte doit contenir un exposé minimal des faits dénoncés, afin que l'autorité puisse les

---

228 ATF 118 IV 325, c. 2b.
229 ATF 132 IV 49, c. 3.2.
230 ATF 130 IV 97.
231 Sur cette notion, v. chap. 1.5.
232 ATF 132 IV 49, c. 3.1.
233 V. chap. 8.3.

identifier de manière suffisante[234]. Il n'est en revanche pas nécessaire que la plainte désigne les personnes soupçonnées d'avoir commis l'infraction. Une plainte « contre X » est parfaitement recevable. De même, l'autorité n'est pas tenue par une éventuelle qualification juridique que contiendrait la plainte ; une plainte pour diffamation (art. 173 CPS) peut, par exemple, donner lieu finalement à une action pénale pour injure (art. 177 CPS).

L'article 304 CPPS dispose que la plainte doit être déposée par écrit[235] ou oralement, hypothèse dans laquelle elle doit être consignée dans un procès-verbal.

La plainte doit être adressée à une autorité de poursuite pénale au sens de l'article 12 CPPS, soit à la police, au ministère public ou à l'autorité pénale compétente en matière de contravention (art. 304 al. 1 CPPS).

9.5. L'indivisibilité de la plainte

L'article 32 CPS postule un principe d'indivisibilité stricte de la plainte[236]. Ainsi, le lésé ne dépose pas plainte contre une ou des personnes déterminées, mais il dépose plainte à raison d'une infraction et il découlera de cette plainte une poursuite dirigée contre tous les participants que l'autorité identifiera comme tel au cours de l'enquête. On entend par participants tous les coauteurs, mais également les participants accessoires que sont les complices et instigateurs.

L'article 33 al. 3 CPS répercute le principe d'indivisibilité dans la même mesure[237] en matière de retrait de la plainte ; le retrait de la plainte emporte ainsi extinction de l'action pénale pour tous les participants à l'infraction.

---

234 ATF 131 IV 97.

235 ATF 142 IV 299 : le téléfax n'est pas équivalent à la forme écrite et n'est donc pas admissible.

236 ATF 132 IV 97 qui exclut toute forme d'exception à ce principe.

237 ATF 132 IV 97, c. 3.3.1.

9.6. Le retrait de la plainte

Il est possible de retirer une plainte précédemment déposée. Il est d'ailleurs aussi possible de s'engager contractuellement à ne pas déposer plainte ou à retirer celle-ci. Ce genre d'accords n'est pas rare, notamment lorsque l'auteur consent une indemnisation en contrepartie d'un engagement de retrait de la plainte. Un retrait ou une renonciation sont définitives et irrévocables (art. 30 al. 5 et 33 al. 2 CPS), sous réserve d'un vice de la volonté.

La renonciation et le retrait de la plainte sont soumis aux mêmes exigences de forme que le dépôt de celle-ci (art. 304 al. 2 CPPS)[238].

Le retrait de la plainte est possible jusqu'au prononcé du jugement cantonal de deuxième instance (art. 33 al. 1 CPS), soit celui de la juridiction d'appel au sens de l'article 21 CPPS. Tout retrait postérieur est inopérant.

En principe, le retrait de la plainte entraine le classement de la procédure[239] pour l'ensemble des participants poursuivis[240]. Toutefois, l'article 33 al. 4 CPS permet au prévenu d'être néanmoins jugé au fond, s'il s'oppose au retrait de la plainte ; tel pourrait être le cas du prévenu qui considère que seul un jugement au fond est de nature à rétablir son honneur, étant précisé qu'il n'est alors pas à l'abri d'un jugement de condamnation.

---

238 V. chap. 9.4.

239 V. chap. 9.1.

240 V. chap. 9.5.

Quatrième partie

La peine

Chapitre 10
La fixation de la peine
En France

10.1. Introduction

Le droit pénal appelle l'application d'une peine à l'encontre de la personne déclarée pénalement responsable. Si le juge est tenu, au moment de la fixation de la peine, par le principe de la légalité des peines qui implique qu'il ne peut avoir recours à des peines qui ne seraient pas prévues par la loi ; se pose la question du régime des peines qui implique que soient déterminées les règles relatives au choix par le juge de la sanction à appliquer.

La peine fixée dans le texte répressif français est théorique, on parle de la peine encourue. Il s'agit d'un maximum que le juge ne peut pas dépasser. De nombreuses circonstances aggravantes sont prévues qui entraînent une augmentation de la peine encourue. Mais, depuis 1994, date d'entrée en vigueur du nouveau code pénal français, il n'existe plus de circonstances atténuantes spéciales. La peine qui sera prononcée par le juge devra être adaptée, dans sa nature et dans son *quantum* aux circonstances de commission de l'infraction ainsi qu'à la personnalité du délinquant. On parle de l'individualisation de la peine.

10.2. La peine encourue

10.2.1. L'échelle des peines

Les infractions sont classées selon le système dit de la classification tripartite[241]. De cette classification découlent les peines encourues.

---

241 V. *supra* chap. 1.

En application de l'article 131-1 CPF, les peines criminelles de droit commun encourues à titre principal sont la réclusion criminelle à perpétuité[242] et la réclusion criminelle à temps[243]. En tout état de cause, la durée de la réclusion criminelle pouvant être prononcée est au minimum de dix ans[244].

Les peines correctionnelles principales encourues sont prévues aux articles 131-3 et 131-4 CPF. Il s'agit :

- des peines d'emprisonnement qui sont au maximum de dix ans, mais qui peuvent être de plus courte durée[245] ;
- de l'amende pour laquelle il n'existe pas de maximum général, mais toujours un maximum applicable à chaque délit ;
- S'ajoutent à ces deux peines les plus fréquentes : le jour-amende[246], le travail d'intérêt général, des peines restrictives ou privatives de droits et la sanction-réparation.

Les peines contraventionnelles sont prévues aux articles 131-12 et 131-13 CPF, il s'agit pour l'essentiel de la peine d'amende dont le montant ne peut excéder 1500 euros pour les contraventions les plus sévèrement punies, celles de la 5e classe[247]. En effet, les infractions sont réparties en cinq classes selon leur gravité :

- Les contraventions de la première classe font encourir une peine d'amende de 38 euros[248] ;

---

242 La peine de mort a été abolie par la loi n° 81-908 du 9 octobre1981.

243 Trois échelons légaux : 30, 20 ou 15 ans.

244 Dans l'hypothèse où le juge souhaite prononcer une peine privative de liberté d'une durée inférieure à 10 ans, il s'agit d'une peine d'emprisonnement dont les conditions de rétention sont plus souples que celles de la réclusion.

245 L'échelle légale est la suivante : 10, 7, 5, 3, 2, 1 an(s), 6 mois ou 2 mois : art. 131-4 CPF.

246 En fonction des ressources et des charges du condamné, le juge fixe le montant d'une somme par jour et un nombre de jours, à la fin de la période ainsi arrêtée, le condamné paie le tout et à défaut est incarcéré pour le nombre de jours non payés.

247 Bien entendu, en cas de récidive la peine étant doublée, l'amende peut être portée à 3 000 euros.

248 Tel est le cas par exemple de la contravention de menace de commettre une destruction ou une dégradation n'entraînant qu'un dommage léger (art. R 631-1 CPF).

- Les contraventions de la deuxième classe font encourir une peine d'amende de 150 euros[249] ;
- Les contraventions de la troisième classe font encourir une peine d'amende de 450 euros[250] ;
- Les contraventions de la quatrième classe font encourir une peine d'amende de 750 euros[251].

Pour les contraventions pour lesquelles le texte le prévoit expressément, d'autres peines principales peuvent être prononcées telles des peines privatives ou restrictives de droit et la peine de sanction-réparation.

À raison de leur spécificité, les personnes morales encourent des peines adaptées[252].

10.2.2. Les sanctions encourues par les mineurs

Quatre catégories de mineurs doivent sous cet angle être distinguées :

- Les mineurs de 10 ans ne peuvent faire l'objet que de mesures « de protection, d'assistance, de surveillance et d'éducation » telles que l'admonestation, la remise aux parents ou à des tiers qualifiés, la liberté surveillée ou le placement dans un établissement spécialisé (ord. 1945, art. 2 al. 1) ;
- Les mineurs de 10 à 13 ans sont soumis au même principe que les mineurs de 10 ans. Toutefois, lorsque les circonstances et la personnalité des mineurs l'exigent le législateur prévoit la possibilité de prononcer à son encontre une « sanction

---

[249] Ainsi en est-il de la contravention de dépôt d'ordures, de déchets, de matériaux ou tout autre objet de quelque nature aux emplacements désignés à cet effet sans respecter les conditions fixées par l'autorité administrative compétente (art. R. 632-1 CPF).

[250] Ainsi en va-t-il du fait d'occasionner la mort ou la blessure d'un animal domestique par maladresse, imprudence, inattention, négligence ou manquement à une obligation de sécurité ou de prudence imposée par la loi ou les règlements (art. R. 653-1 CPF).

[251] Tel est le cas de la menace de commettre une destruction ou une dégradation ne présentant pas de danger pour les personnes, lorsque cette menace est réitérée ou matérialisée par un écrit, une image ou tout autre objet (art. R. 634-1 CPF).

[252] V. chap. 11.

éducative »[253] (ord. 1945, art. 15-1). L'absence de respect d'une de ces obligations peut entraîner le placement dans un établissement éducatif de l'article 15 de l'ordonnance de 1945 ;

- Les mineurs de 13 à 16 ans doivent normalement lorsqu'ils sont reconnus coupables faire l'objet de mesures éducatives. Ils peuvent toutefois faire l'objet d'une condamnation pénale si « les circonstances ou la personnalité du mineur » l'exigent (ord. 1945, art. 2 al. 2). Dans ce cas ils encourent des peines prévues par les majeurs, emprisonnement ou amende, sous réserve de l'application obligatoire de l'excuse atténuante de minorité qui consiste à diviser par deux la peine prévue pour un majeur ;
- Les mineurs de 16 à 18 ans peuvent faire l'objet de condamnations pénales dans les mêmes conditions que les mineurs de 13 à 16 ans. La juridiction peut toutefois, sur motivation spéciale, leur refuser le bénéfice de l'excuse de minorité compte tenu de leur personnalité et des faits de l'espèce ou lorsque le crime consiste en une atteinte volontaire à la vie ou à l'intégrité physique ou psychique commis en état de récidive ou encore lorsqu'il s'agit d'un délit de violence volontaire, d'agression sexuelle ou d'un délit commis avec circonstance aggravante de violences commis en état de récidive (dans ces cas, aucune motivation spéciale n'est exigée).

10.2.3. La circonstance aggravante générale : la récidive

Chaque infraction peut faire encourir une peine aggravée dès lors qu'une ou plusieurs circonstances aggravantes dites « spéciale(s) » limitativement énumérées par les textes d'incrimination existe(nt).

Seule la récidive est une circonstance aggravante générale applicable à la plupart des infractions sauf les moins graves. Elle s'applique

---

253 La liste des sanctions éducatives est longue, ce qui permet au juge des enfants une grande liberté d'adaptation de la sanction. Nous citerons à titre d'exemple : la confiscation de l'objet ayant servi à la commission de l'infraction ou qui en est le produit, l'interdiction de paraître sur le lieu de commission de l'infraction, l'interdiction de rencontrer ou de recevoir la victime, les complices ou coauteurs, l'obligation de suivre un stage de formation civique, le placement en établissement scolaire doté d'un internat, etc.

chaque fois qu'une personne, après avoir été condamnée définitivement pour une première infraction (premier terme) en commet une nouvelle (second terme) dans les conditions définies par la loi. La récidive entraîne un doublement de la peine encourue pour le second terme.

Remarque : le droit français de la récidive a connu récemment deux évolutions inverses. Tandis que par une loi n° 2007-1198 du 10 août 2007 le législateur avait mis en place des « peines planchers » qui incitaient fortement le juge à ne pas descendre en deçà d'un certain seuil (sauf à fournir une motivation spéciale) ; la loi n° 2014-896 du 15 août 2014 a mis fin à ce mécanisme.

Pour qu'il y ait récidive deux conditions doivent être réunies, il faut se trouver « en état de récidive » et dans l'un des cas de récidive prévus par le code pénal français :

- L'état de récidive suppose que l'individu soit coupable de deux infractions, mais sa particularité tient à l'exigence d'un troisième élément : l'existence d'une condamnation pénale définitive – c'est-à-dire qui n'est plus susceptible de recours – de la première infraction avant la commission de la seconde.
  À noter qu'en application des articles 132-23-1 et 132-23-2 CPF, les condamnations prononcées par les juridictions pénales d'un État membre de l'Union européenne sont prises en compte au titre de la récidive.
- Les articles 132-8s. CPF prévoient cinq cas de récidive selon la gravité des infractions commises. Sans entrer dans le détail de cette distinction, on relèvera que selon le cas dans lequel on se trouve la récidive présente des caractères particuliers.
  - Elle est soit perpétuelle lorsque l'aggravation de la peine joue quel que soit le temps écoulé entre le premier et le second terme (cas pour les infractions les plus graves) ; soit temporaire si la loi pose un délai maximum entre les deux termes, la rechute doit alors intervenir dans ce délai pour qu'il y ait aggravation.
  - La récidive est générale quand les infractions successives peuvent être de nature quelconque (par exemple lorsque les deux infractions sont toutes deux des crimes). Elle est spéciale lorsque la loi exige une identité des infractions en

état de récidive, sachant que dans ce dernier cas certaines infractions font l'objet d'une assimilation légale (art. 132-16s. CPF).

10.2.4. Le principe de la légalité des peines

La peine est fixée par la juridiction de jugement qui ne peut prononcer qu'une peine prévue par le texte d'incrimination. Pour chaque qualification, le législateur fixe une ou plusieurs peines principales auxquelles il ajoute souvent des peines complémentaires, il fixe par ailleurs la limite maximale que le juge ne doit pas dépasser. Sous réserve de respecter cette dernière obligation, le juge est généralement libre de choisir de prononcer une ou plusieurs peines, dont le *quantum* peut être inférieur à celui fixé par le texte.

10.3. L'exemption de peine

Dans certains cas, la loi oblige le juge qui a reconnu la personne coupable à ne pas prononcer de peine contre elle. Ainsi en va-t-il parfois en cas de minorité du délinquant, d'immunité familiale ou judiciaire[254]. Dans d'autres cas, la loi autorise le juge à ne pas prononcer de peine.

10.3.1. L'exemption légale de peine

L'hypothèse est ici celle d'une personne qui est reconnue coupable d'avoir commis une infraction, mais, pour des raisons de politique criminelle, la loi ne la soumet pas à une peine. La loi n° 2004-204 du 9 mars 2004 a ainsi mis en place un véritable statut du repenti : la personne qui a tenté de commettre un crime ou un délit est, dans les cas prévus par la loi[255] (il faut donc une disposition spécifique pour l'infraction en question), exempte de peine dès lors qu'elle a averti

---

[254] V. chap. 6.

[255] Tel est le cas en matière de trafic de stupéfiants (art. 222-43-1 CPF), d'assassinat et d'empoisonnement (art. 221-5-3 CPF).

l'autorité administrative ou judiciaire et qu'elle a permis d'éviter la réalisation de l'infraction[256] (art. 132-78 CPF).

10.3.2. L'exemption judiciaire de peine

Deux hypothèses doivent ici être distinguées.

La dispense de peine peut d'abord être directe : en matière de délit et de contravention, l'article 132-59 CPF prévoit que le tribunal peut souverainement dispenser de peine un prévenu, si les conditions suivantes sont cumulativement réunies : le reclassement du coupable est acquis, le dommage est réparé, le trouble résultant de l'infraction a cessé. La dispense de peine est une décision qui reconnaît la culpabilité du délinquant, mais aucune peine principale ou complémentaire n'est prononcée. Par contre une mesure de sûreté peut être prononcée (ex. : confiscation de la chose dangereuse). À noter que dans de tels cas le juge peut en outre décider qu'il n'y aura pas d'inscription de la dispense au casier judiciaire.

La dispense peut ensuite être décidée après un ajournement du prononcé de la peine. L'ajournement du prononcé de la peine permet de dissocier la déclaration de culpabilité, du prononcé de la peine. Trois types d'ajournement peuvent aboutir à la dispense de peine :

- L'ajournement simple permet à la juridiction qui a reconnu le prévenu coupable et qui constate que le reclassement est en voie d'être acquis, que le dommage causé est en voie d'être réparé et que le trouble résultant de l'infraction va cesser, de renvoyer le prononcé de la peine à une audience ultérieure (art. 132-58 et 132-60s. CPF) au cours de laquelle il pourra soit prononcer une peine, soit une dispense ;
- L'ajournement avec mise à l'épreuve consiste pour la juridiction à ajourner le prononcé de la peine et soumettre le prévenu à des obligations (art. 132-63s. CPF) ou lui enjoindre de régulariser sa situation. À l'audience de renvoi, la juridiction peut, en tenant compte de la conduite du coupable au cours du délai d'épreuve, soit le dispenser de peine, soit prononcer une peine, soit prononcer un nouvel ajournement de peine ;

256 Une réduction légale de peine est allouée lorsque le prévenu a permis d'amoindrir les conséquences de l'infraction.

- L'ajournement avec injonction (art. 132-66s. CPF) n'existe que pour certaines infractions (sécurité du travail, droit pénal de l'environnement, etc.). Le délai accordé par la juridiction permet alors à l'intéressé de se conformer aux prescriptions prévues par les lois ou règlements méconnus afin de bénéficier *in fine* d'une dispense de peine.

10.4. La peine prononcée

10.4.1. Le principe de l'individualisation des peines

Sous condition de respecter le principe de la légalité criminelle, et notamment le maximum fixé par la loi pour chaque peine, le juge pénal français est libre de choisir la ou les peines qui lui semblent les plus adaptées aux circonstances de commission de l'infraction, à la personnalité de l'auteur des faits ainsi qu'au dommage social causé. Toute juridiction répressive est ainsi tenue d'individualiser la peine qu'elle prononce, c'est-à-dire d'en déterminer la nature, le *quantum* et le régime en fonction des circonstances de commission de l'infraction, de la personnalité de son auteur ainsi que de sa situation matérielle, familiale et sociale (art. 132-1 CPF). Ce principe s'oppose à toute forfaitisation ou automatisation du prononcé du châtiment, son corollaire est l'exclusion des peines accessoires et obligatoires. Ainsi, l'article 132-17 al. 1 CPF dispose qu'« aucune peine ne peut être appliquée si la juridiction ne l'a expressément prononcée ».

10.4.2. Le choix par le juge de la nature et du *quantum* de la peine

En matière criminelle, la cour d'assises peut prononcer soit cumulativement la peine privative de liberté et la peine d'amende (si les deux peines sont encourues pour le crime en cause), soit seulement l'une des deux (art. 132-17 al 2 CPF).

La cour d'assises est libre de déterminer le *quantum* de la peine privative de liberté dans la limite du maximum légal. Mais ce principe connaît quelques limites :

- Lorsque la peine encourue est la réclusion criminelle à perpétuité, la cour d'assises peut prononcer une peine de réclusion criminelle à temps (supérieure à 10 ans et inférieure à 30 ans) (art. 362 CPPF) ou une peine d'emprisonnement qui ne peut être inférieure à deux ans (art. 132-18 CPF).

- Lorsque la peine encourue est la réclusion criminelle à temps, la cour d'assises peut prononcer une peine de réclusion criminelle inférieure à celle encourue ou une peine d'emprisonnement qui ne peut être inférieure à un an. Mais si la peine encourue est de 30 ans de réclusion criminelle, la juridiction ne peut prononcer une peine comprise entre 20 et 30 ans (art. 362 CPPF).

En matière correctionnelle, la juridiction peut prononcer une peine d'emprisonnement inférieure à celle encourue, sans limite-plancher. Le principe est celui de la peine d'emprisonnement avec sursis. Une peine d'emprisonnement sans sursis ne peut être prononcée qu'en dernier recours si la gravité de l'infraction et la personnalité de son auteur rendent cette peine nécessaire et si toute autre sanction est manifestement inadéquate. Dans un tel cas, le législateur incite fortement la juridiction à aménager la peine ainsi prononcée et, à défaut, lui fait obligation de motiver spécialement sa décision (art. 132-19 CPF). En application de l'article 131-11 CPF, lorsqu'une ou plusieurs peines complémentaires sont encourues, la juridiction peut ne prononcer, à titre de peine principale, que la peine complémentaire ou l'une ou plusieurs de celles encourues. Dans le même esprit, l'article 131-6 CPF prévoit la possibilité pour la juridiction de prononcer à la place de l'emprisonnement une ou plusieurs peines privatives ou restrictives de liberté qu'il énumère expressément.

Remarque : d'autres peines non privatives de liberté peuvent être prononcées en plus ou à la place de cette dernière (interdiction des droits civiques, civils et de famille, amende). Auparavant, les juges n'étaient pas tenus de motiver spécialement le choix de ces peines. Il semble que cela soit désormais différent. En effet, la Cour de cassation vient récemment de faire évoluer sa position et se montre assez stricte considérant que le juge du fond doit spécialement les motiver et une telle motivation est désormais contrôlée par elle[257].

---

[257] Cass. crim., formation plénière, trois arrêts, 1er février 2017, n° 15-84 511, n°15-85 199, n°15-83 984.

En matière contraventionnelle, par exception aux principes généraux, une amende forfaitaire dont le montant est déterminé par voie réglementaire peut être prononcée. C'est alors l'agent verbalisateur qui applique le barème et non le juge. Certes un recours existe devant le tribunal de police, mais l'article 530-1 CPPF dispose expressément qu'en cas de condamnation, l'amende prononcée par le tribunal ne peut être inférieure au montant de l'amende forfaitaire. On ne peut dès lors pas véritablement parler de personnalisation de la peine.

10.5. La suspension *ab initio* de l'exécution de la peine : le sursis

Cette mesure est prévue aux articles 132-29s. CPF et 734s. CPPF. Elle a pour but principal de décourager la récidive en évitant les contacts éventuellement corrupteurs de la prison, en considérant que le prononcé d'une peine peut constituer un avertissement suffisant lorsque la faveur du sursis est conditionnée à une bonne conduite du condamné.

Le principe consiste en la reconnaissance de culpabilité assortie d'une suspension de l'exécution de la peine prononcée pendant un délai d'épreuve. Par la suite, selon la conduite du condamné au cours de cette période, la peine ne sera jamais exécutée (dispense) ou le sera au contraire. Trois sortes de sursis existent.

10.5.1. Le sursis simple

Il s'agit là d'un outil de personnalisation de la peine très usité (50% des peines d'emprisonnement, mais seulement 10% des peines d'amende).

10.5.1.1. Les conditions d'octroi du sursis simple

Plusieurs conditions doivent être réunies pour pouvoir bénéficier du sursis simple.

Il s'agit d'abord de conditions relatives au passé du délinquant. Le sursis ne peut être prononcé que si l'intéressé n'a pas encore été condamné, au cours des cinq années précédant les faits, pour crime ou délit de droit commun, à une peine de réclusion ou d'emprisonnement pour les personnes physiques (art. 132-30 al. 1 CPF) et à une peine d'amende supérieure à 60 000 euros pour les personnes morales (art. 132-30 al. 2 CPF).

D'autres conditions sont relatives à la condamnation présente. En effet, le sursis n'est applicable qu'à certaines peines.

Pour les personnes physiques, le sursis simple est applicable aux condamnations à l'emprisonnement d'une durée de 5 ans au plus, à la peine d'amende ou de jour-amende, à certaines peines restrictives ou privatives de droit. Toutefois, le sursis ne peut être ordonné que pour l'emprisonnement (donc pas pour l'amende ni les peines restrictives de droit) lorsque le prévenu a été condamné, dans les 5 ans précédant les faits, à une autre peine que la réclusion ou l'emprisonnement. En matière contraventionnelle, le sursis est applicable à l'amende prévue pour les contraventions de 5e classe ainsi qu'à certaines peines complémentaires (art. 132-34 CPF). Il n'est pas possible de faire recours au sursis pour les contraventions de 4 premières classes.

Pour les personnes morales, le sursis simple est applicable aux condamnations à l'amende ainsi qu'à certaines peines de l'article 131-39 CPF (interdiction d'émettre des chèques ou d'utiliser une carte bancaire).

10.5.1.2. Les effets

Dans l'immédiat, le sursis se traduit par une suspension de la peine prononcée. Cette suspension est une faveur conditionnelle et est donc révocable. Si le sursis n'est jamais révoqué (car aucun incident ne s'est produit durant le délai du sursis, encore appelé délai d'épreuve), il se transforme en dispense de peine. La condamnation est dite « non-avenue » et effacée du bulletin n° 2 du casier judiciaire. Toutes les peines accessoires ou complémentaires disparaissent (dès lors qu'elles n'avaient pas encore été exécutées). Le sursis peut être total ou partiel pour l'emprisonnement et l'amende. A défaut de précision légale, il semble qu'il ne puisse être que total pour les autres peines.

Pour les crimes et délits le sursis est révocable dans un délai de cinq ans à dater du jour où la condamnation est devenue définitive (plus de recours possible), pour les contraventions dans un délai de deux ans (art. 132-29, -35 et -37 CPF).

Les causes de révocation sont les mêmes pour les personnes physiques et morales (art. 132-36s.). Il s'agit de toute nouvelle condamnation à une peine d'emprisonnement ou de réclusion pour le sursis de tout type de peine et de toute nouvelle condamnation à une peine autre que l'emprisonnement ou la réclusion pour le sursis des peines autres que l'emprisonnement et la réclusion. Le sursis en matière contraventionnelle tombe quant à lui dès qu'est commis un crime, un délit ou une contravention de la 5e classe.

L'infraction prise en compte pour révoquer le sursis doit obligatoirement avoir été commise pendant le délai d'épreuve[258].

Le droit pénal français a récemment connu une évolution relative aux modalités de révocation du sursis. Tandis que jusqu'à la loi n° 2014-896 du 15 août 2014, la juridiction qui prononçait la peine entraînant révocation pouvait, par décision spéciale et motivée, décider que le sursis n'était pas révoqué ou ne l'était que partiellement ; désormais, la non-révocation est le principe puisque pour que le sursis soit révoqué il convient que la juridiction opère par décision spéciale. La révocation du sursis n'est donc désormais jamais automatique.

En cas de révocation du sursis de la première peine, il n'y aura pas de confusion possible des peines (art. 132-38 CPF).

10.5.2. Le sursis avec mise à l'épreuve (SME) ou sursis probatoire

Le sursis simple a pour inconvénient de laisser le condamné livré à lui-même. Aussi, le sursis avec mise à l'épreuve lui impose, pendant le délai d'épreuve, de se plier à une surveillance (répondre aux convocations du juge d'application des peines (JAP), recevoir des visites du travailleur social, prévenir ce dernier de tout changement, etc.), à des obligations particulières (ne pas fréquenter de débit de boisson, exercer une activité professionnelle, se soumettre à des mesures d'examen médical, suivre une enseignement, résider dans un lieu déterminé, justifier de charges familiales, etc.) et d'être soutenu par un agent de probation.

---

[258] Cass. crim., 12 mars 2008, JCP 2008, panor, 1789.

10.5.2.1. Les conditions d'octroi du SME

Il ne peut être fait recours au SME que pour les personnes physiques.

Une première série de conditions est relative au passé pénal du délinquant. Le sursis probatoire ne peut ainsi être prononcé à l'encontre :

- d'une personne ayant déjà fait l'objet de deux condamnations assorties du SME pour des délits identiques ou assimilés au sens des articles 132-16s. CPF et se trouvant en état de récidive légale ;
- d'une personne poursuivie pour crime ou délit de violences volontaires, agressions ou atteintes sexuelles ou délit commis avec circonstances aggravantes de violences ayant déjà été condamnée avec SME et se trouvant en état de récidive légale. Mais cette disposition ne s'applique pas lorsque le SME ne porte que sur une partie de la peine d'emprisonnement.

Une seconde condition est relative à la peine. Le SME ne s'applique qu'aux condamnations à l'emprisonnement pour une durée de 5 ans au plus à raison d'un crime ou d'un délit de droit commun (art. 132-41 CPF), il ne s'applique donc pas aux peines criminelles (mais le fait commis peut être un crime), ni à l'amende, ni aux contraventions de la 5e classe. Toutefois, en cas de récidive légale, le SME peut être appliqué à une peine prononcée d'une durée de 10 ans maximum.

10.5.2.2. Le contenu du SME

La juridiction qui décide d'octroyer un SME peut limiter son bénéfice à une partie seulement de la peine dans la limite de 5 ans d'emprisonnement.

L'épreuve ne peut avoir qu'une durée comprise entre 12 mois et 3 ans. Toutefois, lorsque la situation consiste en une récidive légale ce délai peut être porté à 5 ans.

Lorsqu'il est fait recours au SME, plusieurs mesures de contrôle (surveillance) doivent systématiquement être respectées et n'ont pas besoin à cet effet d'être prononcées expressément par le juge (art. 132-44 CPF) :

- Répondre aux convocations du JAP ou travailleur social ;

- Recevoir les visites du travailleur social et lui communiquer les renseignements ou documents de nature à permettre le contrôle de ses moyens d'existence et de l'exécution de ses obligations ;
- Prévenir le travailleur social de ses changements d'emploi ;
- Prévenir le travailleur social de ses changements de résidence ou de tout déplacement dont la durée excéderait quinze jours et rendre compte de son retour ;
- Obtenir l'autorisation préalable du JAP pour tout déplacement à l'étranger et, lorsqu'il est de nature à mettre obstacle à l'exécution de ses obligations, pour tout changement d'emploi ou de résidence ;
- Informer préalablement le JAP de tout déplacement à l'étranger.

D'autres obligations peuvent par ailleurs être imposées dans le cadre du SME, elles seront alors choisies par le juge parmi la liste de l'article 132-45 CPF.

10.5.2.3. L'exécution du SME

C'est le juge d'application des peines qui est chargé de surveiller la bonne exécution du SME. Il peut y procéder par l'intermédiaire d'une personne qualifiée (agent de probation). Le SME peut-être modifié :

- Soit dans un sens favorable : le JAP peut décider de manière anticipée la cessation de la probation, la seule limite est qu'il doit attendre qu'un délai d'un an soit déjà écoulé (art. 712-11 CPPF). S'il ne s'agit que d'un sursis partiel, ce délai commence à courir à compter du jour d'achèvement de la partie de la peine non assortie d'un sursis.
- Soit dans un sens défavorable : si le condamné ne respecte pas les obligations, si la situation semble compromise ou s'il a commis dans le délai d'épreuve une nouvelle infraction suivie d'une condamnation à l'occasion de laquelle la révocation du sursis n'a pas été prononcée, le JAP peut allonger le délai (sans que le délai total puisse atteindre 3 ans et par décision motivée), voire décider la mise à exécution immédiate de la peine ou d'une partie de celle-ci donc la révocation (art. 742 et 743 CPF).

10.5.2.4. La révocation du SME

La révocation peut être décidée soit par le juge de jugement, soit par le JAP pour non respect des obligations ou après commission d'une nouvelle infraction. Elle peut être partielle ou totale. La Cour de Cassation est venue préciser que la révocation partielle du SME est possible après l'expiration du délai d'épreuve, dès lors que la cause de la révocation est intervenue pendant ce délai[259].

Remarque : le SME se situe entre la peine et la mesure de sûreté, l'objectif visé étant davantage d'assurer le reclassement de l'intéressé que de le sanctionner.

10.5.3. Le sursis assorti de l'obligation d'accomplir un travail d'intérêt général (TIG) (art. 132-54s. CPF)

Il s'agit d'une mesure hybride entre le TIG et le sursis, très proche du SME, mais qui nécessite l'assentiment de l'intéressé qui doit être présent à l'audience ou avoir donné son accord écrit. Il suffit pour appliquer le sursis assorti de l'obligation d'accomplir un TIG que l'intéressé encourt une peine d'emprisonnement pour délit ou crime de droit commun.

Concernant la durée du sursis, les règles sont les mêmes que pour le sursis probatoire et pour un nombre d'heures de travail compris entre 20 et 280. Toutefois, la règle du sursis partiel est inapplicable.

Concrètement, l'obligation de TIG se combine avec des mesures de contrôle (art. 132-55 CPF) telles l'obligation de répondre aux convocations du JAP et du travailleur social, l'obligation de se soumettre à un examen médical destiné à s'assurer de l'aptitude au travail et la justification des changements d'emploi ou de résidence. Le condamné peut également être soumis sur décision expresse du juge de jugement ou du juge d'application des peines aux obligations de l'article 132-45 CPF.

Sous respect de la durée et des délais fixés par la juridiction de jugement, le JAP détermine les modalités d'accomplissement du TIG,

---

259 Cass. crim., 2 septembre 2009, D. 2009, p. 2283.

il notifie sa décision au condamné et à l'organisme au profit duquel le travail sera accompli.

En cas de respect des obligations, le sursis prend fin une fois la totalité du TIG exécuté même s'il est achevé avant la fin du délai octroyé. Toutefois, le JAP peut décider que les obligations de l'article 132-45 CPF qui auraient été décidées devront encore être accomplies pendant 12 mois. En cas de non exécution des obligations différentes issues sont envisageables : la suspension de l'exécution du TIG, la modification des obligations, la prolongation du délai dans la limite de 18 mois ou encore la révocation totale pou partielle du sursis. Mais il n'existe pas de possibilité pour le JAP de mettre fin prématurément au sursis.

La fixation de la peine

En Suisse

10.1. Introduction[260]

La fixation de la peine est la phase du processus pénal où s'exprime l'équilibre – un peu magique[261] – entre l'individualisation de la sanction d'une part et la sécurité juridique d'autre part. Il est en effet indispensable que le juge dispose d'un certain pouvoir d'appréciation, mais il est tout aussi indispensable que les justiciables puissent jouir de principes tels que ceux de la légalité des peines et de l'égalité de traitement. Il est donc nécessaire de réserver un certain pouvoir d'appréciation du juge, mais néanmoins limité par quelques règles. C'est ainsi que le Code pénal suisse[262] prévoit, à ses articles 47 et suivants, des normes sur la fixation de la peine qui font l'objet du présent chapitre. Par ailleurs, nous ne nous restreindrons pas à la notion étroite de la fixation de la peine[263], mais l'étendrons à la

---

260 L'un des coauteurs du présent ouvrage ayant également participé à la rédaction du Précis de droit pénal général suisse (Killias M., Kuhn A., Dongois N, *Précis de droit pénal général*, 4e édition, Berne : Stämpfli, 2016), certains passages de ce chapitre en sont largement imprégnés. Pour un approfondissement de la matière, nous renvoyons d'ailleurs audit Précis.

261 Référence est faite ici à Corboz B. (La motivation de la peine, *RJB* 1995, p. 2) qui, traitant de la justice, parle de « la magie d'un jugement porté par des êtres humains sur le comportement d'autres êtres humains ».

262 RS 311.0.

263 La fixation de la peine a fait l'objet de nombreuses publications. Mentionnons notamment, pour ce qui est des publications en français, Pignat C., La fixation de la peine avant et après la révision de 2002, *in* Kuhn A., Moreillon L., Viredaz B., Willy-Jayet A. (éds), *Droit des sanctions : de l'ancien au nouveau droit*, Berne : Stämpfli, 2004, p. 11s. ; Pignat C., Kuhn A., Les nouvelles règles de la fixation de la peine : Une révolution de velours, *RPS* 2004, p. 251s. ; Kuhn A., La fixation de la peine, *Revue jurassienne de jurisprudence*, 3/2006, 237s. ; Mahaim R., La fixation de la peine, *in* Kuhn A., Moreillon L., Viredaz B., Bichovsky A. (éds), *La nouvelle partie générale du Code pénal suisse*, Berne : Stämpfli, 2006, p. 233s. ; Killias M., Kuhn A., Dongois N., *Précis de droit pénal général*, 4e édition, Berne : Stämpfli, 2016, p. 199s. ; Queloz N.,

problématique de l'octroi du sursis[264], ceci même si ce dernier doit être considéré en droit suisse comme un mode d'exécution d'une peine et non comme une composante de celle-ci[265].

10.2. L'exemption de peine

Avant de passer à la fixation de la peine proprement dite, il convient de mentionner que, après avoir pourtant rendu un verdict de culpabilité, il est des situations dans lesquelles le juge peut exempter le condamné de toute peine. Il en va notamment ainsi lorsque l'auteur interrompt de son plein gré son activité délictueuse en cours de route (désistement, art. 23 CPS), lorsque la culpabilité de l'auteur et les

---

Humbert V., Art. 47, *in* Roth R., Moreillon L. (éds), *Commentaire romand : Code pénal I*, Bâle : Helbing Lichtenhahn, 2009 p. 456s. ; Parein L., La fixation de la peine : De l'homme coupable à l'homme capable, Bâle : Helbing Lichtenhahn, 2010. Nous nous en inspirerons pour la présente contribution.

264 Le sursis et le sursis partiel ont également fait l'objet de bon nombre de publications. Mentionnons notamment, pour ce qui est des publications en français, Kuhn A., Le sursis et le sursis partiel selon le nouveau Code pénal, *RPS* 2003, p. 264s. ; Rossier F., Le sursis selon le CP 2002, *in* Kuhn A., Moreillon L., Viredaz B., Willy-Jayet A. (éds), *Droit des sanctions : de l'ancien au nouveau droit*, Berne : Stämpfli, 2004, p. 205s. ; Kuhn A., Le sursis et le sursis partiel, *in* Kuhn A., Moreillon L., Viredaz B., Bichovsky A. (éds), *La nouvelle partie générale du Code pénal suisse*, Berne : Stämpfli, 2006, p. 213s. ; Kuhn A., La fixation de la peine, *Revue jurassienne de jurisprudence*, 3/2006, 237s. ; Killias M., Kuhn A., Dongois N., *Précis de droit pénal général*, 4e édition, Berne : Stämpfli, 2016, p. 233s. ; Kuhn A., Art. 42 à 46, *in* Roth R., Moreillon L. (éds), *Commentaire romand : Code pénal I*, Bâle : Helbing Lichtenhahn, 2009 p. 433s. Nous nous en inspirerons pour la présente contribution.

265 Selon Schultz H. (Sursis à l'exécution de la peine, *FJS*, n° 1195, 1981, p. 2), il est erroné de parler du sursis comme d'un « bienfait juridique » ; « Il s'agit d'une manière particulière d'exécuter une sanction du droit pénal, d'une modalité d'exécution ». Ce à quoi Schwenter J.-M. (Cinquante ans de sursis : et demain ?, *in* Gauthier J., Marty D. F., Schmid N. (éds), *Problèmes actuels de la lutte contre la criminalité*, Berne : Stämpfli, 1992, p. 285) rétorque que « ce n'est vraiment que dans le silence du cabinet d'un professeur […] que peut s'exprimer le message – théoriquement exact – que c'est une manière d'exécuter une peine que de ne pas la subir ». Pour une position plus approfondie sur le débat, voir Stratenwerth G., *Schweizerisches Strafrecht : Allgemeiner Teil II : Strafen und Massnahmen*, Berne : Stämpfli, 2006, p. 123s.

conséquences de son acte sont peu importantes (absence d'intérêt à punir, art. 52 CPS), lorsque l'auteur a réparé le dommage et que l'intérêt public et l'intérêt du lésé à poursuivre l'auteur sont peu importants (réparation, art. 53 CPS), et lorsque l'auteur a été touché par son acte de manière telle qu'une peine paraît inappropriée (atteinte subie par l'auteur à la suite de son acte, art. 54 CPS).

10.3. La fixation de la peine

Pour fixer une peine, le juge devra dans un premier temps fixer le cadre légal (c'est-à-dire la fourchette de peine possible) à l'intérieur duquel la peine concrète infligée dans le cas d'espèce devra impérativement se situer. Pour ce faire, il partira de la clause pénale (on parle parfois de « peine-menace », qui est toujours libellée sous la forme d'une fourchette se situant entre un minimum et un maximum) de l'infraction retenue dans le verdict de culpabilité, peine-menace qu'il étendra vers le bas s'il retient une circonstance atténuante et/ou vers le haut lorsqu'il retient une circonstance aggravante. Une fois ce travail purement technique effectué, le juge devra, dans un second temps, fixer la peine concrète du cas d'espèce en tenant compte du degré de culpabilité (soit de la faute pénale) de l'auteur de l'infraction.

10.3.1. Le cadre légal de la peine

Le cadre légal est d'abord déterminé par la peine prévue pour l'infraction commise, laquelle résulte du texte légal instituant l'infraction en question. Dans un second temps, on se demandera s'il existe des circonstances atténuantes ou aggravantes qui pourraient élargir encore ce cadre légal, de manière à obtenir un cadre légal concret, à l'intérieur duquel le juge devra fixer la peine dans le cas d'espèce.

10.3.1.1. La peine-menace

Chaque norme pénale instituant un acte en infraction, qu'elle soit contenue dans le CPS ou dans d'autres lois (telles que la Loi fédérale sur les stupéfiants et les substances psychotropes[266], la Loi fédérale

---

266 RS 812.121.

sur les étrangers[267], la Loi fédérale sur la circulation routière[268], etc.), contient toujours une fourchette de peine possible se situant entre un minimum de peine à infliger et une peine maximale à ne pas dépasser.

Les peines possibles en droit suisse à l'encontre des personnes physiques sont, d'une part, les amendes (art. 106 CPS) – de CHF 1.- à 10 000.- – à l'encontre d'une personne ayant commis une contravention et, d'autre part, pour les personnes ayant commis un délit ou un crime, les peines pécuniaires (art. 34 CPS) – de 3 à 180 jours-amende (fixés selon le degré de culpabilité du condamné), allant chacun de CHF 10.-[269] à 3 000.- (fixés selon la capacité financière du condamné) – et les peines privatives de liberté (art. 40 et 41 CPS) – de 3 jours à 20 ans, avec une exception possible vers le haut (peine privative de liberté à vie) lorsque la loi le prévoit expressément.

C'est ainsi que, à titre d'exemples, le vol ordinaire est passible d'une peine se situant entre 3 jours-amende et 5 ans de peine privative de liberté (art. 139 CPS), le meurtre de 5 à 20 ans de peine privative de liberté (art. 111 CPS), le viol non aggravé de 1 à 10 ans de peine privative de liberté (art. 190 CPS), etc.

10.3.1.2. Les circonstances atténuantes générales

Le Code pénal suisse contient un grand nombre de circonstances atténuantes générales. Sont en effet notamment considérées comme des circonstances atténuantes le fait d'être en état de défense excusable (c'est-à-dire une « légitime » défense quelque peu disproportionnée) au sens de l'article 16 CPS ou en état de nécessité excusable (soit en état de nécessité quelque peu disproportionné) au sens de l'article 18 CPS, le fait d'être en état de responsabilité restreinte (art. 19 al. 2 CPS) au moment de commettre l'infraction (c'est-à-dire que l'auteur ne possédait alors que partiellement la faculté d'apprécier le caractère illicite de son acte ou de se déterminer

---

[267] RS 142.20.

[268] RS 741.01.

[269] À ce propos, voir ATF 134 IV 60, ainsi que TF, 6B_760/2008 du 30 juin 2009. Depuis le 1er janvier 2018, la loi fixe elle-même un minimum à CHF 30.-, tout en laissant ouverte la porte la possibilité de fixer le jour-amende à CHF 10.- si la situation personnelle et économique du condamné l'exige (art. 34 al. 2 CPS).

d'après cette appréciation), le fait de ne commettre qu'une tentative et non une infraction consommée (art. 22 CPS), le fait de n'être que complice et non auteur ou coauteur d'une infraction (art. 24 CPS), ainsi que l'ensemble des circonstances contenues à l'article 48 CPS : le fait de commettre une infraction en cédant à un mobile honorable, dans un état de détresse profonde, sous l'effet d'une menace grave, sous l'ascendant d'une personne à laquelle on doit obéissance ou dont on dépend, en étant induit en tentation grave par la victime, en ayant agi sous l'effet d'une émotion violente ou d'un profond désarroi que les circonstances rendent excusables, ou encore si l'auteur a manifesté un repentir sincère ou si l'intérêt à punir a sensiblement diminué en raison de l'écoulement du temps depuis la commission de l'infraction et que l'auteur s'est bien comporté dans l'intervalle.

L'effet de l'existence de l'une ou l'autre de ces circonstances atténuantes sur le cadre légal de la peine est décrit à l'article 48*a* du CPS : le minimum de la peine-menace doit être abaissé jusqu'au minimum légal du genre de peine prévu. Qu'il existe une seule ou plusieurs circonstances atténuantes ne change rien à la situation. C'est ainsi que, si nous reprenons nos exemples mentionnés ci-dessus, un vol avec circonstance atténuante est toujours passible d'une peine se situant entre 3 jours-amende et 5 ans de peine privative de liberté (3 jours étant le minimum légal de la peine pécuniaire), qu'un meurtre avec une circonstance atténuante est passible d'une peine privative de liberté de 3 jours à 20 ans (3 jours étant le minimum légal de la peine privative de liberté), et qu'un viol avec circonstance atténuante est passible de 3 jours à 10 ans de peine privative de liberté.

10.3.1.3. La circonstance aggravante générale

Le droit pénal suisse ne connaît qu'une seule circonstance aggravante générale : le concours d'infractions (art. 49 CPS). En effet, une personne reconnue coupable de la commission de plusieurs infractions lors du même jugement se verra condamnée à une seule peine pour l'ensemble de son activité délictueuse.

Pour que l'article 49 s'applique, le concours d'infraction doit être *parfait*, c'est-à-dire qu'il doit s'agir soit d'un concours entre des actes distincts qui réalisent plusieurs infractions différentes (concours dit *réel*)[270], soit d'un acte unique qui réalise plusieurs infractions différentes qui ne se recoupent pas (concours dit *idéal*)[271]. Le concours est par contre *imparfait* – et n'entraîne donc pas l'application de l'art. 49 CPS) – lorsque, par un seul acte, l'auteur réalise plusieurs infractions différentes qui se recoupent[272].

En présence d'un concours parfait et pour autant que les peines encourues pour les différentes infractions retenues à l'encontre du condamné soient du même genre, la peine d'ensemble ne sera pas le cumul de toutes les peines individuelles infligées pour chaque infraction. Dans un tel cas de figure, le juge devra étendre le cadre légal de la peine vers le haut et pourra prononcer une peine une fois et demi aussi lourde que la peine maximale prévue pour l'infraction la plus grave, tout en restant néanmoins lié par le maximum légal de chaque genre de peine, soit 180 jours-amende et 20 ans de privation de liberté. Par ailleurs, que le concours soit composé de deux infractions ou d'une multitude ne change rien à la fixation du cadre légal concret.

C'est ainsi que, si nous reprenons les exemples mentionnés ci-dessus, la commission de deux vols sera passible d'une peine de 3 jours-amende à 7 ans et demi (1.5 fois 5 ans) de peine privative de liberté, la commission de deux meurtres, d'un meurtre et d'un viol ou d'un meurtre et d'un vol sera passible de 5 à 20 ans de privation de liberté (puisqu'il n'est pas possible de monter au-dessus de 20 ans de peine privative de liberté), et la commission de deux viols non aggravés ou d'un viol non aggravé et d'un vol sera passible de 1 à 15 ans (1.5 fois 10 ans) de peine privative de liberté.

---

270 C'est le cas par exemple lorsqu'une personne est condamnée pour plusieurs vols ou pour un vol et un viol, etc.

271 C'est le cas par exemple lorsqu'une personne entretient une relation sexuelle forcée avec son enfant mineur ; on appliquera alors les dispositions sur le viol (art. 190 CPS), sur les actes d'ordre sexuel avec des enfants (art. 187 CPS) et sur l'inceste (art. 213 CPS) en concours.

272 C'est le cas par exemple lorsqu'une personne commet un brigandage au sens de l'art. 140 CPS, infraction qui n'est rien d'autre qu'un vol en usant de violence ou de menace. On n'appliquera pas les art. 139 (vol), 140, et 180 (menaces) CPS en concours, mais bien l'art. 140 CPS uniquement.

Si les peines encourues pour les diverses infractions retenues à l'encontre d'un même condamné ne sont pas de même genre (par exemple s'il a commis une contravention passible d'une amende et un crime passible de la peine privative de liberté), elle seront simplement cumulées.

10.3.1.4. Le cadre légal concret de la peine

Le cadre légal concret est le résultat – purement technique – de la détermination de la peine-menace et de son extension vers le haut et/ou vers le bas selon qu'il existe une circonstance aggravante et/ou atténuante. Une extension vers le haut peut tout à fait se cumuler à une extension vers le bas lorsque l'auteur peut se prévaloir d'une circonstance atténuante et se voir reconnaître une circonstance aggravante. Tel est par exemple le cas d'un complice qui a aidé à plusieurs reprises le ou les auteurs de diverses infractions. Le concours d'infractions lui vaudra une extension vers le haut de la peine maximale de l'infraction la plus grave et le fait qu'il ne soit que complice – et non coauteur – lui vaudra une extension du cadre légal vers le bas. Le complice de multiples viols (sachant que la peine-menace pour le viol non aggravé est de 1 à 10 ans de privation de liberté) écopera ainsi d'une peine privative de liberté se situant entre 3 jours et 15 ans.

10.3.2. La fixation de la peine au cas d'espèce

Pour fixer la peine que devra concrètement exécuter le condamné, le juge doit se référer à l'article 47 CPS qui indique que le critère de base en la matière est celui de la culpabilité de l'auteur, tout en restreignant le *quantum* de peine à l'intérieur du cadre légal concret. C'est ainsi que le juge prend en considération les antécédents de l'auteur, sa situation personnelle, la gravité de la lésion ou de la mise en danger du bien juridique concerné, le caractère répréhensible de l'acte, les motivations et les buts de l'auteur, la mesure dans laquelle l'auteur aurait pu éviter la mise en danger ou la lésion, ainsi que l'effet de la peine sur l'avenir de l'auteur. Ces éléments ne pourront toutefois être pris en compte qu'une seule fois chacun dans la détermination de la peine infligée dans le cas d'espèce, ceci en vertu du principe de l'interdiction de la double prise en considération des mêmes éléments[273].

Le critère essentiel de fixation de la peine est donc celui de la faute commise et de sa gravité – soit la culpabilité de l'auteur –, mais il n'est pas anodin de constater que l'effet de la peine sur l'avenir de l'auteur – soit un élément de pure prévention spéciale – vienne s'y ajouter. Il s'agit en effet d'une porte ouverte à la possibilité pour le juge de descendre au-dessous de la peine qu'imposerait la simple prise en compte de la faute de l'auteur, à condition que des considérations liées à l'effet de la peine sur le condamné le rendent nécessaire. Pratiquement, l'ajout de l'effet de la peine sur l'avenir de l'auteur dans les critères de fixation de la peine implique que le juge doit se demander, après avoir déterminé la peine en fonction de la culpabilité, si des considérations de prévention spéciale (telles que la préférence d'une peine de 24 mois avec sursis[274] à une peine ferme de 26 mois qui engendrerait pour le condamné la perte de son emploi et donc un accroissement de son risque de récidive) pourraient éventuellement nécessiter une modulation de la peine.

10.3.3. Le cas particulier de la fixation de la peine pécuniaire

Si, dans le domaine des peines privatives de liberté, l'équité veut que la durée de la peine soit proportionnelle au degré de culpabilité de l'auteur, il n'en va pas de même pour les peines pécuniaires, pour lesquelles l'équité n'est pas synonyme de somme identique pour culpabilité identique, mais bien d'égalité de sacrifices. En d'autres termes, il s'agit de tendre vers une égalité de traitement par un traitement inégal des situations financières inégales.

C'est ainsi que le CPS prévoit, à son article 34, un système de peines pécuniaires fixées en jours-amende[275]. Il s'agit de peines pécuniaires

---

273 À ce propos, voir ATF 118 IV 342 = JdT 1994 IV 67.

274 La limite supérieure de la peine avec un sursis total est en effet fixée à 24 mois en Suisse.

275 Il est à noter ici que ce système n'est pas prévu pour les peines contraventionnelles, le législateur ayant estimé que son application serait trop fastidieuse. Le système de l'amende prononcée en francs lui a dès lors été préféré, tout en prévoyant que celle-ci doit tenir compte aussi bien de la faute

dont le montant final dépend de deux décisions strictement indépendantes (en théorie du moins), la première fixant le nombre d'« unités journalières de condamnation » (appelées jours-amende) en fonction de la culpabilité de l'auteur uniquement et indépendamment de ses capacités financières, puis la seconde fixant le montant de chaque jour-amende en tenant compte de la capacité économique du condamné uniquement, indépendamment du nombre de jours-amende infligés. Le montant de la peine pécuniaire due s'obtient ensuite en multipliant le nombre de jours-amende auxquels le délinquant est condamné par le montant que représente pour lui un jour-amende. Ce système, appliqué pour la première fois en 1921 en Finlande[276], est actuellement en vigueur dans bon nombre d'États européens et des États-Unis[277].

La fixation du nombre de jours-amende obéit aux mêmes critères que ceux énoncés ci-avant pour la fixation du nombre de jours de prison. À ce propos, mentionnons encore que cette manière de faire permet de prévoir que l'autorité d'exécution des peines peut, en cas de non paiement fautif d'une peine pécuniaire, transformer le nombre de jours-amende en un nombre équivalent de jours de peine privative de liberté. Quant à la fixation du montant de chacun des jours-amende, il découle d'un calcul purement financier – voire fiscal –, tenant compte du revenu, de la fortune, du mode de vie du condamné et de ses obligations d'assistance et autres charges.

Le CPS (à son art. 34) prévoit en outre que le nombre maximal de jours-amende peut être de 180 – ce qui correspond à six mois-amende – et que chaque jour-amende peut valoir jusqu'à CHF 3 000.-. En d'autres termes, le montant maximal de la peine pécuniaire pourra être de 180 jours à CHF 3 000.-, soit de CHF 540 000.-, alors qu'à

---

commise par l'auteur que de sa situation, son montant maximum étant de 10 000 francs (art. 106 CPS).

276 La Suède en fit de même en 1931, suivi de Cuba en 1936 et du Danemark en 1939; v. Hillsman S.T., Fines and Day Fines, *Crime and Justice: A Review of Research*, vol. 12, Chicago : The University of Chicago Press, 1990, p. 77.

277 Depuis l'introduction à titre d'essai des jours-amende dans l'état de New York en 1988, cette peine s'est rapidement développée à travers le pays.

culpabilité égale une personne démunie sera condamnée à 180 jours à CHF 10.-[278], soit à CHF 1 800.-.

10.4. Le sursis

De manière générale, le sursis peut être défini comme la suspension, totale ou partielle, du prononcé ou de l'exécution d'une peine, dont le bénéfice est soumis à révocation en cas de nouvelle condamnation dans un certain délai d'épreuve. Il consiste donc en la faculté donnée au juge – lorsque certaines conditions objectives et/ou subjectives sont remplies – de suspendre le prononcé de la condamnation ou l'exécution de celle-ci. Par la suite, le sursis se transforme en dispense de condamnation ou d'exécution si le délinquant ne commet pas d'acte propre à le révoquer.

Le fondement même de l'institution réside dans le but d'éviter à un condamné d'avoir à subir effectivement une sanction lorsque cela ne paraît pas nécessaire à son amendement. Le sursis exprime donc simultanément la clémence et la confiance de la justice. Il est toutefois également un outil hautement intéressant de prévention spéciale, puisqu'il fait planer sur le condamné un risque de révocation et donc d'exécution effective de la peine prononcée si celui-ci ne répond pas aux attentes de l'autorité judicaire.

Si certains auteurs voient l'origine du sursis dans le principe de droit canon selon lequel *absolutio ad reincidentiam*[279], d'autres considèrent qu'il s'agit d'une institution manifestement étrangère, par son essence et son but, aux idées et aux mœurs des sociétés prérévolutionnaires[280].

---

278 Le montant minimal de chaque jour-amende est, selon l'art. 34 al. 2 CPS, de CHF 30.-, avec toutefois une exception possible à CHF 10.- dans les cas dans lesquels la situation personnelle et économique de l'auteur l'exige.

279 Carranza E., Liverpool N. J. O., Rodríguez-Manzanera L., Alternatives to Imprisonment in Latin America and the Caribbean, *in* Zvekic U. (éd.), *Alternatives to Imprisonment in Comparative Perspective*, Chicago : Nelson-Hall, 1994, p. 401. Pour l'explication et l'interprétation du principe « *absolutio ad reincidentiam, seu sub conditione resolutiva* », voir Pellegrini G.-J., *Jus Ecclesiae Poenale*, tome III : *De Poenis in specie*, Naples : M. d'Auria Pontificius Editor, 1967, p. 79s.

280 Référence est faite ici à la Révolution française. Voir, par exemple Tüzemen S., *L'institution du sursis et sa réglementation dans le Code pénal*

Plus concrètement, c'est au système anglo-américain de la « mise à l'épreuve » (*Probation System*) que nous devons l'idée de surseoir à la réaction sociale à la suite de la commission d'une infraction[281]. Ce système est en effet à l'origine des deux formes principales de sursis : le sursis au prononcé de la peine et le sursis à l'exécution de la sanction. Le premier prévoit de surseoir au prononcé même de la sanction et d'en rester au verdict de culpabilité, alors que le second prévoit que le tribunal se prononce sur la culpabilité et la sanction, avant de surseoir à cette dernière. Chacune de ces deux catégories principales de sursis peut encore être subdivisée en deux. C'est ainsi que l'on connaît aujourd'hui quatre formes de sursis[282] :

- *Le sursis à la condamnation* prévoit un verdict de culpabilité, puis un sursis au prononcé de la sanction. Ce n'est qu'*a posteriori*, si le condamné échoue dans sa « mise à l'épreuve », qu'une peine est prononcée ;
- *L'ajournement de la peine* prévoit un verdict de culpabilité et une peine fixée en « unités pénales », sans que ne soit indiqué si, en cas de révocation du sursis, ces « unités pénales » seront transformées en amende, en travail d'intérêt général, en privation de liberté, etc. ;
- *La condamnation conditionnelle* prévoit un verdict de culpabilité suivi du prononcé d'une peine précise, la

suisse, Thèse, Lausanne, 1947, p. 13s., ainsi que Contat L., Le sursis selon le CP 1937, *in* Kuhn A., Moreillon L., Viredaz B., Willi-Jayet A. (éds), *Droit des sanctions: de l'ancien au nouveau droit*, Berne : Stämpfli, 2004, p. 185s.

281 Voir Gautier A., À propos de la condamnation conditionnelle, *RPS* 1890, p. 301s., ainsi que Graven J., Le sens du sursis conditionnel et son développement, *RPS* 1954, p. 267s. et 290.

282 Il convient toutefois de préciser ici qu'il y a, en pratique, autant de formes différentes du sursis qu'il y a d'États qui l'appliquent. En effet, des variables telles que la quotité de la peine pour laquelle on peut accorder le sursis, les genres de peines compatibles avec celui-ci, ou encore sa portée quant à la condamnation ou à l'exécution de la peine, permettent à chaque législation d'agencer son sursis comme elle l'entend. À ce propos, voir également Contat L., Le sursis selon le CP 1937, *in* Kuhn A., Moreillon L., Viredaz B., Willi-Jayet A. (éds), *Droit des sanctions: de l'ancien au nouveau droit*, Berne : Stämpfli, 2004, p. 185s.

condamnation étant toutefois assortie d'une condition *résolutoire*[283] ;

- *Le sursis conditionnel à l'exécution de la peine* prévoit un verdict de culpabilité suivi du prononcé d'une peine dont l'exécution est subordonnée à une condition *suspensive*[284].

10.4.1. Le sursis tel qu'il est connu en Suisse

En Suisse, le législateur a retenu le quatrième des systèmes décrits ci-dessus, soit celui du sursis conditionnel à l'exécution de la peine (art. 42 CPS). Pour qu'un tel sursis soit prononcé, quatre conditions doivent être réalisées :

1. La sanction prononcée doit être une peine pécuniaire (au sens de l'art. 34 CPS) ou une peine privative de liberté (au sens de l'art. 40 CPS). De surcroît, *toutes* les peines pécuniaires (c'est-à-dire celles de 3 à 180 jours-amende) prononcées à l'encontre de l'auteur d'un crime ou d'un délit sont susceptibles d'être assorties du sursis. Par contre, seules les peines privatives de liberté de 3 jours à 24 mois peuvent être assorties du sursis[285] ;
2. Il doit y avoir absence de pronostic défavorable. En effet, en présence d'un pronostic défavorable quant à la récidive du condamné, le juge devra prononcer une peine ferme ;
3. Si le condamné n'a pas réparé le dommage qu'il a causé par la commission de son infraction autant qu'on pouvait raisonnablement l'attendre de lui, le juge pourra lui refuser l'octroi du sursis. La réparation du dommage n'est donc pas à comprendre

---

283 La condamnation elle-même est dès lors considérée comme non avenue si le condamné ne récidive pas pendant le délai d'épreuve.

284 La condamnation subsiste mais la peine est considérée comme ayant été exécutée si, au terme du délai d'épreuve, le sursis n'a pas dû être révoqué. Pour davantage d'informations concernant la différence entre la condamnation conditionnelle et le sursis à l'exécution, voir entre autres Graven J., Le sens du sursis conditionnel et son développement, *RPS* 1954, p. 272s.

285 Pour ce qui est des peines privatives de liberté de moins de 6 mois exceptionnellement prononcées en vertu de l'article 41 CPS, l'une des conditions à leur prononcé étant que les conditions du sursis ne soient pas réunies, elles ne pourront jamais être assorties du sursis.

comme une véritable condition à l'octroi d'un sursis, mais sa non-réparation peut devenir un motif de non-octroi ;

4. Le condamné ne doit pas avoir d'antécédent judiciaire ou, plus précisément, il ne doit pas avoir été condamné à une peine privative de liberté de plus de 6 mois dans les cinq années précédant l'infraction. Là encore, la règle n'est pas absolue, puisqu'en cas de circonstances particulièrement favorables, le condamné peut se voir octroyer un sursis même s'il a déjà des antécédents judiciaires.

Lorsque ces conditions sont réalisées, le sursis *doit* être prononcé. En effet, la loi prévoit que le juge doit prononcer le sursis à chaque fois qu'il le peut et non pas qu'il peut le faire s'il le veut, selon sa libre appréciation. De plus, en suspendant la peine, le juge doit impartir un délai d'épreuve de deux à cinq ans (art. 44 al. 1 CPS) ; il peut également ordonner une assistance de probation[286] et imposer au condamné des règles de conduite (art. 44 al. 2 CPS).

Finalement, en sus d'une peine prononcée avec sursis, le juge peut infliger au condamné une peine pécuniaire sans sursis ou une amende (art. 42 al. 4 CPS).

10.4.2. Le sursis partiel

Le sursis partiel est l'institution selon laquelle une peine peut être fractionnée en deux parties, l'une ferme et l'autre avec sursis. En d'autres termes et en paraphrasant Rochat[287], lorsqu'il n'est plus possible d'économiser la totalité de la peine et de prononcer le sursis, mais que l'on peut encore espérer faire l'économie d'une partie de celle-ci, le fractionnement de la peine permet au juge d'échapper au dilemme du « tout ou rien ».

C'est ainsi que, si les conditions du sursis ne sont pas entièrement réalisées – soit parce que la peine prononcée dépasse la limite supérieure du sursis fixée à 24 mois, soit parce qu'une autre condition

---

286 L'assistance de probation au sens de l'article 93 CPS consiste à fournir au condamné une aide sociale chargée de l'assister dans sa recherche de logement, d'emploi, etc., mais également d'exercer une certaine surveillance sur lui.

287 Rochat P.-E., La division de la peine, *RPS* 1978, p. 82s.

n'est pas réalisée –, l'article 43 CPS prévoit que le juge peut encore prononcer une peine fractionnée dont une partie sera assortie du sursis, pour autant que la totalité de la peine ne dépasse pas 3 ans de privation de liberté.

En plus d'éviter le dilemme du « tout ou rien », les arguments principaux en faveur du sursis partiel sont, d'une part, la possibilité de sanctionner de manière plus nuancée et, d'autre part, d'accroître l'effet préventif de la sanction par l'intimidation que représente la fraction de peine ferme et la crainte de devoir subir la seconde fraction. À cela, les opposants au sursis partiel rétorquent que la confiance s'accorde entièrement ou pas du tout, que la libération conditionnelle permet déjà de fractionner la peine en matière de privation de liberté, et que le sursis partiel revient à réintroduire les courtes peines privatives de liberté que le droit pénal suisse désire justement éviter[288].

C'est ainsi que, à défaut d'être le fruit d'un choix clair, le Code pénal suisse se veut consensuel[289] et introduit le sursis partiel dans notre législation pénale, tout en prévoyant des restrictions propres à satisfaire les opposants à cette institution. Plus précisément, l'article 43 CPS prévoit que le juge peut suspendre partiellement l'exécution d'une peine privative de liberté de 1 à 3 ans. Toutefois, la partie à exécuter ne doit jamais excéder la moitié de l'ensemble de la peine (art. 43 al. 2 CPS) et la partie de peine à exécuter ne peut pas être de moins de six mois et les règles d'octroi de la libération conditionnelle (art. 86 CPS) ne lui sont pas applicables. Cette dernière règle est malheureusement due à une confusion entre la confiance *subjective* partiellement accordée au moment du prononcé de la sanction et la mesure de clémence accordée en cours d'exécution à celui qui fait un peu plus *objectivement* preuve d'amendement.

---

288 Pour des développements complémentaires concernant les argumentations des partisans et des opposants au sursis partiel, voir Kuhn A., Le sursis partiel : un moyen de lutter contre les longues peines ?, *RPS* 1995, p. 173s., ainsi que Knüsel M. H., *Die teilbedingte Freiheitsstrafe*, Berne : Haupt, 1995.

289 Consensus qui ne convainc d'ailleurs que très peu de monde…

10.4.3. Le sursis en matière contraventionnelle

En toute logique, selon l'adage « qui peut le plus, peut le moins » rien ne devrait empêcher le juge de prononcer une peine avec sursis ou sursis partiel en matière de contraventions puisqu'il peut – et même généralement *doit* si les conditions en sont réalisées – le faire lorsqu'il est face à des auteurs de crimes ou de délits. Néanmoins, le législateur suisse en a décidé autrement en disposant que les normes sur le sursis et le sursis partiel ne s'appliquent pas en matière contraventionnelle (art. 105 al. 1 CPS). Pour «compenser» l'inégalité de traitement entre les auteurs de contraventions et ceux de crimes et de délits en la matière, il a préféré introduire la possibilité de prononcer une peine pécuniaire ferme en plus de la peine prononcée avec sursis (art. 42 al. 4 CPS)[290], de manière à éviter qu'un condamné ne s'en sorte sans aucune peine ferme à exécuter…

10.4.4. La révocation du sursis

Si le délai d'épreuve est subi avec succès, le condamné n'exécute évidemment pas la peine suspendue qui sera – par le jeu d'une construction juridique – considérée comme ayant été exécutée.

À l'inverse, le Code pénal suisse prévoit deux circonstances dans lesquelles le condamné ne subit pas la mise à l'épreuve avec succès : premièrement, lorsqu'il commet un nouveau crime ou délit durant le délai imparti (art. 46 CPS) et, deuxièmement, lorsqu'il se soustrait à l'assistance de probation ou viole les règles de conduite (art. 95 al. 3 à 5 CPS). Mais ces deux éléments factuels et objectifs ne sauraient constituer des motifs de révocation à eux seuls. Pour que le juge puisse effectivement prononcer une révocation du sursis, il faut en outre qu'il y ait une réduction sensible des perspectives de succès de la mise à l'épreuve. Autrement dit, un comportement ne peut entraîner une révocation du sursis que s'il dénote un risque de commettre de nouvelles infractions[291]. Le juge ne pourra donc révoquer qu'en présence d'un pronostic défavorable.

---

290 À ce propos, voir le chapitre III.1 *in fine*.

291 L'article 46 al. 1 CPS prévoit en effet que la récidive durant le délai d'épreuve n'entraîne la révocation du sursis que s'il y a lieu de prévoir que le condamné commettra de nouvelles infractions. L'article 95 al. 4 CPS exige même qu'il

10.5. Conclusion – Le droit des sanctions suisse sous l'angle du sursis

Au vu de ce qui précède, les peines que le juges suisse peut fixer sont donc les suivantes :

Les *contraventions* sont passibles d'une amende. Cette dernière est fixée en fonction de la gravité de la faute et de la situation du condamné et son montant maximal est de CHF 10 000 (art. 106 CPS). Les seules privations de liberté engendrées par des contraventions sont les peines privatives de liberté de substitution – de un jour à trois mois – prononcées en même temps que l'amende elle-même, mais uniquement pour le cas où le condamné ne paierait pas cette dernière de manière fautive (art. 106 al. 2 CPS). Par ailleurs, précisons encore que, selon l'article 105 CPS, les dispositions relatives au sursis et au sursis partiel ne s'appliquent pas en matière de contraventions.

Quant aux *crimes* et aux *délits*, il n'existe pas de peines de moins de trois jours ; les paliers sont les suivants :

Pour les peines de *3 à 180 jours*, le juge fixe une peine pécuniaire en jours-amende (art. 34 CPS) ou – en la motivant de manière circonstanciée (art. 41 al. 2 CPS) – une peine privative de liberté (art. 40 CPS), la première primant sur la seconde (art. 41 CPS). Si les conditions d'octroi du sursis sont données, ce dernier doit s'appliquer à la peine pécuniaire ou à la peine privative de liberté. Quant au sursis partiel (art. 43 CPS), il n'est pas envisageable pour les peines de moins de 180 jours.

Pour les peines de *181 à 360 jours*, le juge fixe une peine privative de liberté (art. 40 CPS). Les dispositions sur le sursis sont pleinement applicables. Quant au sursis partiel, n'étant envisageable que si les deux fractions de la peine sont d'une durée minimale de six mois (art. 43 al. 3 CPS), il est possible uniquement pour les peines de 360 jours, dont la moitié doit être exécutée en établissement pénitentiaire.

---

soit sérieusement à craindre que le condamné ne commette de nouvelles infractions pour envisager une révocation à la suite d'une soustraction à l'assistance de probation ou de la violation des règles de conduite.

Pour les peines de *12 à 24 mois*, seule la peine privative de liberté est prévue. Celle-ci peut être assortie du sursis et les dispositions sur le sursis partiel s'appliquent.

Pour les peines allant de *plus de 24 à 36 mois*, seule la peine privative de liberté est prévue. Le sursis total à l'exécution de la peine est exclu, mais il reste possible de fractionner la peine en une partie à subir et une partie suspendue (art. 43 CPS).

Enfin, pour les peines de *plus de 36 mois*, seules des peines privatives de liberté fermes sont envisageables.

Cinquième partie

L'entreprise / la personne morale

Chapitre 11

La responsabilité pénale de l'entreprise / de la personne morale

En France

11.1. Introduction

La responsabilité pénale des personnes morales avait été admise dans l'ancien droit français, mais le code d'instruction criminelle de 1808 et le code pénal de 1810 étaient restés silencieux sur ce point. Aussi, la pratique en avait déduit que les personnes morales ne pouvaient être déclarées pénalement responsables. En outre, le principe de la personnalité des peines plaidait en faveur d'une telle solution, les infractions étant commises par des personnes physiques.

Aux XIXe et XXe siècles, un courant d'idées se prononça en faveur de la responsabilité pénale des personnes morales considérant que puisque la personne morale du fait de ses activités, des moyens matériels dont elle dispose et de ses grands pouvoirs financiers pouvait permettre la commission d'infractions beaucoup plus graves que celles commises par de simples personnes physiques, il convenait d'admettre qu'elle pût elle aussi être poursuivie pénalement. Certains textes, dans des domaines très spécifiques, ont dès lors admis le prononcé de peines à l'encontre des personnes morales[292] Mais la jurisprudence, se fondant sur le principe de la personnalité des peines, refusa de généraliser ces solutions. De la sorte, jusqu'à l'entrée en

---

292 Notamment pour les infractions en matière de publicité pour le tabac et pour l'alcool et en matière de sécurité au travail.

vigueur du nouveau code pénal français (1994), seuls quelques textes dans des domaines très spécifiques (hygiène et sécurité) prévoyaient la possibilité d'engager la responsabilité pénale des personnes morales. Pour le reste, à raison du silence des textes, il n'était pas possible d'engager leur responsabilité pénale.

Tenant compte de ce qu'un nombre important d'infractions en matière économique, commerciale, financière et fiscale, sont commises soit par des sociétés, des associations, soit par des personnes physiques sous le couvert de personnes morales, les rédacteurs du nouveau code pénal ont largement admis la responsabilité pénale des personnes morales. C'est l'article 121-2 qui prévoit désormais cette responsabilité, article qui a fait l'objet d'une extension avec la loi Perben II de 2004[293].

11.2. Le domaine de la responsabilité pénale des personnes morales

Le champ d'application de la responsabilité pénale des personnes morales est limité d'une part quant aux personnes susceptibles d'être pénalement responsables, d'autre part quant aux infractions susceptibles de leurs être reprochées.

11.2.1. Les personnes morales susceptibles d'être pénalement responsables

L'article 121-2 CPF ne permet pas d'engager la responsabilité pénale des groupes dénués de la personnalité morale, c'est-à-dire d'entités qui ne sont pas reconnues au plan juridique (ex. : association non déclarée). Seules peuvent voir engager leur responsabilité pénale les institutions titulaires de droits et d'obligations en vertu de la loi.

Cette condition remplie, toutes les personnes morales, hormis l'État, peuvent voir leur responsabilité pénale engagée, qu'elles soient à but lucratif ou désintéressées, françaises ou étrangères. Toutefois une

---

293 Loi du 9 mars 2004, n° 2004-204.

distinction s'impose entre personnes morales de droit privé et de droit public.

La responsabilité pénale des personnes morales de droit privé ne souffre d'aucune exception. Ainsi, peuvent être poursuivies les sociétés commerciales, les sociétés civiles, les associations déclarées, les syndicats, les partis politiques, les institutions représentatives du personnel (comités d'entreprise), les syndicats de copropriété ou encore les congrégations religieuses, etc.

Concernant les personnes morales de droit public, elles sont classées en trois catégories quant à la possibilité d'engager leur responsabilité pénale :

- L'État est expressément exclu de l'article 121-2 CPF, il ne peut jamais être poursuivi au plan pénal. Le fondement de cette solution est que c'est lui qui exerce le droit de punir, seuls ses agents peuvent être pénalement poursuivis ;
- Les autres collectivités publiques, c'est-à-dire les collectivités territoriales (communes, départements et régions), ainsi que leurs groupements (communautés de communes, communautés urbaines, etc.) sont pénalement responsables dans des conditions restrictives. À cet égard, l'article 121-2 al. 2 CPF dispose qu'elles ne peuvent être pénalement responsables que des « infractions commises dans l'exercice d'activités susceptibles de faire l'objet de conventions de délégation de service public ». Si l'interprétation de ce texte pose encore aujourd'hui de nombreuses questions, il est possible d'affirmer que ces activités sont en principe celles qui ne mettent pas en œuvre des prérogatives de puissance publique : transport, cantines scolaires, distribution d'eau, etc. Mais, la situation pratique est beaucoup plus complexe que cela ;
- Les autres personnes morales de droit public (établissements publics, entreprises nationalisées, etc.) sont pénalement responsables de manière générale, comme des personnes morales de droit privé.

11.2.2. Les infractions susceptibles d'engager la responsabilité pénale des personnes morales

Jusqu'au 1er janvier 2006, le principe était celui de la spécialité. Dans ce cadre, la responsabilité pénale des personnes morales ne pouvait être engagée que si un texte d'incrimination le prévoyait expressément. Depuis le 1er janvier 2006[294] les personnes morales peuvent voir leur responsabilité pénale engagée pour toute infraction sans distinction. Le principe désormais retenu en droit pénal français et donc celui de la généralité de la responsabilité pénale des personnes morales. Dès lors, seuls les textes qui excluent expressément la responsabilité pénale des personnes morales pour une infraction précise empêchent la mise en mouvement de l'action publique[295].

11.3. Les conditions d'engagement de la responsabilité pénale des personnes morales

La personne morale étant une fiction juridique, elle ne peut réaliser elle-même et de façon autonome les éléments constitutifs matériels et intellectuels de l'infraction. Elle ne peut agir que par le biais d'un intermédiaire personne physique. Aussi a-t-il été nécessaire d'adapter les règles traditionnelles de mise en œuvre de la responsabilité pénale aux particularités des personnes morales. C'est la raison pour laquelle l'article 121-2 CPF pose le principe que les personnes morales sont pénalement responsables « des infractions commises pour leur compte par leurs organes ou représentants ».

11.3.1. Une infraction commise par un organe ou un représentant

Cette première condition s'explique par le fait que ce sont les décisions, les actions, voire les inactions des organes ou représentants des personnes morales qui peuvent seules engager la responsabilité pénale de ces dernières.

---

[294] Réforme issue de la loi n° 2004-204 précitée mais dont l'entrée en vigueur a été repoussée pour des raisons techniques.

[295] Ainsi en va-t-il notamment de l'article 43-1 de la loi sur la presse du 29 juillet 1881 qui prévoit que les dispositions de l'art. 121-2 CPF ne sont pas applicables à certaines infractions de presse (diffamation, etc.).

Le terme « organes » est généralement entendu par la jurisprudence comme visant les institutions collégiales (assemblée générale, conseil d'administration, conseil municipal pour une commune). Le terme « représentants » sert généralement à désigner des personnes physiques (gérants, PDG, salariés titulaires d'une délégation de pouvoir, etc.). Mais là encore la distinction prétorienne est plus subtile que cela. Quoiqu'il en soit, qu'il s'agisse d'un organe ou d'un représentant, il s'agit toujours de personnes à qui la loi ou le statut du groupement en question a conféré des fonctions de direction, d'administration, de gestion ou de contrôle et qui sont donc habilitées légalement et statutairement à prendre des décisions susceptibles d'engager la personne morale. Ainsi, *a contrario*, il ne peut s'agir d'un employé ou d'un préposé. Toutefois, il pourra s'agir d'organes ou représentants de fait dès lors que les prérogatives qu'ils détiennent ont été octroyées tacitement ou implicitement par les organes ou représentants légaux.

Un récent débat a porté sur la question de la nécessité d'identifier l'organe ou le représentant afin d'engager la responsabilité pénale de la personne morale. Tandis que depuis 1994 la Cour de Cassation exigeait pour pouvoir engager la responsabilité pénale de la personne morale que soit identifié l'organe ou le représentant à l'origine de l'infraction, elle a, entre 2006 et 2012, assoupli sa position en estimant qu'il n'était pas nécessaire pour déclarer responsable une personne morale d'identifier l'organe ou le représentant à l'origine de l'infraction dès lors qu'il est certain que l'infraction est le fait d'un de ses membres[296]. Elle a ainsi créé une sorte de présomption de responsabilité pénale des personnes morales. Ce revirement de jurisprudence a donné lieu à de nombreux débats qui ont notamment porté sur la conformité de cette solution au principe de la légalité criminelle et au refus traditionnel de recourir à la présomption de responsabilité pénale. Finalement, la chambre criminelle de la Cour de Cassation est revenue à sa position initiale et exige à nouveau désormais dans la majorité de ses décisions que soit identifié l'organe

---

296 V. notamment Cass. crim., 20 juin 2006, Bull. crim. n° 188.

ou le représentant ayant commis l'infraction pour engager la responsabilité pénale de la personne morale[297].

L'article 121-2 al. 3 CPF précise que « la responsabilité pénale des personnes morales n'exclut pas celle des personnes physiques, auteurs ou complices des mêmes faits ». Il est donc possible de poursuivre pour une seule et même infraction deux personnes juridiques[298].

11.3.2. Une infraction commise « *pour le compte de la personne morale* »

L'infraction doit avoir été commise par un organe ou représentant, mais pour le compte de la personne morale. Cette notion englobe bien entendu un intérêt économique (profit ou réalisation d'une économie), mais cette condition est également remplie dès lors que l'infraction est commise par un organe ou représentant agissant dans le cadre de ses fonctions, au nom de la personne morale.

Une limite découle de cette condition : lorsque l'organe ou le représentant a agi dans son propre intérêt ou dans celui d'un tiers, même s'il a agi dans le cadre de ses fonctions, il n'engage pas la responsabilité de la personne morale.

11.4. La sanction

On notera d'abord qu'en raison du caractère spécifique des personnes morales une procédure particulière a du être envisagée. Les poursuites sont engagées contre la personne morale elle-même. En application des articles 706-41 à 706-46 CPPF la personne morale est « prise en la personne de son représentant légal à l'époque des poursuites ».

Ensuite, seules certaines peines peuvent être prononcées à leur égard :

---

297 Cass. crim., 11 avril 2012, Bull. crim. n° 94, D. 2012, p. 1381, note J.-C. Saint-Pau, RSC 2012, p. 377, Mayaud Y., Rev. sociétés, p. 52, Matsopoulou H. ; position confirmée par : Cass. crim., 19 juin 2013, Bull. crim. n° 148, AJP 2013, p. 606, J. Lasserre-Capdeville.

298 V. Saint-Pau J.-C., La responsabilité pénale des personnes morales est-elle une responsabilité par ricochet ?, D. 2000, p. 636.

- La peine principale est l'amende, elle est portée au quintuple par rapport à l'amende encourue par les personnes physiques ;
- Lorsque le texte ne prévoit aucune amende ce qui est relativement fréquent en matière criminelle, la personne morale encourt 1 million d'euros ;
- Des peines complémentaires sont encourues, ce sont celles de l'article 131-39 CPF, elles doivent être expressément prévues dans le texte répressif ;
- En matière correctionnelle, les personnes morales encourent également la peine de sanction-réparation qui consiste dans l'obligation dans un délai imparti d'indemniser le préjudice de la victime.

Les statistiques révèlent que plus de 90% des condamnations prononcées contre les personnes morales concernent un délit, qu'un tiers des condamnations concerne le travail illégal et un quart des homicides ou blessures involontaires. La peine la plus fréquemment prononcée est l'amende (dont le montant moyen est de 8 000 euros), la peine associée la plus fréquente est la publicité de la décision.

La responsabilité pénale de l'entreprise / de la personne morale

En Suisse

11.1. Généralités

Précédemment gouverné par l'adage *societas delinquere non potest*, le législateur suisse introduit dans le code pénal le principe de la responsabilité pénale de l'entreprise le 1er octobre 2003[299]. Il existe une querelle doctrinale que le Tribunal fédéral n'a pas encore tranchée[300] quant à la nature exacte de ce système de responsabilité. Quelle que soit sa nature juridique, la responsabilité pénale de l'entreprise permet d'imputer à une entité les infractions commises par une ou plusieurs personnes physiques liées à ladite entreprise.

Le système Suisse est construit sur deux formes différentes de responsabilité pénale, soit un système de responsabilité subsidiaire de l'entreprise (art. 102 al. 1 CPS) et un système de responsabilité concurrente (art. 102 al. 2 CPS). Ces catégories se définissent par rapport à la responsabilité individuelle de la personne physique ; ainsi, le premier régime de responsabilité est subsidiaire par rapport à celui de la personne physique, tandis que le second permet de sanctionner tant la personne physique que l'entreprise.

11.2. Le sujet de la responsabilité pénale

Le sujet de la responsabilité pénale décrite par l'article 102 CPS est une entreprise. Il s'agit d'une notion *sui generis* propre au droit pénal

---

299 RO 2003 3043.

300 TF, 6B_7/2014, c. 3.

qui ne se confond pas avec la notion de personne morale du droit commercial. L'approche retenue par le droit pénal est une approche dite économique, soit une approche détachée des critères formels, tels que la personnalité juridique[301]. L'article 102 al. 4 CPS énumère ce qu'il faut entendre dans le vocable « entreprise ».

Il s'agit tout d'abord des personnes morales de droit privé (art. 102 al. 4 let. a CPS), à savoir les associations (art. 60s. CC[302]), les fondations (art. 80s. CC), la société anonyme (art. 620s. CO[303]), la société en commandite par actions (art. 764s. CO), la société à responsabilité limitée (art. 772s. CO) et la société coopérative (art. 828s. CO).

Les personnes morales de droit public figurent également dans l'énumération, réserve étant faite toutefois des corporations territoriales (art. 102 al. 4 let. b CPS). Une personne morale de droit public est une entité dotée de la personnalité juridique et consacrée par un acte normatif. Tel est le cas, par exemple, d'un hôpital cantonal créé par une loi cantonale qui lui confère la personnalité juridique. L'exclusion des corporations territoriales vise essentiellement la Confédération elle-même, les cantons et les communes qui sont exclus du cercle des sujets possibles de la responsabilité pénale de l'entreprise.

L'article 102 al. 4 let. c CPS mentionne encore les « sociétés ». Cette notion recouvre des entités qui ne sont pas dotées de la personnalité juridique comme la société simple (530s. CO) ou la société en nom collectif (562s. CO).

Finalement, il est question des entreprises en raison individuelle (art. 102 al. 4 let. d CPS), ce qui correspond à la notion décrite à l'article 36 ORC[304], à savoir toute personne physique qui exploite une entreprise en la forme commerciale. Cette assimilation est sujette à caution, dans la mesure où il y a ici identité entre l'entreprise et la personne physique qui exerce en raison individuelle.

301 CR CP I-Macaluso, art. 102 N. 4s.
302 Code civil suisse du 10 décembre 1907 (RS 210).
303 Loi fédérale complétant le Code civil Suisse du 30 mars 1911 (RS 220).
304 Ordonnance sur le register du commerce du 17 octobre 2007 (RS 221.411).

Sous l'angle procédural, finalement, on notera que l'article 112 CPPS met en place un système imposant à l'entreprise d'être représentée par une unique personne physique spécifiquement désignée à cet effet et qui bénéficiera, en cette qualité, de tous les droits procéduraux d'un prévenu.

11.3. Les conditions communes de la responsabilité

En dépit du manque de clarté découlant de la construction peu heureuse de l'article 102 CPS, plusieurs conditions d'application énumérées à l'al. 1 constituent, en réalité, des conditions générales aux deux régimes de responsabilité. Il y a donc lieu de vérifier que ces conditions sont réalisées dans les deux hypothèses, puis d'y ajouter des conditions spécifiques à chacun des régimes de responsabilité.

11.3.1. La commission d'une infraction

Il convient tout d'abord de s'assurer qu'une infraction a été commise par un auteur, personne physique. Tranchant une controverse doctrinale, le Tribunal fédéral[305] a confirmé que cette notion de commission doit être comprise en ce sens qu'il y a lieu de s'assurer que tant les éléments constitutifs objectifs que subjectifs de l'infraction ont été réalisés, puis qu'aucun motif justificatif ne permet de rendre l'acte licite et que les éventuelles conditions de la poursuite sont remplies. La notion d'infraction commise inclut les différents degrés de réalisation de l'infraction lorsque ceux-ci sont punissables dans l'optique d'une personne physique, comme la tentative (art. 22-23 CPS)[306].

En application de l'article 105 al. 1 CPS, les infractions de nature contraventionnelle[307] sont exclues du champ d'application de la responsabilité de l'entreprise. Sous réserve des restrictions découlant de l'article 102 al. 2 CPS, seuls les délits et les crimes autorisent l'application du régime de responsabilité de l'entreprise.

---

305 TF, 6B_124/2016.

306 CR CP I-Macaluso, art. 102 N. 39.

307 Sur cette notion v. chap. 1.2.

11.3.2. Une infraction commise au sein d'une entreprise

Lorsque l'article 102 al. 1 CPS dispose que l'infraction doit être commise « au sein » de l'entreprise, cela ne correspond nullement à une notion géographique, mais fait référence à l'existence d'un lien spécifique entre la personne physique et l'entreprise considérée. Il faut en effet que l'infraction considérée implique au moins une personne physique qui entretient avec l'entreprise un lien hiérarchique et/ou organisationnel suffisamment étroit pour qu'on puisse la considérer comme un agent de l'entreprise. Ce lien existe, par exemple, pour un salarié de l'entreprise, quel que soit son niveau hiérarchique, mais aussi pour un organe, comme un administrateur. En revanche, un tiers qui ne présente aucun lien avec l'exercice de l'activité commerciale de l'entreprise ne fait pas partie du cercle des agents susceptibles d'enclencher la responsabilité pénale de l'entreprise.

11.3.3. Une infraction commise dans le cadre d'une activité commerciale

L'imputation d'une infraction à une entreprise suppose que cette infraction a été commise dans le cadre de l'exercice d'une activité commerciale, c'est-à-dire dans le contexte d'activités présentant un rapport direct ou indirect avec la vente de biens ou la fourniture de services et à des fins lucratives[308]. Ainsi, une activité purement récréative, culturelle ou sportive, déconnectée de toute finalité lucrative, ne permet pas d'incriminer pénalement une entreprise.

11.3.4. Une activité conforme aux buts de l'entreprise

L'activité dans le contexte de laquelle l'infraction a été commise doit être conforme au but de l'entreprise. Bien évidemment, cela ne signifie pas que l'infraction doit être conforme au but de l'entreprise, puisque commettre des actes illicites ne peut, en aucun cas, être le but d'une entreprise. En revanche, cela signifie que l'infraction doit se manifester dans le cadre des risques inhérents à l'activité licite de

[308] CR CP I-Macaluso, art. 102 N. 32; BSK StGB I-Niggli/Gfeller, Art. 102 N. 76s.

l'entreprise[309]. Ainsi, par exemple, des infractions à l'intégrité sexuelle peuvent faire partie des risques inhérents à l'exploitation d'un établissement scolaire ou d'éducation, mais non d'une compagnie d'assurances ou d'une banque.

11.4. Les conditions spécifiques de la responsabilité subsidiaire

11.4.1. La nature de l'infraction commise

Il n'y a ici aucune restriction spécifique quant à la nature de l'infraction ; il peut s'agir de n'importe quel crime ou délit, y compris du droit pénal accessoire[310] (art. 333 al. 1 CPS). Seules les contraventions sont exclues (art. 105 al. 1 CPS).

11.4.2. L'impossibilité d'imputer l'infraction à une personne physique

L'entreprise ne peut être incriminée que subsidiairement à la personne physique ayant commis l'infraction. Ainsi, dans ce contexte, il doit être impossible d'imputer l'infraction à une personne physique déterminée. Dans la mesure où cette norme ne doit pas constituer un oreiller de paresse pour les autorités de poursuites pénales, il faut retenir que cette impossibilité d'imputer l'infraction ne peut être constatée qu'après avoir déployé tous les moyens raisonnablement exigibles pour l'identifier. Cela étant, il suffit d'identifier un participant quelconque, même accessoire, pour que cela fasse obstacle à la poursuite de l'entreprise. On notera en revanche que si la personne physique est identifiée, mais qu'il n'est pas possible de la poursuivre, par exemple parce qu'elle est en fuite ou décédée, cela ne constitue pas une hypothèse d'impossibilité d'imputation permettant d'incriminer l'entreprise.

---

309 CR CP I-Macaluso, art. 102 N. 34; BSK StGB I-Niggli/Gfeller, Art. 102 N. 82.

310 Sur cette notion v. chap. 1.1.

11.4.3. Un défaut d'organisation causal

L'article 102 al. 1 CPS requiert enfin que l'impossibilité d'identifier la personne physique auteur de l'infraction soit liée à un manque d'organisation de l'entreprise. En d'autres termes, si l'autorité n'a pas pu identifier l'auteur, c'est parce que l'entreprise n'a pas adopté les mesures d'organisation raisonnablement exigibles permettant de déterminer ce que faisaient les différents agents liés à son activité commerciale. Ce faisant, la loi pénale crée, dans son principe, une obligation pour toute entreprise d'avoir une structure d'organisation qui permette à tout instant, aux fins d'une éventuelle poursuite pénale, de déterminer « qui fait quoi » au sein de l'entreprise. L'entreprise devient ainsi une sorte de garant à l'égard de l'autorité pénale, de la faculté pour cette dernière d'identifier les auteurs d'infractions commises en son sein. Le défaut d'organisation est considéré comme l'équivalent de la « faute » de l'entreprise.

Le degré de précision de cette organisation ne figure pas dans la loi. Il appartient au juge pénal de déterminer, au cas par cas, si l'entreprise est organisée de manière adéquate, en tenant compte, notamment, de la nature de l'activité, de la taille de l'entreprise et du nombre de collaborateurs. Ainsi, les exigences d'organisation seront d'autant plus strictes que l'entreprise compte un nombre important de collaborateurs. Cette organisation se traduira notamment par l'exigence d'organigrammes précis, de procédures définies et de règles précises en matière de délégation de compétence et de suivi des tâches.

Ce défaut d'organisation doit être causal, non pas en lien avec la commission de l'infraction, mais avec l'incapacité d'en identifier l'auteur. Ainsi, l'entreprise ne peut pas être sanctionnée, nonobstant une désorganisation totale, si cette dernière n'a joué aucun rôle dans l'impossibilité d'identifier l'auteur de l'infraction.

11.5. Les conditions spécifiques de la responsabilité concurrente

11.5.1. La nature de l'infraction commise

À la différence du régime de responsabilité subsidiaire, la responsabilité concurrente de l'entreprise ne peut être mise en œuvre qu'en lien avec la commission d'infractions figurant dans une liste exhaustive énumérée à l'article 102 al. 2 CPS. Il s'agit de l'organisation criminelle (art. 260ter CPS), du financement du terrorisme (art. $260^{quinquies}$ CPS), du blanchiment (art. 305bis CPS), de la corruption active d'agents publics suisses ou étrangers ou de l'octroi d'un avantage à un agent public suisse (art. 322ter et $322^{quinquies}$ et $322^{septies}$ al. 1 CPS) et de la corruption active privée (art. 322^{octies} CPS). Lorsque de telles infractions sont commises par une ou plusieurs personnes physiques au sein d'une entreprise, cette dernière est punissable concurremment et indépendamment de la personne physique. En d'autres termes, que la personne soit identifiée ou non, qu'elle soit poursuivie et/ou condamnée ou non, l'entreprise peut être elle-même condamnée.

11.5.2. Un défaut d'organisation causal

À l'instar du système de responsabilité subsidiaire, il est nécessaire que l'on puisse reprocher à l'entreprise un défaut d'organisation. En revanche et à la différence de l'article 102 al. 1 CPS, ce manque d'organisation doit être en lien causal avec l'infraction elle-même. En d'autres termes, il faut rechercher les mesures d'organisation destinées à empêcher les agents de l'entreprise de commettre des infractions et non pas les mesures d'organisation tendant à déterminer « qui fait quoi ».

La loi requiert de l'entreprise qu'elle prenne des mesures d'organisation « raisonnables et nécessaires » en vue d'empêcher la réalisation de l'infraction. Ici également, l'adéquation des mesures d'organisation doit être examinée à la lumière des circonstances du cas d'espèce, soit, notamment, la nature de l'activité et la taille de l'entreprise. Il s'agira ici d'identifier les règles qui doivent être mises en œuvre pour lutter contre le risque de commission des infractions énumérées à l'article 102 al. 2 CPS, dans le domaine d'activité de l'entreprise[311]. Dans des domaines d'activité spécifiquement normés, il y aura lieu de se référer aux règles y relatives. Ainsi, par exemple, les mesures spécifiques imposées aux intermédiaires financiers, notamment par la LBA[312], en matière de lutte contre le blanchiment, constitueront une référence utile pour déterminer si l'entreprise s'est dotée ou non d'une organisation suffisante pour empêcher la commission d'actes de blanchiment. De même, des règles sans portée normative, issues d'organisations professionnelles, peuvent aussi servir de référence pour déterminer un standard de bonne organisation dans un domaine d'activité particulier.

Dans la mesure où le défaut d'organisation doit avoir joué un rôle causal, il ne sera pas possible de condamner l'entreprise si l'auteur est parvenu à contourner des mesures d'organisation pourtant suffisantes.

11.6. La sanction de l'entreprise

En considération des particularités liées à la nature de l'entreprise, le législateur a prévu un système spécifique s'agissant de la peine. L'entreprise reconnue coupable d'une infraction encourt une amende pouvant aller jusqu'à CHF 5 millions au maximum. Bien que cette peine ne soit évoquée qu'à l'article 102 al. 1 CPS, il y a lieu de retenir qu'elle prévaut également pour le système de l'al. 2. Il s'agit de la seule peine envisageable à l'encontre d'une entreprise[313]. La fixation de la peine concrète obéit à des règles spécifiques énoncées à l'article 102 al. 3 CPS lequel opère, en substance, une transposition des principes généraux de l'article 47 CPS[314] pour tenir compte de la particularité du sujet de la responsabilité. Ainsi, le juge doit tenir compte de la gravité de l'infraction commise, en considération de toutes les circonstances du cas d'espèce, de la gravité du manque d'organisation, de l'ampleur du dommage causé ainsi que de la capacité économique de l'entreprise. Faute d'être énumérée aux

---

311 CR CP I-Macaluso, art. 102 N. 56.
312 Loi fédéral sur le blanchiment d'argent du 10 octobre 1997 (RS 955.0).
313 CR CP I-Macaluso, art. 102 N. 78.
314 V. chap. 10.3.2.

articles 42 et 43 CPS, l'amende d'entreprise n'est pas compatible avec le sursis.

L'exécution de l'amende impayée a lieu par le biais de la poursuite pour dettes, étant précisé que compte tenu de la nature de la créance, la voie de la faillite est exclue en application de l'article 43 ch. 1 LP[315]. Toute conversion en peine privative de liberté à l'encontre d'un organe est exclue et n'a aucun sens, compte tenu du caractère strictement personnel de la peine.

Il n'y a rien qui s'oppose, dans la mesure de leur compatibilité avec la nature spécifique de l'entreprise, à ce que d'autres mesures soient conjointement ordonnées, à l'instar de la publication du jugement (art. 68 CPS), de la confiscation (art. 69-70 et 72 CPS) ou de la créance compensatrice (art. 71 CPS)[316].

---

[315] Loi fédérale sur la poursuite pour dettes et la faillite du 11 avril 1889 (RD 281.1).

[316] CR CP I-Macaluso, art. 102 N. 78; BSK SGB I-Niggli/Gfeller, Art. 102 N. 342-343.

Sixième partie

Les textes de loi pertinents

En France

Art. 111-1 CPF
Les infractions pénales sont classées, suivant leur gravité, en crimes, délits et contraventions.

Art. 111-2 CPF
La loi détermine les crimes et délits et fixe les peines applicables à leurs auteurs.
Le règlement détermine les contraventions et fixe, dans les limites et selon les distinctions établies par la loi, les peines applicables aux contrevenants.

Art. 111-3 CPF
Nul ne peut être puni pour un crime ou pour un délit dont les éléments ne sont pas définis par la loi, ou pour une contravention dont les éléments ne sont pas définis par le règlement.
Nul ne peut être puni d'une peine qui n'est pas prévue par la loi, si l'infraction est un crime ou un délit, ou par le règlement, si l'infraction est une contravention.

Art. 111-4 CPF
La loi pénale est d'interprétation stricte.

Art. 111-5 CPF
Les juridictions pénales sont compétentes pour interpréter les actes administratifs, réglementaires ou individuels et pour en apprécier la légalité lorsque, de cet examen, dépend la solution du procès pénal qui leur est soumis.

Art. 121-1 CPF
Nul n'est responsable pénalement que de son propre fait.

Art. 121-2 CPF

Les personnes morales, à l'exclusion de l'État, sont responsables pénalement, selon les distinctions des articles 121-4 à 121-7, des infractions commises, pour leur compte, par leurs organes ou représentants.

Toutefois, les collectivités territoriales et leurs groupements ne sont responsables pénalement que des infractions commises dans l'exercice d'activités susceptibles de faire l'objet de conventions de délégation de service public.

La responsabilité pénale des personnes morales n'exclut pas celle des personnes physiques auteurs ou complices des mêmes faits, sous réserve des dispositions du quatrième alinéa de l'article 121-3.

Art. 121-3 CPF

Il n'y a point de crime ou de délit sans intention de le commettre.

Toutefois, lorsque la loi le prévoit, il y a délit en cas de mise en danger délibérée de la personne d'autrui.

Il y a également délit, lorsque la loi le prévoit, en cas de faute d'imprudence, de négligence ou de manquement à une obligation de prudence ou de sécurité prévue par la loi ou le règlement, s'il est établi que l'auteur des faits n'a pas accompli les diligences normales compte tenu, le cas échéant, de la nature de ses missions ou de ses fonctions, de ses compétences ainsi que du pouvoir et des moyens dont il disposait.

Dans le cas prévu par l'alinéa qui précède, les personnes physiques qui n'ont pas causé directement le dommage, mais qui ont créé ou contribué à créer la situation qui a permis la réalisation du dommage ou qui n'ont pas pris les mesures permettant de l'éviter, sont responsables pénalement s'il est établi qu'elles ont, soit violé de façon manifestement délibérée une obligation particulière de prudence ou de sécurité prévue par la loi ou le règlement, soit commis une faute caractérisée et qui exposait autrui à un risque d'une particulière gravité qu'elles ne pouvaient ignorer.

Il n'y a point de contravention en cas de force majeure.

Art. 121-4 CPF
Est auteur de l'infraction la personne qui :

1° Commet les faits incriminés ;
2° Tente de commettre un crime ou, dans les cas prévus par la loi, un délit.

Art. 121-5 CPF
La tentative est constituée dès lors que, manifestée par un commencement d'exécution, elle n'a été suspendue ou n'a manqué son effet qu'en raison de circonstances indépendantes de la volonté de son auteur.

Art. 121-6 CPF
Sera puni comme auteur le complice de l'infraction, au sens de l'article 121-7.

Art. 121-7 CPF
Est complice d'un crime ou d'un délit la personne qui sciemment, par aide ou assistance, en a facilité la préparation ou la consommation.
Est également complice la personne qui par don, promesse, menace, ordre, abus d'autorité ou de pouvoir aura provoqué à une infraction ou donné des instructions pour la commettre.

Art. 122-1 CPF
N'est pas pénalement responsable la personne qui était atteinte, au moment des faits, d'un trouble psychique ou neuropsychique ayant aboli son discernement ou le contrôle de ses actes.
La personne qui était atteinte, au moment des faits, d'un trouble psychique ou neuropsychique ayant altéré son discernement ou entravé le contrôle de ses actes demeure punissable. Toutefois, la juridiction tient compte de cette circonstance lorsqu'elle détermine la peine et en fixe le régime. Si est encourue une peine privative de liberté, celle-ci est réduite du tiers ou, en cas de crime puni de la réclusion criminelle ou de la détention criminelle à perpétuité, est ramenée à trente ans. La juridiction peut toutefois, par une décision spécialement motivée en matière correctionnelle, décider de ne pas appliquer cette diminution de peine. Lorsque, après avis médical, la juridiction considère que la nature du trouble le justifie, elle s'assure

que la peine prononcée permette que le condamné fasse l'objet de soins adaptés à son état.

Art. 122-2 CPF

N'est pas pénalement responsable la personne qui a agi sous l'empire d'une force ou d'une contrainte à laquelle elle n'a pu résister.

Art. 122-3 CPF

N'est pas pénalement responsable la personne qui justifie avoir cru, par une erreur sur le droit qu'elle n'était pas en mesure d'éviter, pouvoir légitimement accomplir l'acte.

Art. 122-4 CPF

N'est pas pénalement responsable la personne qui accomplit un acte prescrit ou autorisé par des dispositions législatives ou réglementaires.
N'est pas pénalement responsable la personne qui accomplit un acte commandé par l'autorité légitime, sauf si cet acte est manifestement illégal.

Art. 122-5 CPF

N'est pas pénalement responsable la personne qui, devant une atteinte injustifiée envers elle-même ou autrui, accomplit, dans le même temps, un acte commandé par la nécessité de la légitime défense d'elle-même ou d'autrui, sauf s'il y a disproportion entre les moyens de défense employés et la gravité de l'atteinte.
N'est pas pénalement responsable la personne qui, pour interrompre l'exécution d'un crime ou d'un délit contre un bien, accomplit un acte de défense, autre qu'un homicide volontaire, lorsque cet acte est strictement nécessaire au but poursuivi dès lors que les moyens employés sont proportionnés à la gravité de l'infraction.

Art. 122-6 CPF

Est présumé avoir agi en état de légitime défense celui qui accomplit l'acte :

1° Pour repousser, de nuit, l'entrée par effraction, violence ou ruse dans un lieu habité ;
2° Pour se défendre contre les auteurs de vols ou de pillages exécutés avec violence.

Art. 122-7 CPF
N'est pas pénalement responsable la personne qui, face à un danger actuel ou imminent qui menace elle-même, autrui ou un bien, accomplit un acte nécessaire à la sauvegarde de la personne ou du bien, sauf s'il y a disproportion entre les moyens employés et la gravité de la menace.

Art. 122-8 CPF
Les mineurs capables de discernement sont pénalement responsables des crimes, délits ou contraventions dont ils ont été reconnus coupables, dans des conditions fixées par une loi particulière qui détermine les mesures de protection, d'assistance, de surveillance et d'éducation dont ils peuvent faire l'objet.
Cette loi détermine également les sanctions éducatives qui peuvent être prononcées à l'encontre des mineurs de dix à dix-huit ans ainsi que les peines auxquelles peuvent être condamnés les mineurs de treize à dix-huit ans, en tenant compte de l'atténuation de responsabilité dont ils bénéficient en raison de leur âge.

Art. 122-9 CPF
N'est pas pénalement responsable la personne qui porte atteinte à un secret protégé par la loi, dès lors que cette divulgation est nécessaire et proportionnée à la sauvegarde des intérêts en cause, qu'elle intervient dans le respect des procédures de signalement définies par la loi et que la personne répond aux critères de définition du lanceur d'alerte prévus à l'article 6 de la loi n° 2016-1691 du 9 décembre 2016 relative à la transparence, à la lutte contre la corruption et à la modernisation de la vie économique.

Art. 130-1 CPF
Afin d'assurer la protection de la société, de prévenir la commission de nouvelles infractions et de restaurer l'équilibre social, dans le respect des intérêts de la victime, la peine a pour fonctions :

1° De sanctionner l'auteur de l'infraction ;
2° De favoriser son amendement, son insertion ou sa réinsertion.

Art. 131-1 CPF

Les peines criminelles encourues par les personnes physiques sont :

1° La réclusion criminelle ou la détention criminelle à perpétuité ;

2° La réclusion criminelle ou la détention criminelle de trente ans au plus ;

3° La réclusion criminelle ou la détention criminelle de vingt ans au plus ;

4° La réclusion criminelle ou la détention criminelle de quinze ans au plus.

La durée de la réclusion criminelle ou de la détention criminelle à temps est de dix ans au moins.

Art. 131-3 CPF

Les peines correctionnelles encourues par les personnes physiques sont :

1° L'emprisonnement ;

2° La contrainte pénale ;

3° L'amende ;

4° Le jour-amende ;

5° Le stage de citoyenneté ;

6° Le travail d'intérêt général ;

7° Les peines privatives ou restrictives de droits prévues à ;

8° Les peines complémentaires prévues à l'article 131-10 ;

9° La sanction-réparation.

Art. 131-12 CPF

Les peines contraventionnelles encourues par les personnes physiques sont :

1° L'amende ;

2° Les peines privatives ou restrictives de droits prévues à ;

3° La peine de sanction-réparation prévue par l'article 131-15-1.

Ces peines ne sont pas exclusives d'une ou de plusieurs des peines complémentaires prévues aux articles 131-16 et 131-17.

Art. 131-13 CPF

Constituent des contraventions les infractions que la loi punit d'une amende n'excédant pas 3 000 euros.

Le montant de l'amende est le suivant :

1° 38 euros au plus pour les contraventions de la 1re classe ;
2° 150 euros au plus pour les contraventions de la 2e classe ;
3° 450 euros au plus pour les contraventions de la 3e classe ;
4° 750 euros au plus pour les contraventions de la 4e classe ;
5° 1 500 euros au plus pour les contraventions de la 5e classe, montant qui peut être porté à 3 000 euros en cas de récidive lorsque le règlement le prévoit, hors les cas où la loi prévoit que la récidive de la contravention constitue un délit.

Art. 131-37 CPF

Les peines criminelles ou correctionnelles encourues par les personnes morales sont :

1° L'amende ;
2° Dans les cas prévus par la loi, les peines énumérées à l'article 131-39 et la peine prévue à l'article 131-39-2.

En matière correctionnelle, les personnes morales encourent également la peine de sanction-réparation prévue par l'art. 131-39-1.

Art. 131-38 CPF

Le taux maximum de l'amende applicable aux personnes morales est égal au quintuple de celui prévu pour les personnes physiques par la loi qui réprime l'infraction.

Lorsqu'il s'agit d'un crime pour lequel aucune peine d'amende n'est prévue à l'encontre des personnes physiques, l'amende encourue par les personnes morales est de 1 000 000 euros.

Art. 131-39 CPF

Lorsque la loi le prévoit à l'encontre d'une personne morale, un crime ou un délit peut être sanctionné d'une ou de plusieurs des peines suivantes :

1° La dissolution, lorsque la personne morale a été créée ou, lorsqu'il s'agit d'un crime ou d'un délit puni en ce qui concerne les personnes physiques d'une peine d'emprisonnement supérieure ou égale à trois ans, détournée de son objet pour commettre les faits incriminés ;
2° L'interdiction, à titre définitif ou pour une durée de cinq ans au plus, d'exercer directement ou indirectement une ou plusieurs activités professionnelles ou sociales ;

3° Le placement, pour une durée de cinq ans au plus, sous surveillance judiciaire ;
4° La fermeture définitive ou pour une durée de cinq ans au plus des établissements ou de l'un ou de plusieurs des établissements de l'entreprise ayant servi à commettre les faits incriminés ;
5° L'exclusion des marchés publics à titre définitif ou pour une durée de cinq ans au plus ;
6° L'interdiction, à titre définitif ou pour une durée de cinq ans au plus, de procéder à une offre au public de titres financiers ou de faire admettre ses titres financiers aux négociations sur un marché réglementé ;
7° L'interdiction, pour une durée de cinq ans au plus, d'émettre des chèques autres que ceux qui permettent le retrait de fonds par le tireur auprès du tiré ou ceux qui sont certifiés ou d'utiliser des cartes de paiement ;
8° La peine de confiscation, dans les conditions et selon les modalités prévues à l'article 131-21 ;
9° L'affichage de la décision prononcée ou la diffusion de celle-ci soit par la presse écrite, soit par tout moyen de communication au public par voie électronique ;
10° La confiscation de l'animal ayant été utilisé pour commettre l'infraction ou à l'encontre duquel l'infraction a été commise ;
11° L'interdiction, à titre définitif ou pour une durée de cinq ans au plus, de détenir un animal;
12° L'interdiction, pour une durée de cinq ans au plus de percevoir toute aide publique attribuée par l'État, les collectivités territoriales, leurs établissements ou leurs groupements ainsi que toute aide financière versée par une personne privée chargée d'une mission de service public.

La peine complémentaire de confiscation est également encourue de plein droit pour les crimes et pour les délits punis d'une peine d'emprisonnement d'une durée supérieure à un an, à l'exception des délits de presse.

Les peines définies aux 1° et 3° ci-dessus ne sont pas applicables aux personnes morales de droit public dont la responsabilité pénale est susceptible d'être engagée. Elles ne sont pas non plus applicables aux partis ou groupements politiques ni aux syndicats professionnels. La peine définie au 1° n'est pas applicable aux institutions représentatives du personnel.

Art. 131-40 CPF

Les peines contraventionnelles encourues par les personnes morales sont :

1° L'amende ;

2° Les peines privatives ou restrictives de droits prévues à ;

3° La peine de sanction-réparation prévue par l'article 131-44-1.

Ces peines ne sont pas exclusives d'une ou de plusieurs des peines complémentaires prévues à l'article 131-43.

Art. 132-1 CPF

Lorsque la loi ou le règlement réprime une infraction, le régime des peines qui peuvent être prononcées obéit, sauf dispositions législatives contraires, aux règles du présent chapitre.

Toute peine prononcée par la juridiction doit être individualisée.

Dans les limites fixées par la loi, la juridiction détermine la nature, le quantum et le régime des peines prononcées en fonction des circonstances de l'infraction et de la personnalité de son auteur ainsi que de sa situation matérielle, familiale et sociale, conformément aux finalités et fonctions de la peine énoncées à l'article 130-1.

Art. 132-8 CPF

Lorsqu'une personne physique, déjà condamnée définitivement pour un crime ou pour un délit puni de dix ans d'emprisonnement par la loi, commet un crime, le maximum de la peine de la réclusion criminelle ou de la détention criminelle est la perpétuité si le maximum fixé par la loi pour ce crime est de vingt ou trente ans. Le maximum de la peine est porté à trente ans de réclusion criminelle ou de détention criminelle si le crime est puni de quinze ans.

Art. 132-9 CPF

Lorsqu'une personne physique, déjà condamnée définitivement pour un crime ou pour un délit puni de dix ans d'emprisonnement par la loi, commet, dans le délai de dix ans à compter de l'expiration ou de la prescription de la précédente peine, un délit puni de la même peine, le

maximum des peines d'emprisonnement et d'amende encourues est doublé.
Lorsqu'une personne physique, déjà condamnée définitivement pour un crime ou pour un délit puni de dix ans d'emprisonnement par la loi, commet, dans le délai de cinq ans à compter de l'expiration ou de la prescription de la précédente peine, un délit puni d'une peine d'emprisonnement d'une durée supérieure à un an et inférieure à dix ans, le maximum des peines d'emprisonnement et d'amende encourues est doublé.

Art. 132-10 CPF
Lorsqu'une personne physique, déjà condamnée définitivement pour un délit, commet, dans le délai de cinq ans à compter de l'expiration ou de la prescription de la précédente peine, soit le même délit, soit un délit qui lui est assimilé au regard des règles de la récidive, le maximum des peines d'emprisonnement et d'amende encourues est doublé.

Art. 132-11 CPF
Dans les cas où le règlement le prévoit, lorsqu'une personne physique, déjà condamnée définitivement pour une contravention de la 5e classe, commet, dans le délai d'un an à compter de l'expiration ou de la prescription de la précédente peine, la même contravention, le maximum de la peine d'amende encourue est porté à 3 000 euros.
Dans les cas où la loi prévoit que la récidive d'une contravention de la 5e classe constitue un délit, la récidive est constituée si les faits sont commis dans le délai de trois ans à compter de l'expiration ou de la prescription de la précédente peine.

Art. 132-12 CPF
Lorsqu'une personne morale, déjà condamnée définitivement pour un crime ou pour un délit puni par la loi en ce qui concerne les personnes physiques de 100 000 euros d'amende, engage sa responsabilité pénale par un crime, le taux maximum de l'amende applicable pour les personnes morales est doublé. Dans ce cas, la personne morale encourt, en outre, les peines mentionnées à l'article 131-39, sous réserve des dispositions du dernier alinéa de cet article.

Art. 132-13 CPF

Lorsqu'une personne morale, déjà condamnée définitivement pour un crime ou pour un délit puni par la loi en ce qui concerne les personnes physiques de 100 000 euros d'amende, engage sa responsabilité pénale, dans le délai de dix ans à compter de l'expiration ou de la prescription de la précédente peine, par un délit puni de la même peine, le taux maximum de l'amende applicable pour les personnes morales est doublé.

Lorsqu'une personne morale, déjà condamnée définitivement pour un crime ou pour un délit puni par la loi en ce qui concerne les personnes physiques de 100 000 euros d'amende, engage sa responsabilité pénale, dans le délai de cinq ans à compter de l'expiration ou de la prescription de la précédente peine, par un délit puni par la loi en ce qui concerne les personnes physiques d'une peine d'amende supérieure à 15 000 euros, le taux maximum de l'amende applicable pour les personnes morales est doublé.

Dans les cas prévus par les deux alinéas précédents, la personne morale encourt, en outre, les peines mentionnées à l'article 131-39, sous réserve des dispositions du dernier alinéa de cet article.

Art. 132-14 CPF

Lorsqu'une personne morale, déjà condamnée définitivement pour un délit, engage sa responsabilité pénale, dans un délai de cinq ans à compter de l'expiration ou de la prescription de la précédente peine, soit par le même délit, soit par un délit qui lui est assimilé au regard des règles de la récidive, le taux maximum de l'amende applicable aux personnes morales est doublé.

Art. 132-15 CPF

Dans les cas où le règlement le prévoit, lorsqu'une personne morale, déjà condamnée définitivement pour une contravention de la 5e classe, engage sa responsabilité pénale, dans le délai d'un an à compter de l'expiration ou de la prescription de la précédente peine, par la même contravention, le taux maximum de l'amende applicable est égal à dix fois celui qui est prévu par le règlement qui réprime cette contravention en ce qui concerne les personnes physiques.

Art. 132-16 CPF
Le vol, l'extorsion, le chantage, l'escroquerie et l'abus de confiance sont considérés, au regard de la récidive, comme une même infraction.

Art. 132-16-1 CPF
Les délits d'agressions sexuelles et d'atteintes sexuelles sont considérés, au regard de la récidive, comme une même infraction.

Art. 132-16-2 CPF
Les délits d'homicide involontaire ou d'atteinte involontaire à l'intégrité de la personne commis à l'occasion de la conduite d'un véhicule terrestre à moteur prévus par les articles 221-6-1, 222-19-1 et 222-20-1 sont considérés, au regard de la récidive, comme une même infraction.
Les délits prévus par les articles L. 221-2, L. 234-1, L. 235-1 et L. 413-1 du code de la route sont considérés, au regard de la récidive, comme une même infraction. Ils sont également assimilés aux délits mentionnés à l'alinéa précédent lorsqu'ils constituent le second terme de la récidive.

Art. 132-16-3 CPF
Les délits de traite des êtres humains et de proxénétisme prévus par les articles 225-4-1, 225-4-2, 225-4-8, 225-5 à 225-7 et 225-10 sont considérés, au regard de la récidive, comme une même infraction.

Art. 132-16-4 CPF
Les délits de violences volontaires aux personnes ainsi que tout délit commis avec la circonstance aggravante de violences sont considérés, au regard de la récidive, comme une même infraction.

Art. 132-16-4-1 CPF
Les délits relatifs au trafic d'armes prévus aux articles 222-52 à 222-67 sont considérés, au regard de la récidive, comme une même infraction.

Art. 132-16-5 CPF
L'état de récidive légale peut être relevé d'office par la juridiction de jugement même lorsqu'il n'est pas mentionné dans l'acte de

poursuites, dès lors qu'au cours de l'audience la personne poursuivie en a été informée et qu'elle a été mise en mesure d'être assistée d'un avocat et de faire valoir ses observations.

Art. 132-23-1 CPF

Pour l'application du présent code et du code de procédure pénale, les condamnations prononcées par les juridictions pénales d'un État membre de l'Union européenne sont prises en compte dans les mêmes conditions que les condamnations prononcées par les juridictions pénales françaises et produisent les mêmes effets juridiques que ces condamnations.

Art. 132-23-2 CPF

Pour l'appréciation des effets juridiques des condamnations prononcées par les juridictions pénales d'un État membre de l'Union européenne, la qualification des faits est déterminée par rapport aux incriminations définies par la loi française et sont prises en compte les peines équivalentes aux peines prévues par la loi française.

Art. 132-29 CPF

La juridiction qui prononce une peine peut, dans les cas et selon les conditions prévus ci-après, ordonner qu'il sera sursis à son exécution.
Le président de la juridiction, après le prononcé de la peine assortie du sursis simple, avertit le condamné, lorsqu'il est présent, qu'en cas de condamnation pour une nouvelle infraction qui serait commise dans les délais prévus aux articles 132-35 et 132-37, le sursis pourra être révoqué par la juridiction.

Art. 132-40 CPF

La juridiction qui prononce un emprisonnement peut, dans les conditions prévues ci-après, ordonner qu'il sera sursis à son exécution, la personne physique condamnée étant placée sous le régime de la mise à l'épreuve.
Après le prononcé de l'emprisonnement assorti du sursis avec mise à l'épreuve, le président de la juridiction notifie au condamné, lorsqu'il est présent, les obligations à respecter durant le sursis avec mise à l'épreuve et l'avertit des conséquences qu'entraînerait une condamnation pour une nouvelle infraction commise au cours du délai

d'épreuve ou un manquement aux mesures de contrôle et aux obligations particulières qui lui sont imposées. Il l'informe de la possibilité qu'il aura de voir déclarer sa condamnation non avenue s'il observe une conduite satisfaisante.
Lorsque la juridiction prononce, à titre de peine complémentaire, la peine d'interdiction du territoire français pour une durée de dix ans au plus, il est sursis à son exécution durant le temps de la mise à l'épreuve prévue au premier alinéa.

Art. 132-54 CPF
La juridiction peut, dans les conditions et selon les modalités prévues aux articles 132-40 et 132-41, prévoir que le condamné accomplira, pour une durée de vingt à deux cent quatre-vingts heures, un travail d'intérêt général non rémunéré au profit soit d'une personne morale de droit public, soit d'une personne morale de droit privé chargée d'une mission de service public ou d'une association habilitées à mettre en œuvre des travaux d'intérêt général.
La juridiction peut en outre soumettre le condamné à tout ou partie des obligations prévues à l'article 132-45 pour une durée qui ne peut excéder dix-huit mois. L'exécution du travail d'intérêt général avant la fin de ce délai ne met pas fin à ces obligations.
Le sursis assorti de l'obligation d'accomplir un travail d'intérêt général ne peut être ordonné lorsque le prévenu le refuse ou n'est pas présent à l'audience. Toutefois, ce sursis peut être ordonné lorsque le prévenu, absent à l'audience, a fait connaître par écrit son accord et qu'il est représenté par son avocat.
Les modalités d'application de l'obligation d'accomplir un travail d'intérêt général sont régies par les dispositions des articles 131-22 à 131-24. Dès l'accomplissement de la totalité du travail d'intérêt général, la condamnation est considérée comme non avenue sauf s'il a été fait application des dispositions prévues au dernier alinéa de l'article 132-55.

Art. 132-58 CPF
En matière correctionnelle ou, sauf dans les cas prévus aux articles 132-63 à 132-65, en matière contraventionnelle, la juridiction peut, après avoir déclaré le prévenu coupable et statué, s'il y a lieu, sur la confiscation des objets dangereux ou nuisibles, soit dispenser le

prévenu de toute autre peine, soit ajourner le prononcé de celle-ci dans les cas et conditions prévus aux articles ci-après.
En même temps qu'elle se prononce sur la culpabilité du prévenu, la juridiction statue, s'il y a lieu, sur l'action civile.

Art. 132-59 CPF
La dispense de peine peut être accordée lorsqu'il apparaît que le reclassement du coupable est acquis, que le dommage causé est réparé et que le trouble résultant de l'infraction a cessé.
La juridiction qui prononce une dispense de peine peut décider que sa décision ne sera pas mentionnée au casier judiciaire.
La dispense de peine ne s'étend pas au paiement des frais du procès.

Art. 132-60 CPF
La juridiction peut ajourner le prononcé de la peine lorsqu'il apparaît que le reclassement du coupable est en voie d'être acquis, que le dommage causé est en voie d'être réparé et que le trouble résultant de l'infraction va cesser.
Dans ce cas, elle fixe dans sa décision la date à laquelle il sera statué sur la peine.
L'ajournement ne peut être ordonné que si la personne physique prévenue ou le représentant de la personne morale prévenue est présent à l'audience.

Art. 132-61 CPF
À l'audience de renvoi, la juridiction peut soit dispenser le prévenu de peine, soit prononcer la peine prévue par la loi, soit ajourner une nouvelle fois le prononcé de la peine dans les conditions et selon les modalités prévues à l'article 132-60.

Art. 132-72 CPF
La préméditation est le dessein formé avant l'action de commettre un crime ou un délit déterminé.

Art. 132-78 CPF
La personne qui a tenté de commettre un crime ou un délit est, dans les cas prévus par la loi, exempte de peine si, ayant averti l'autorité administrative ou judiciaire, elle a permis d'éviter la réalisation de

l'infraction et, le cas échéant, d'identifier les autres auteurs ou complices.
Dans les cas prévus par la loi, la durée de la peine privative de liberté encourue par une personne ayant commis un crime ou un délit est réduite si, ayant averti l'autorité administrative ou judiciaire, elle a permis de faire cesser l'infraction, d'éviter que l'infraction ne produise un dommage ou d'identifier les autres auteurs ou complices.
Les dispositions de l'alinéa précédent sont également applicables lorsque la personne a permis soit d'éviter la réalisation d'une infraction connexe de même nature que le crime ou le délit pour lequel elle était poursuivie, soit de faire cesser une telle infraction, d'éviter qu'elle ne produise un dommage ou d'en identifier les auteurs ou complices.
Aucune condamnation ne peut être prononcée sur le seul fondement de déclarations émanant de personnes ayant fait l'objet des dispositions du présent article.

Art. 7 CPPF
L'action publique des crimes se prescrit par vingt années révolues à compter du jour où l'infraction a été commise.
L'action publique des crimes mentionnés aux articles 706-16, 706-26 et 706-167 du présent code, aux articles 214-1 à 214-4 et 221-12 du code pénal et au livre IV bis du même code se prescrit par trente années révolues à compter du jour où l'infraction a été commise.
L'action publique des crimes mentionnés aux articles 211-1 à 212-3 dudit code est imprescriptible.

Art. 8 CPPF
L'action publique des délits se prescrit par six années révolues à compter du jour où l'infraction a été commise.
L'action publique des délits mentionnés à l'article 706-47 du présent code, lorsqu'ils sont commis sur des mineurs, à l'exception de ceux mentionnés aux articles 222-29-1 et 227-26 du code pénal, se prescrit par dix années révolues à compter de la majorité de ces derniers.
L'action publique des délits mentionnés aux articles 222-12, 222-29-1 et 227-26 du même code, lorsqu'ils sont commis sur des mineurs, se prescrit par vingt années révolues à compter de la majorité de ces derniers.

L'action publique des délits mentionnés à l'article 706-167 du présent code, lorsqu'ils sont punis de dix ans d'emprisonnement, ainsi que celle des délits mentionnés aux articles 706-16 du présent code, à l'exclusion de ceux définis aux articles 421-2-5 à 421-2-5-2 du code pénal, et 706-26 du présent code et au livre IV bis du code pénal se prescrivent par vingt années révolues à compter du jour où l'infraction a été commise.

Art. 9 CPPF

L'action publique des contraventions se prescrit par une année révolue à compter du jour où l'infraction a été commise.

Art. 9-1 CPPF

Le délai de prescription de l'action publique des crimes et délits mentionnés à l'article 706-47 du présent code et aux articles 222-10 et 222-12 du code pénal, lorsqu'ils sont commis sur un mineur, court à compter de la majorité de ce dernier.

Le délai de prescription de l'action publique du crime prévu à l'article 214-2 du même code, lorsqu'il a conduit à la naissance d'un enfant, court à compter de la majorité de ce dernier.

Par dérogation au premier alinéa des articles 7 et 8 du présent code, le délai de prescription de l'action publique de l'infraction occulte ou dissimulée court à compter du jour où l'infraction est apparue et a pu être constatée dans des conditions permettant la mise en mouvement ou l'exercice de l'action publique, sans toutefois que le délai de prescription puisse excéder douze années révolues pour les délits et trente années révolues pour les crimes à compter du jour où l'infraction a été commise.

Est occulte l'infraction qui, en raison de ses éléments constitutifs, ne peut être connue ni de la victime ni de l'autorité judiciaire.

Est dissimulée l'infraction dont l'auteur accomplit délibérément toute manœuvre caractérisée tendant à en empêcher la découverte.

Art. 9-2 CPPF

Le délai de prescription de l'action publique est interrompu par :

1° Tout acte, émanant du ministère public ou de la partie civile, tendant à la mise en mouvement de l'action publique, prévu aux articles 80, 82, 87, 88, 388, 531 et 532 du présent code et à l'article 65 de la loi du 29 juillet 1881 sur la liberté de la presse ;

2° Tout acte d'enquête émanant du ministère public, tout procès-verbal dressé par un officier de police judiciaire ou un agent habilité exerçant des pouvoirs de police judiciaire tendant effectivement à la recherche et à la poursuite des auteurs d'une infraction ;

3° Tout acte d'instruction prévu aux articles 79 à 230 du présent code, accompli par un juge d'instruction, une chambre de l'instruction ou des magistrats et officiers de police judiciaire par eux délégués, tendant effectivement à la recherche et à la poursuite des auteurs d'une infraction ;

4° Tout jugement ou arrêt, même non définitif, s'il n'est pas entaché de nullité.

Tout acte, jugement ou arrêt mentionné aux 1° à 4° fait courir un délai de prescription d'une durée égale au délai initial.

Le présent article est applicable aux infractions connexes ainsi qu'aux auteurs ou complices non visés par l'un de ces mêmes acte, jugement ou arrêt.

Art. 9-3 CPPF

Tout obstacle de droit, prévu par la loi, ou tout obstacle de fait insurmontable et assimilable à la force majeure, qui rend impossible la mise en mouvement ou l'exercice de l'action publique, suspend la prescription.

En Suisse

Art. 1 CPS – Pas de sanction sans loi
Une peine ou une mesure ne peuvent être prononcées qu'en raison d'un acte expressément réprimé par la loi.

Art. 2 CPS – Conditions de temps
1. Est jugé d'après le présent code quiconque commet un crime ou un délit après l'entrée en vigueur de ce code.
2. Le présent code est aussi applicable aux crimes et aux délits commis avant la date de son entrée en vigueur si l'auteur n'est mis en jugement qu'après cette date et si le présent code lui est plus favorable que la loi en vigueur au moment de l'infraction.

Art. 3 CPS – Crimes ou délits commis en Suisse
1. Le présent code est applicable à quiconque commet un crime ou un délit en Suisse.
2. Si, en raison d'un tel acte, l'auteur a été condamné à l'étranger et qu'il y a subi la totalité ou une partie de la peine prononcée contre lui, le juge impute la peine subie sur la peine à prononcer.
3. Sous réserve d'une violation grave des principes fondamentaux du droit constitutionnel et de la Convention européenne des droits de l'homme du 4 novembre 1950 (CEDH), l'auteur poursuivi à l'étranger à la requête de l'autorité suisse ne peut plus être poursuivi en Suisse pour le même acte :
   a. s'il a été acquitté à l'étranger par un jugement définitif ;
   b. s'il a subi la sanction prononcée contre lui à l'étranger, que celle-ci lui a été remise ou qu'elle est prescrite.
4. Si l'auteur poursuivi à l'étranger à la requête de l'autorité suisse n'a pas subi la peine prononcée contre lui, il l'exécute en Suisse ; s'il n'en a subi qu'une partie à l'étranger, il exécute le reste en Suisse. Le juge décide s'il doit exécuter ou poursuivre en Suisse la mesure qui n'a pas été subie à l'étranger ou qui ne l'a été que partiellement.

Art. 4 CPS – Crimes ou délits commis à l'étranger contre l'État

1. Le présent code est applicable à quiconque commet à l'étranger un crime ou un délit contre l'État et la défense nationale (art. 265 à 278).
2. Si, en raison de cet acte, l'auteur a été condamné à l'étranger et qu'il y a subi la totalité ou une partie de la peine prononcée contre lui, le juge impute la peine subie sur la peine à prononcer.

Art. 5 CPS – Infractions commises à l'étranger sur des mineurs

1. Le présent code est applicable à quiconque se trouve en Suisse et n'est pas extradé, et a commis à l'étranger l'un des actes suivants :
   a. traite d'être humains (art. 182), contrainte sexuelle (art. 189), viol (art. 190), acte d'ordre sexuel commis sur une personne incapable de discernement ou de résistance (art. 191) ou encouragement à la prostitution (art. 195), si la victime avait moins de 18 ans ;
   a.bis. actes d'ordre sexuel avec des personnes dépendantes (art. 188) et actes d'ordre sexuel avec des mineurs contre rémunération (art. 196) ;
   b. acte d'ordre sexuel avec un enfant (art. 187), si la victime avait moins de 14 ans ;
   c. pornographie qualifiée (art. 197, al. 3 et 4), si les objets ou les représentations avaient comme contenu des actes d'ordre sexuel avec des mineurs.
2. Sous réserve d'une violation grave des principes fondamentaux du droit constitutionnel et de la CEDH, l'auteur ne peut plus être poursuivi en Suisse pour le même acte :
   a. s'il a été acquitté à l'étranger par un jugement définitif ;
   b. s'il a subi la sanction prononcée contre lui à l'étranger, que celle-ci lui a été remise ou qu'elle est prescrite.
3. Si, en raison de cet acte, l'auteur a été condamné à l'étranger et qu'il n'y a subi qu'une partie de la peine prononcée contre lui, le juge impute cette partie sur la peine à prononcer. Il décide si la mesure ordonnée et partiellement exécutée à l'étranger doit être poursuivie ou imputée sur la peine prononcée en Suisse.

Art. 6 CPS – Crimes ou délits commis à l'étranger, poursuivis en vertu d'un accord international

1. Le présent code est applicable à quiconque commet à l'étranger un crime ou un délit que la Suisse s'est engagée à poursuivre en vertu d'un accord international :
   a. si l'acte est aussi réprimé dans l'État où il a été commis ou que le lieu de commission de l'acte ne relève d'aucune juridiction pénale et
   b. si l'auteur se trouve en Suisse et qu'il n'est pas extradé.
2. Le juge fixe les sanctions de sorte que l'auteur ne soit pas traité plus sévèrement qu'il ne l'aurait été en vertu du droit applicable au lieu de commission de l'acte.
3. Sous réserve d'une violation grave des principes fondamentaux du droit constitutionnel et de la CEDH, l'auteur ne peut plus être poursuivi en Suisse pour le même acte :
   a. s'il a été acquitté à l'étranger par un jugement définitif ;
   b. s'il a subi la sanction prononcée contre lui à l'étranger, que celle-ci lui a été remise ou qu'elle est prescrite.
4. Si, en raison de cet acte, l'auteur a été condamné à l'étranger et qu'il n'y a subi qu'une partie de la peine prononcée contre lui, le juge impute cette partie sur la peine à prononcer. Il décide si la mesure ordonnée et partiellement exécutée à l'étranger doit être poursuivie ou imputée sur la peine prononcée en Suisse.

Art. 7 CPS – Autres crimes ou délits commis à l'étranger

1. Le présent code est applicable à quiconque commet un crime ou un délit à l'étranger, sans que soient réalisées les conditions prévues aux art. 4, 5 ou 6 :
   a. si l'acte est aussi réprimé dans l'État où il a été commis ou que le lieu de commission de l'acte ne relève d'aucune juridiction pénale ;
   b. si l'auteur se trouve en Suisse ou qu'il est remis à la Suisse en raison de cet acte et
   c. si, selon le droit suisse, l'acte peut donner lieu à l'extradition, mais que l'auteur n'est pas extradé.
2. Lorsque l'auteur n'est pas de nationalité suisse et que le crime ou le délit n'a pas été commis contre un ressortissant suisse, l'al. 1 est applicable uniquement si :

a. la demande d'extradition a été rejetée pour un motif autre que la nature de l'acte ou
b. l'auteur a commis un crime particulièrement grave proscrit par la communauté internationale.

3. Le juge fixe les sanctions de sorte que l'auteur ne soit pas traité plus sévèrement qu'il ne l'aurait été en vertu du droit applicable au lieu de commission de l'acte.

4. Sous réserve d'une violation grave des principes fondamentaux du droit constitutionnel et de la CEDH, l'auteur ne peut plus être poursuivi en Suisse pour le même acte :

a. s'il a été acquitté à l'étranger par un jugement définitif ;
b. s'il a subi la sanction prononcée contre lui à l'étranger, que celle-ci lui a été remise ou qu'elle est prescrite.

5. Si, en raison de cet acte, l'auteur a été condamné à l'étranger et qu'il n'y a subi qu'une partie de la peine prononcée contre lui, le juge impute cette partie sur la peine à prononcer. Il décide si la mesure ordonnée et partiellement exécutée à l'étranger doit être poursuivie ou imputée sur la peine prononcée en Suisse.

Art. 8 CPS – Lieu de commission de l'acte

1. Un crime ou un délit est réputé commis tant au lieu où l'auteur a agi ou aurait dû agir qu'au lieu où le résultat s'est produit.

2. Une tentative est réputée commise tant au lieu où son auteur l'a faite qu'au lieu où, dans l'idée de l'auteur, le résultat devait se produire.

Art. 9 CPS – Conditions personnelles

1. Le présent code n'est pas applicable aux personnes dans la mesure où leurs actes doivent être jugés d'après le droit pénal militaire.

2. Le droit pénal des mineurs du 20 juin 2003 (DPMin) s'applique aux personnes qui n'ont pas 18 ans le jour de l'acte. Lorsque l'auteur doit être jugé simultanément pour des infractions qu'il a commises avant et après l'âge de 18 ans, l'art. 3, al. 2, DPMin est applicable.

Art. 10 CPS – Crimes et délits – Définitions

1. Le présent code distingue les crimes des délits en fonction de la gravité de la peine dont l'infraction est passible.

2. Sont des crimes les infractions passibles d'une peine privative de liberté de plus de trois ans.
3. Sont des délits les infractions passibles d'une peine privative de liberté n'excédant pas trois ans ou d'une peine pécuniaire.

Art. 11 CPS – Commission par omission
1. Un crime ou un délit peut aussi être commis par le fait d'un comportement passif contraire à une obligation d'agir.
2. Reste passif en violation d'une obligation d'agir celui qui n'empêche pas la mise en danger ou la lésion d'un bien juridique protégé par la loi pénale bien qu'il y soit tenu à raison de sa situation juridique, notamment en vertu :

   a. de la loi ;
   b. d'un contrat ;
   c. d'une communauté de risques librement consentie ;
   d. de la création d'un risque.

3. Celui qui reste passif en violation d'une obligation d'agir n'est punissable à raison de l'infraction considérée que si, compte tenu des circonstances, il encourt le même reproche que s'il avait commis cette infraction par un comportement actif.
4. Le juge peut atténuer la peine.

Art. 12 CPS – Intention et négligence – Définitions
1. Sauf disposition expresse et contraire de la loi, est seul punissable l'auteur d'un crime ou d'un délit qui agit intentionnellement.
2. Agit intentionnellement quiconque commet un crime ou un délit avec conscience et volonté. L'auteur agit déjà intentionnellement lorsqu'il tient pour possible la réalisation de l'infraction et l'accepte au cas où celle-ci se produirait.
3. Agit par négligence quiconque, par une imprévoyance coupable, commet un crime ou un délit sans se rendre compte des conséquences de son acte ou sans en tenir compte. L'imprévoyance est coupable quand l'auteur n'a pas usé des précautions commandées par les circonstances et par sa situation personnelle.

Art. 13 CPS – Erreur sur les faits
1. Quiconque agit sous l'influence d'une appréciation erronée des faits est jugé d'après cette appréciation si elle lui est favorable.

2. Quiconque pouvait éviter l'erreur en usant des précautions voulues est punissable pour négligence si la loi réprime son acte comme infraction de négligence.

Art. 14 CPS – Actes autorisés par la loi
Quiconque agit comme la loi l'ordonne ou l'autorise se comporte de manière licite, même si l'acte est punissable en vertu du présent code ou d'une autre loi.

Art. 15 CPS – Légitime défense
Quiconque, de manière contraire au droit, est attaqué ou menacé d'une attaque imminente a le droit de repousser l'attaque par des moyens proportionnés aux circonstances ; le même droit appartient aux tiers.

Art. 16 CPS – Défense excusable
1. Si l'auteur, en repoussant une attaque, a excédé les limites de la légitime défense au sens de l'art. 15, le juge atténue la peine.
2. Si cet excès provient d'un état excusable d'excitation ou de saisissement causé par l'attaque, l'auteur n'agit pas de manière coupable.

Art. 17 CPS – État de nécessité licite
Quiconque commet un acte punissable pour préserver d'un danger imminent et impossible à détourner autrement un bien juridique lui appartenant ou appartenant à un tiers agit de manière licite s'il sauvegarde ainsi des intérêts prépondérants.

Art. 18 CPS – État de nécessité excusable
1. Si l'auteur commet un acte punissable pour se préserver ou préserver autrui d'un danger imminent et impossible à détourner autrement menaçant la vie, l'intégrité corporelle, la liberté, l'honneur, le patrimoine ou d'autres biens essentiels, le juge atténue la peine si le sacrifice du bien menacé pouvait être raisonnablement exigé de lui.
2. L'auteur n'agit pas de manière coupable si le sacrifice du bien menacé ne pouvait être raisonnablement exigé de lui.

Art. 19 CPS – Irresponsabilité et responsabilité restreinte
1. L'auteur n'est pas punissable si, au moment d'agir, il ne possédait pas la faculté d'apprécier le caractère illicite de son acte ou de se déterminer d'après cette appréciation.
2. Le juge atténue la peine si, au moment d'agir, l'auteur ne possédait que partiellement la faculté d'apprécier le caractère illicite de son acte ou de se déterminer d'après cette appréciation.
3. Les mesures prévues aux art. 59 à 61, 63, 64, 67, 67b et 67e peuvent cependant être ordonnées.
4. Si l'auteur pouvait éviter l'irresponsabilité ou la responsabilité restreinte et prévoir l'acte commis en cet état, les al. 1 à 3 ne sont pas applicables.

Art. 20 CPS – Doute sur la responsabilité de l'auteur
L'autorité d'instruction ou le juge ordonne une expertise s'il existe une raison sérieuse de douter de la responsabilité de l'auteur.

Art. 21 CPS – Erreur sur l'illicéité
Quiconque ne sait ni ne peut savoir au moment d'agir que son comportement est illicite n'agit pas de manière coupable. Le juge atténue la peine si l'erreur était évitable.

Art. 22 CPS – Punissabilité de la tentative
1. Le juge peut atténuer la peine si l'exécution d'un crime ou d'un délit n'est pas poursuivie jusqu'à son terme ou que le résultat nécessaire à la consommation de l'infraction ne se produit pas ou ne pouvait pas se produire.
2. L'auteur n'est pas punissable si, par grave défaut d'intelligence, il ne s'est pas rendu compte que la consommation de l'infraction était absolument impossible en raison de la nature de l'objet visé ou du moyen utilisé.

Art. 23 CPS – Désistement et repentir actif
1. Si, de sa propre initiative, l'auteur a renoncé à poursuivre l'activité punissable jusqu'à son terme ou qu'il a contribué à empêcher la consommation de l'infraction, le juge peut atténuer la peine ou exempter l'auteur de toute peine.

2. Si plusieurs auteurs ou participants prennent part à l'acte, le juge peut atténuer la peine ou exempter de toute peine celui qui, de sa propre initiative, a contribué à empêcher la consommation de l'infraction.
3. Le juge peut également atténuer la peine ou exempter de toute peine l'auteur ou le participant dont le désistement aurait empêché la consommation de l'infraction si d'autres causes ne l'avaient évitée.
4. Le juge peut atténuer la peine ou exempter de toute peine l'auteur ou le participant si celui-ci s'est, de sa propre initiative, sérieusement efforcé d'empêcher la consommation de l'infraction et que celle-ci a été commise indépendamment de sa contribution.

Art. 24 CPS – Instigation
1. Quiconque a intentionnellement décidé autrui à commettre un crime ou un délit encourt, si l'infraction a été commise, la peine applicable à l'auteur de cette infraction.
2. Quiconque a tenté de décider autrui à commettre un crime encourt la peine prévue pour la tentative de cette infraction.

Art. 25 CPS – Complicité
La peine est atténuée à l'égard de quiconque a intentionnellement prêté assistance à l'auteur pour commettre un crime ou un délit.

Art. 26 CPS – Participation à un délit propre
Si la punissabilité est fondée ou aggravée en raison d'un devoir particulier de l'auteur, la peine est atténuée à l'égard du participant qui n'était pas tenu à ce devoir.

Art. 27 CPS – Circonstances personnelles
Les relations, qualités et circonstances personnelles particulières qui aggravent, diminuent ou excluent la punissabilité n'ont cet effet qu'à l'égard de l'auteur ou du participant qu'elles concernent.

Art. 28 CPS – Punissabilité des médias
1. Lorsqu'une infraction a été commise et consommée sous forme de publication par un média, l'auteur est seul punissable, sous réserve des dispositions suivantes.

2. Si l'auteur ne peut être découvert ou qu'il ne peut être traduit en Suisse devant un tribunal, le rédacteur responsable est punissable en vertu de l'art. 322bis. À défaut de rédacteur, la personne responsable de la publication en cause est punissable en vertu de ce même article.
3. Si la publication a eu lieu à l'insu de l'auteur ou contre sa volonté, le rédacteur ou, à défaut, la personne responsable de la publication, est punissable comme auteur de l'infraction.
4. L'auteur d'un compte rendu véridique de débats publics ou de déclarations officielles d'une autorité n'encourt aucune peine.

Art. 28*a* CPS – Protection des sources

1. Les personnes qui, à titre professionnel, participent à la publication d'informations dans la partie rédactionnelle d'un média à caractère périodique et leurs auxiliaires n'encourent aucune peine et ne font l'objet d'aucune mesure de coercition fondée sur le droit de procédure s'ils refusent de témoigner sur l'identité de l'auteur ou sur le contenu et les sources de leurs informations.
2. L'al. 1 n'est pas applicable si le juge constate que :
   a. le témoignage est nécessaire pour prévenir une atteinte imminente à la vie ou à l'intégrité corporelle d'une personne ;
   b. à défaut du témoignage, un homicide au sens des art. 111 à 113 ou un autre crime réprimé par une peine privative de liberté de trois ans au moins ou encore un délit au sens des art. 187, 189 à 191, 197, al. 4, 260ter, 260quinquies, 305bis, 305ter et 322ter à 322septies du présent code, et de l'art. 19, al. 2, de la loi fédérale du 3 octobre 1951 sur les stupéfiants ne peuvent être élucidés ou que la personne inculpée d'un tel acte ne peut être arrêtée.

Art. 29 CPS – Punissabilité des actes commis dans un rapport de représentation

Un devoir particulier dont la violation fonde ou aggrave la punissabilité et qui incombe uniquement à la personne morale, à la société ou à l'entreprise en raison individuelle est imputé à une personne physique lorsque celle-ci agit :
   a. en qualité d'organe d'une personne morale ou de membre d'un tel organe ;
   b. en qualité d'associé ;

c. en qualité de collaborateur d'une personne morale, d'une société ou d'une entreprise en raison individuelle disposant d'un pouvoir de décision indépendant dans le secteur d'activité dont il est chargé ;
d. en qualité de dirigeant effectif qui n'est ni un organe ou un membre d'un organe, ni un associé ou un collaborateur.

Art. 30 CPS – Droit de plainte

1. Si une infraction n'est punie que sur plainte, toute personne lésée peut porter plainte contre l'auteur.
2. Si le lésé n'a pas l'exercice des droits civils, le droit de porter plainte appartient à son représentant légal. Si l'ayant droit est sous tutelle ou sous curatelle de portée générale, le droit de porter plainte appartient
également à l'autorité de protection de l'adulte.
3. Le lésé mineur ou placé sous curatelle de portée générale a le droit de porter plainte s'il est capable de discernement.
4. Si le lésé meurt sans avoir porté plainte ni avoir expressément renoncé à porter plainte, son droit passe à chacun de ses proches.
5. Si l'ayant droit a expressément renoncé à porter plainte, sa renonciation est définitive.

Art. 31 CPS – Délai

Le droit de porter plainte se prescrit par trois mois. Le délai court du jour où l'ayant droit a connu l'auteur de l'infraction.

Art. 32 CPS – Indivisibilité

Si un ayant droit a porté plainte contre un des participants à l'infraction, tous les participants doivent être poursuivis.

Art. 33 CPS – Retrait

1. L'ayant droit peut retirer sa plainte tant que le jugement de deuxième instance cantonale n'a pas été prononcé.
2. Quiconque a retiré sa plainte ne peut la renouveler.
3. Le retrait de la plainte à l'égard d'un des prévenus profite à tous les autres.
4. Le retrait ne s'applique pas au prévenu qui s'y oppose.

Art. 97 CPS – Prescription de l'action pénale – Délais

1. L'action pénale se prescrit :
   a. par 30 ans si la peine maximale encourue est une peine privative de liberté à vie ;
   b. par quinze ans si la peine maximale encourue est une peine privative de liberté de plus de trois ans ;
   c. par dix ans si la peine maximale encourue est une peine privative de liberté de trois ans ;
   d. par sept ans si la peine maximale encourue est une autre peine.
2. En cas d'actes d'ordre sexuel avec des enfants (art. 187) et des personnes dépendantes (art. 188), et en cas d'infractions au sens des art. 111, 113, 122, 124, 182, 189 à 191, 195 et 197, al. 3, dirigées contre un enfant de moins de 16 ans, la prescription de l'action pénale court en tout cas jusqu'au jour où la victime a 25 ans.
3. La prescription ne court plus si, avant son échéance, un jugement de première instance a été rendu.
4. La prescription de l'action pénale en cas d'actes d'ordre sexuel avec des enfants (art. 187) et des mineurs dépendants (art. 188), et en cas d'infractions au sens des art. 111 à 113, 122, 182, 189 à 191 et 195 dirigées contre un enfant de moins de 16 ans commis avant l'entrée en vigueur de la modification du 5 octobre 2001 est fixée selon les al. 1 à 3 si elle n'est pas encore échue à cette date.

Art. 98 CPS – Point de départ

La prescription court :

a. dès le jour où l'auteur a exercé son activité coupable ;
b. dès le jour du dernier acte si cette activité s'est exercée à plusieurs reprises ;
c. dès le jour où les agissements coupables ont cessé s'ils ont eu une certaine durée.

Art. 99 CPS – Prescription de la peine – Délais

1. Les peines se prescrivent :
   a. par 30 ans si une peine privative de liberté à vie a été prononcée ;
   b. par 25 ans si une peine privative de liberté de dix ans au moins a été prononcée ;

c. par 20 ans si une peine privative de liberté de cinq ans au moins, mais de moins de dix ans a été prononcée ;
d. par quinze ans si une peine privative de liberté de plus d'un an, mais de moins de cinq ans a été prononcée ;
e. par cinq ans si une autre peine a été prononcée.

2. Le délai de prescription d'une peine privative de liberté est prolongé :
a. de la durée de l'exécution ininterrompue de cette peine, d'une autre peine privative de liberté ou d'une mesure exécutées immédiatement avant ;
b. de la durée de la mise à l'épreuve en cas de libération conditionnelle.

Art. 100 CPS – Point de départ

La prescription court dès le jour où le jugement devient exécutoire. En cas de condamnation avec sursis ou d'exécution antérieure d'une mesure, elle court dès le jour où l'exécution de la peine est ordonnée.

Art. 101 CPS – Imprescriptibilité

1. Sont imprescriptibles :
a. le génocide (art. 264) ;
b. les crimes contre l'humanité (art. 264a, al. 1 et 2) ;
c. les crimes de guerre (art. 264c, al. 1 à 3, 264d, al. 1 et 2, 264e, al. 1 et 2, 264f, 264g, al. 1 et 2, et 264h) ;
d. les crimes commis en vue d'exercer une contrainte ou une extorsion et qui mettent en danger ou menacent de mettre en danger la vie et l'intégrité corporelle d'un grand nombre de personnes, notamment par l'utilisation de moyens d'extermination massifs, par le déclenchement d'une catastrophe ou par une prise d'otage ;
e. les actes d'ordre sexuel avec des enfants (art. 187, ch. 1), la contrainte sexuelle (art. 189), le viol (art. 190), les actes d'ordre sexuel commis sur une personne incapable de discernement ou de résistance (art. 191), les actes d'ordre sexuel avec des personnes hospitalisées, détenues ou prévenues (art. 192, al. 1) et l'abus de la détresse (art. 193, al. 1), lorsqu'ils ont été commis sur des enfants de moins de 12 ans.

2. Le juge peut atténuer la peine dans le cas où l'action pénale est prescrite en vertu des art. 97 et 98.
3. Les al. 1, let. a, c et d, et 2 sont applicables si l'action pénale ou la peine n'était pas prescrite le 1er janvier 1983 en vertu du droit applicable à cette date. L'al. 1, let. b, est applicable si l'action pénale ou la peine n'était pas prescrite à l'entrée en vigueur de la modification du 18 juin 2010 du présent code, en vertu du droit applicable à cette date. L'al. 1, let. e, est applicable si l'action pénale ou la peine n'était pas prescrite le 30 novembre 2008 en vertu du droit applicable à cette date.

Art. 102 CPS – Punissabilité de l'entreprise
1. Un crime ou un délit qui est commis au sein d'une entreprise dans l'exercice d'activités commerciales conformes à ses buts est imputé à l'entreprise s'il ne peut être imputé à aucune personne physique déterminée en raison du manque d'organisation de l'entreprise. Dans ce cas, l'entreprise est punie d'une amende de cinq millions de francs au plus.
2. En cas d'infraction prévue aux art. 260ter, $260^{quinquies}$, 305bis, 322ter, $322^{quinquies}$, $322^{septies}$, al. 1, ou 322^{octies}, l'entreprise est punie indépendamment de la punissabilité des personnes physiques s'il doit lui être reproché de ne pas avoir pris toutes les mesures d'organisation raisonnables et nécessaires pour empêcher une telle infraction.
3. Le juge fixe l'amende en particulier d'après la gravité de l'infraction, du manque d'organisation et du dommage causé, et d'après la capacité économique de l'entreprise.
4. Sont des entreprises au sens du présent titre :
   a. les personnes morales de droit privé ;
   b. les personnes morales de droit public, à l'exception des corporations territoriales ;
   c. les sociétés ;
   d. les entreprises en raison individuelle.

Art. 103 CPS – Contraventions – Définition
Sont des contraventions les infractions passibles d'une amende.

Art. 104 CPS – Application des dispositions de la première partie
Les dispositions de la première partie du présent code s'appliquent aux contraventions, sous réserve des modifications résultant des articles suivants.

Art. 105 CPS – Restrictions dans l'application
1. Les dispositions sur le sursis et le sursis partiel (art. 42 et 43), sur l'expulsion (art. 66a à 66d) et sur la responsabilité de l'entreprise (art. 102) ne s'appliquent pas en cas de contravention.
2. La tentative et la complicité ne sont punissables que dans les cas expressément prévus par la loi.
3. Les mesures entraînant une privation de liberté (art. 59 à 61 et 64), l'interdiction d'exercer une activité (art. 67), l'interdiction de contact et l'interdiction géographique (art. 67b) ainsi que la publication du jugement (art. 68) ne peuvent être ordonnées que dans les cas expressément prévus par la loi.

Art. 109 CPS – Prescription
L'action pénale et la peine se prescrivent par trois ans.

Septième partie

Glossaire

France	Définitions	Chapitres
Action civile	Action en justice en réparation d'un préjudice issu d'une infraction pénale.	8.2 ; 9.2
Actes préparatoires	Actes qui tendent à la réalisation d'une infraction mais qui se situent avant le commencement d'exécution et qui ne peuvent à ce titre être pris en considération au titre de la tentative.	3.2 ; 3.3
Action publique	Action en justice menée devant une juridiction pénale au nom de la société en vue de réprimer une infraction.	3.1 ; 8 ;9 ; 11.2.2
Alternatives aux poursuites	Mesures proposées par le ministère public à l'auteur d'une infraction préalablement au déclenchement des poursuites pénales et ayant pour but d'éviter ce dernier.	9.1.2.3
Amende	En matière pénale, l'amende est une peine pécuniaire dont le montant maximum est fixé par la loi en répression d'une infraction, elle est versée au Trésor public. Elle peut être prononcée pour tout type d'infraction même si elle est relativement rare en matière criminelle.	1 ; 9.1.2.3 ; 10.2 ; 10.4.2 ; 10.5.1 ; 11.4

Auteur	Personne (physique ou morale) qui a réalisé l'ensemble des éléments constitutifs d'une infraction intentionnelle ou non et qui peut se voir imputer la commission de l'infraction. L'auteur d'une tentative est considéré comme auteur de l'infraction.	3.2.1 ; 5 ; 6.3 ; 7.3.2
Auteur médiat	Encore appelé « auteur indirect », est celui qui, par sa faute, a permis la réalisation du dommage par un tiers.	2.2.2
Circonstance aggravante	Situation ou qualité prévue par la loi dont l'existence entraîne une peine plus sévère que celle normalement encourue.	2.3.2.2 ; 10.2.3
Citation directe	Acte de procédure par lequel le ministère public ou la victime d'une infraction saisit directement la juridiction de jugement (possible uniquement en matière contraventionnelle et correctionnelle).	9.1.2.2 ; 9.2.2
Classement sans suite	Décision du ministère public, prise en application du principe de l'opportunité des poursuites, écartant la mise en mouvement de l'action publique.	9.1.2.1
Coauteur	Situation dans laquelle plusieurs auteurs ont individuellement réalisé l'ensemble des éléments constitutifs d'une même infraction ou ont tenté de le faire.	2.3.1 ; 2.3.2.1.1.1 ; 6.2.2.3 ; 7.3.3

Commencement d'exécution	Acte tendant directement et immédiatement à la consommation d'une infraction avec intention de la commettre et qui permet de caractériser la tentative punissable.	3.2.1.1
Complice	Personne qui, par aide ou assistance, fourniture d'instructions ou instigation, facilite la préparation ou la consommation d'une infraction sans toutefois en réaliser les éléments constitutifs.	2.1 ; 2.3.2 ; 2.4
Contrainte	La contrainte revêt en droit pénal deux significations En droit pénal de fond, elle désigne une cause de non-imputabilité qui supprime l'élément moral de l'infraction dans la mesure où l'auteur de cette dernière n'a pu agir autrement du fait d'une force irrésistible. La contrainte pénale est à rapprocher de la force majeure du droit civil. Au plan procédural, la contrainte est une peine exécutée en milieu ouvert qui soumet le condamné à un ensemble d'obligations et interdictions, ainsi qu'à un suivi renforcé.	4.5 ; 6.3
Contravention	Infraction pénale la moins grave, qui relève de la compétence du tribunal de police. Les contraventions sont réparties, selon leur gravité, en cinq classes.	1.1 ; 2.3.2.1.1.1 ; 3.2.2 ; 4.3.1.1 ; 4.3.3 ; 5.3 ; 5.4 ; 8.2 ; 9.2 ; 10.2.1 ; 10.3.2 ; 10.4.2 ; 10.5.1

Cour de cassation	Juridiction située au sommet de la hiérarchie des juridictions civiles et pénales de l'ordre judiciaire. La Cour de cassation statue uniquement en droit et non en fait.	
Crime	Infraction pénale la plus grave, qui relève de la compétence de la cour d'assises.	1.1 ; 1.2.1.1.2 ; 1.2.2 ; 2.3.2.1.1 ; 4.3.1.1 ; 4.3.3 ; 5.2.1 ; 8.2 ; 10.5.1
Culpabilité	État d'une personne qui a adopté le comportement décrit par un texte d'incrimination, la culpabilité est déclarée par le juge pénal.	5.1 ; 10.3.2 ; 10.5
Délit	Au sens strict du terme, le délit est une infraction dont la gravité se situe entre le crime et la contravention est dont l'auteur est punissable de peines correctionnelles, l'auteur d'un délit relève de la compétence du tribunal correctionnel.	1.1 ; 2.2 ; 2.3.2.1 ; 3.2.2 ; 5.2.1 ; 5.3 ; 5.5 ; 8.2 ; 8.3 ; 9.1.2.3 ; 10.2 ; 10.3 ; 10.5
Discernement	Aptitude à distinguer ce qui est autorisé et ce qui est interdit. Le défaut de discernement est une cause d'irresponsabilité pénale.	6
Dol général	Volonté de commettre l'acte interdit ou d'omettre l'acte prescrit par la loi.	5.2
Dol déterminé	Situation dans laquelle l'agent a agi intentionnellement en se fixant précisément un résultat à atteindre.	5.2.2.2
Dol éventuel	Situation dans laquelle l'agent n'a pas voulu le résultat dommageable tout en ayant prévu la possibilité de sa réalisation.	5.2.2.3

Dol indéterminé	Situation dans laquelle l'agent a agi intentionnellement sans se fixer un résultat déterminé. Il répondra alors du résultat effectivement causé.	5.2.2.2
Dol praeter-intentionnel	Situation dans laquelle l'acte commis intentionnellement par l'agent est allé au-delà de ce qu'il avait projeté. L'auteur répond alors du résultat effectivement causé.	5.2.2.2
Dol spécial	La faute requise correspond à un dol spécial lorsque la loi exige que l'auteur ait été animé d'un mobile ou ait poursuivi un but précis (ex. : les propos discriminatoires impliquent que l'agent ait été animé d'une volonté discriminatoire).	5.2.1
Erreur de droit	Représentation inexacte du contenu de la loi ou ignorance de son existence qui n'est une cause d'irresponsabilité pénale que lorsqu'elle est invincible.	7.3
Erreur de fait	Représentation inexacte du fait matériel ou ignorance de son existence qui exclut la culpabilité pénale lorsqu'elle a porté sur une circonstance essentielle de l'infraction.	7.2
État de nécessité	Fait justificatif qui exclut la responsabilité pénale de celui qui s'est trouvé dans l'obligation d'accomplir une infraction afin d'éviter un péril plus grave.	4.4

Exemption de peine	Hypothèse dans laquelle la culpabilité est retenue par la juridiction pénale mais n'est pas accompagnée du prononcé d'une peine.	1.2.1.2.2 ; 10.3
Faits justificatifs	Circonstances objectives matérielles ou juridiques qui suppriment la responsabilité pénale (légitime défense, état de nécessité, etc.).	4
Faute caractérisée	En matière pénale, la faute caractérisée, qui expose autrui à un risque d'une particulière gravité qui ne pouvait être ignoré, se situe entre la faute simple et la faute délibérée. Elle permet d'engager la responsabilité pénale en cas de causalité indirecte entre la faute et le dommage.	5.3.2
Faute délibérée	En matière pénale, la faute délibérée consiste en la violation volontaire d'une obligation de sécurité ou de prudence imposée par la loi ou le règlement sans toutefois avoir eu la volonté d'obtenir le dommage. Elle permet d'engager la responsabilité pénale en cas de causalité indirecte entre la faute et le dommage.	5.3.2
Faute de mise en danger d'autrui	Situation dans laquelle l'auteur des faits a eu conscience de mettre, de par son comportement, en danger la vie ou l'intégrité physique d'autrui sans pour autant avoir voulu atteindre le résultat. Il s'agit d'un risque accepté.	5.5

Faute intentionnelle	Hypothèse dans laquelle le délinquant a voulu le résultat illicite. La faute intentionnelle est toujours exigée en matière criminelle est, sauf exception expressément prévue, en matière délictuelle.	5.2
Faute non intentionnelle	Hypothèse dans laquelle le délinquant n'a pas souhaité le résultat illicite mais s'est rendu coupable d'une imprudence, d'une négligence ou d'un manquement à une obligation de prudence de sécurité imposée par la loi ou le règlement.	5.3
Imputabilité	Aptitude morale à répondre pénalement de ses actes. Les causes de non-imputabilité consistent dans l'existence de troubles psychiques ou neuropsychiques ainsi que dans la contrainte.	6
Infraction	Action ou omission définie par la loi pénale et punie d'une peine également fixée par celle-ci.	1
Infraction de commission	Infraction consistant en un comportement positif de l'auteur.	1.6 ; 3.1.1.1
Infraction consommée	L'infraction est dite consommeée lorsque tous ses éléments constitutifs sont réunis.	1.6
Infraction connexe	Infraction entretenant des liens étroits avec une autre infraction à raison soit d'une unité de temps, de lieu ou de dessin, soit d'une relation de cause à effet.	1.2.1.1.1

Infraction continue	Infraction dont la consommation se prolonge dans le temps par la persistance de la volonté coupable de son auteur (ex. : recette).	1.5 ; 3.1.1.2 ; 8.3.1
Infraction d'habitude	Infraction dont la consommation n'est réalisée que par la répétition d'une opération matérielle unique qui, prise isolément, ne permet pas de caractériser l'infraction (ex. : exercice illégal de la médecine).	3.1.1.3.2
Infraction formelle	Infraction qui consiste en l'incrimination d'un comportement délictueux indépendamment de son résultat (ex. : empoisonnement).	1.4 ; 3.1.2
Infraction impossible	Hypothèse dans laquelle l'objectif recherché par l'auteur des faits ne pouvait être atteint (ex. : homicide d'une personne déjà décédée), la jurisprudence française assimile cette situation à la tentative d'infraction.	3.2.1.3
Infraction matérielle	Infraction qui se caractérise par l'obtention du but recherché par l'auteur (ex. : l'homicide se caractérise par la mort de la victime).	3.1.2
Infraction d'omission	Infraction qui réprime une abstention de l'auteur alors que la loi l'obligeait à agir.	1.6
Intention	Conscience éclairée et volonté libre de commettre une infraction.	5.2
Interruption du délai de prescription de l'action publique	Incident qui, en matière de prescription de l'action publique, arrête le cours du délai et anéantit rétroactivement le temps déjà écoulé.	8.3.3

Jour-amende	Peine pécuniaire originale consistant en la détermination d'un montant d'une amende journalière dont le délinquant devra s'acquitter à la fin d'un nombre de jours fixé par le juge. Le non-versement de tout ou partie des jours-amendes entraîne un emprisonnement pour une durée égale à la moitié du nombre de jours-amendes impayés.	10.2.1 ; 10.5.1
Légitime défense	Fait justificatif consistant en la riposte (caractérisant en principe une infraction) à une agression dirigée contre les personnes ou les biens.	4.3
Ministère public	Également appelé « parquet », le ministère public est l'ensemble des magistrats chargés de protéger l'intérêt général et de requérir l'application de la loi.	9.1
Minorité pénale	La minorité pénale est fixée à 18 ans.	6.2.1 ; 10.2.2
Officier de police judiciaire	Fonctionnaire placé sous l'autorité du parquet ayant pour mission d'accomplir les opérations d'enquête de police et d'effectuer les délégations des magistrats instructeurs.	8.3.3 ; 9.1.2.3
Opportunité des poursuites	Principe procédural en application duquel le ministère public est libre de déclencher ou non les poursuites pénales pour des faits constituant une infraction.	9.1.1
Ordre de la loi	Fait justificatif qui exclut la responsabilité pénale.	4.2
Parquet	V. ministère public	

Partie civile	Nom donné à la victime d'une infraction lorsqu'elle exerçe les droits qui lui sont reconnus devant une juridiction répressive.	8.3.3 ; 9.2
Plainte	Acte par lequel la victime d'une infraction porte celle-ci à la connaissance du ministère public directement ou par l'intermédiaire d'une autre autorité. La plainte ne déclenche pas les poursuites pénales.	9.2
Plainte avec constitution initiale de partie civile	Acte par lequel la victime d'un crime ou d'un délit déclenche les poursuites pénales en même temps que les poursuites civiles devant le juge d'instruction.	9.2
Préméditation	Circonstance aggravante consistant dans le dessin mûri et réfléchi d'accomplir une infraction.	5.2.2.1
Prescription de l'action publique	Délai courant à compter de la consommation de l'infraction et au-delà duquel l'action publique ne peut plus être engagée.	1.1 ; 1.5 ; 3.1 ; 8
Principe de la légalité criminelle	Principe en application duquel il n'y a ni crime ni délit sans texte de loi.	1 ; 10.2.4
Repentir actif	Fait, pour un délinquant qui a consommé une infraction, d'en réparer dans la mesure du possible les conséquences. Cette situation est sans incidence légale sur sa responsabilité car réalisée postérieurement à la consommation de l'infraction.	3.2.1.2

Sursis simple	Mesure de suspension totale ou partielle de l'exécution d'une peine pour un délai déterminé et au-delà duquel la peine est considérée comme non avenue.	10.5.1
Sursis avec mise à l'épreuve	Sursis simple assorti de certaines obligations ou interdictions.	10.5.2
Sursis assorti d'un travail d'intérêt général	Sursis simple assorti, avec l'accord de l'intéressé, de l'obligation d'exécuter un travail général au profit d'une collectivité publique ou d'une association agréée.	10.5.3
Sursis partiel	Sursis ne s'appliquant qu'à une partie de la peine prononcée.	10.5.1.2
Suspension du délai de prescription de l'action publique	Incident qui, en matière de prescription de l'action publique, arrête le cours du délai sans anéantir rétroactivement le temps déjà écoulé.	8.3.3
Tentative	Situation se caractérisant par un commencement d'exécution non suspendu par un désistement volontaire tendant à la consommation d'une infraction. L'auteur d'une tentative est puni comme s'il était lui-même auteur de l'infraction.	3.2
Transaction pénale	Procédure par laquelle certaines administrations ou un officier de police judiciaire propose au délinquant l'abandon des poursuites pénales en contrepartie de l'aveu de l'infraction et du versement d'une somme d'argent où de la réparation du préjudice causé par l'infraction.	9.1.2.3

Travail d'intérêt général	Peine pouvant se substituer à un emprisonnement et consistant en l'exécution d'un travail au profit d'une collectivité publique ou d'une association agréée.	10.2.1 ; 10.5.3
Trouble psychique ou neuropsychique	Formule générique utilisée par le législateur pour désigner toute forme d'aliénation mentale.	6.2.2

Suisse	Définitions	Chapitres
Actes autorisés par la loi	Fait justifiant la commission d'un acte typique d'une infraction pénale.	4.2
Actes préparatoires	Actes destinés à rendre possible la commission d'une infraction et qui interviennent avant le début de son exécution.	3.3
Actio libera in causa	Conditions auxquelles un auteur diminué dans sa responsabilité ne peut pas en bénéficier, parce qu'il aurait pu éviter cet état et prévoir la commission de l'infraction.	6.5.1
Amende	Peine pénale réservée à la sanction des contraventions, ainsi que des entreprises.	1.2 ; 10.3.1.1 ; 10.5 ; 11.6
Auteur	Personne qui intentionnellement joue un rôle déterminant lors de la prise de décision, de la planification et/ou de l'exécution d'une infraction.	2.2.1
Auteur médiat	Personne qui détermine autrui – un « instrument humain » – à commettre une infraction à sa place en lui faisant croire qu'il agit de manière licite.	2.2.3
Cadre légal concret	Fourchette dans laquelle le juge doit fixer la peine.	10.3.1
Cas d'espèce	Cas concret auquel il s'agit d'appliquer une notion juridique.	2.2.2 ; 4.3 ; 8.2 ; 10.3 ; 10.3.2 ; 11.5.2 ; 11.6
Circonstance aggravante	Circonstance qui a pour résultat d'accroître le degré de culpabilité d'un participant à une infraction.	10.3.1.3

Circonstance aggravante générale	Circonstance aggravante s'appliquant à l'ensemble des infractions pénales.	10.1.3 ; 10.3.1.3
Circonstance aggravante spéciale	Circonstance aggravante ne s'appliquant qu'à l'infraction qu'elle concerne spécifiquement.	1.8 ; 8.2 ; 10.1.3
Circonstance atténuante	Circonstance qui a pour résultat de diminuer le degré de culpabilité d'un participant à une infraction.	7.2 ; 10.3.1.2
Circonstance atténuante générale	Circonstance atténuante s'appliquant à l'ensemble des infractions pénales.	7.3 ; 10.3.1.2
Circonstance atténuante spéciale	Circonstance atténuante ne s'appliquant qu'à l'infraction qu'elle concerne spécifiquement.	1.8 ; 8.2
Clause pénale	Fourchette de peine accompagnant toute disposition réprimant pénalement un acte (= peine-menace).	10.3
Coauteur	Personne qui intentionnellement joue un rôle déterminant lors de la prise de décision, de la planification et/ou de l'exécution d'une infraction commise par plusieurs auteurs.	2.2.2
Coauteur intellectuel	Auteur n'agissant pas lui-même, mais ayant une position qui lui confère une autorité garantissant que ses instructions seront suivies par les autres coauteurs d'une infraction.	2.2.2
Complice	Personne qui prête intentionnellement assistance à l'auteur d'une infraction.	2.3.2

Complicité physique	Soutien matériel apporté par un complice à l'auteur d'une infraction.	2.3.2
Complicité psychique	Soutien moral apporté par un complice à l'auteur d'une infraction.	2.3.2
Conscience	Elément cognitif de l'intention.	2.2.3 ; 5.1 ; 5.2 ; 6.1 ; 7.1
Consentement du lésé	Fait qui peut, dans certaines circonstances, rendre un acte typique d'une infraction néanmoins licite ; fait justificatif extra-légal.	4.6
Contravention	Infraction pénale considérée comme étant de faible gravité par la loi.	1.2 ; 2.3.1 ; 2.3.2 ; 3.2.2 ; 3.4.7 ; 4.2.3 ; 5.2 ; 6.5.2 ; 8.2 ; 10.4.3 ; 10.5 ; 11.4.1
Crime	Infraction pénale considérée comme grave par la loi.	1.2 ; 2.3.1 ; 3.4.7 ; 10.3.1.1 ; 10.5
Défense excusable	Lorsqu'un acte commis en état de légitime défense est disproportionné par rapport à l'attaque subie, il n'est plus justifié et donc licite, mais peut néanmoins être excusable.	4.3 ; 10.3.1.2
Degré de culpabilité	Niveau de faute pénale déterminé en fonction de l'acte commis et de la personnalité de l'auteur.	5.4 ; 10.3 ; 10.3.1.1 ; 10.3.3
Délit	Infraction pénale considérée comme moyennement grave par la loi.	1.2 ; 2.3.1 ; 3.6 ; 10.3.1.1 ; 10.5
Délit achevé	Degré de réalisation d'une infraction qui, au-delà de la simple consommation, consiste à atteindre les éventuels desseins particuliers qui caractérisent une infraction.	3.6

Délit consommé	Degré de réalisation d'une infraction dont l'ensemble des éléments constitutifs sont été réalisés.	3.5
Délit impossible	Forme de la tentative qui consiste à essayer de commettre une infraction impossible, soit quant au moyen utilisé, soit quant à l'objet visé.	3.4.3
Délit manqué (= tentative achevée)	Forme de la tentative qui consiste à faire tout ce qui est nécessaire pour que l'infraction soit consommée et que le résultat se produise, mais dont le résultat ne se réalise pas pour une raison indépendante de la volonté de l'auteur.	3.4.2
Désistement	Forme de la tentative qui consiste à débuter la réalisation d'une infraction avant de renoncer à poursuivre son activité délictueuse.	3.4.5
Dessein	Forme ultime de l'intention dans laquelle l'auteur cherche, par son acte, à produire un résultat précis.	5.3.1
Dol éventuel	Forme de l'intention dans laquelle l'auteur, sachant que son acte pourrait avoir certaines conséquences, les accepte et s'en accommode au cas où elles se produiraient.	5.3.3
Dol simple	Forme de l'intention dans laquelle l'auteur, sans forcément chercher un résultat, commet son acte avec conscience et volonté.	5.3.2

Droit pénal accessoire	Ensemble de dispositions pénales contenues dans les lois fédérales autres que le Code pénal suisse.	1.1 ; 1.9 ; 8.2; 11.4.1
Entreprise	Sujet du régime spécifique de la responsablité de l'entreprise regroupant différentes entités dotées ou non de la personnalité morale.	11.2
Erreur sur les faits	Auteur qui agit sous l'empire d'une appréciation erronée des faits.	7.2
Erreur sur l'illicéité	Auteur qui agit sous l'empire d'une appréciation erronée du caractère illicite de son acte.	7.3
État de nécessité	Fait justificatif par lequel on sacrifie un bien juridique en commettant une infraction, ce dans le but de préserver un autre bien juridique.	4.4
État de nécessité excusable	Lorsqu'un acte commis en état de nécessité est disproportionné par rapport au bien juridique préservé, il n'est plus justifié et donc licite, mais peut néanmoins être excusable.	4.4
Exemption de peine	Possibilité pour le juge, lorsque certaines conditions sont réalisées de ne pas prononcer de peine à l'encontre d'une personne qu'il a pourtant reconnu coupable d'une infraction.	10.2
Faits justificatifs	Circonstance permettant de rendre licite un acte pourtant typique d'une infraction.	4.1
Fixation de la peine	Processus qui permet au juge de transformer une faute pénale concrète en une certaine quotité de sanction.	10.1

Illicéité	Commission sans droit ni fait justificatif d'un acte typique d'une infraction pénale.	4.1
Indivisibilité	Principe qui veut que la plainte pénale et son retrait vaut à l'égard de tous les participants à l'infraction.	9.5
Imprévoyance coupable	Imprévoyance due au fait que l'auteur n'a pas usé de toutes les précautions commandées par les circonstances et par sa situation personnelle.	5.2
Infraction de commission	Infraction qui réprime l'adoption d'un comportement actif de l'auteur.	1.6
Infraction commune	Infraction dont tout un chacun peut être l'auteur.	1.7
Infraction de commission par omission	Infraction de commission que l'on peut sanctionner si l'auteur s'est abstenu d'agir pour préserver le bien juridique protégé à propos duquel il avait une position de garant, fondant un devoir d'agir.	1.6
Infraction continue	Infraction qui se réalise par des actes créant la situation illégale et formant une unité avec ceux qui la perpétuent.	1.5 ; 8.3.3
Infraction instantanée	Infraction instantanée qui se réalise par une atteinte unique et ponctuelle au bien juridique protégé.	1.5
Infraction formelle	Infraction dont la consommation suppose uniquement que l'auteur adopte un comportement, indépendamment de savoir si un résultat se manifeste.	1.4

Infraction matérielle	Infraction dont la consommation suppose que l'auteur adopte un comportement et que découle de ce comportement un résultat (i.e. modification du monde extérieur qui se distingue du comportement et en est la conséquence).	1.4
Infraction d'omission	Infraction qui réprime le fait de ne pas adopter un comportement qui s'impose dans une situation donnée.	1.6
Infraction propre pure	Infraction dont l'auteur ne peut être qu'une personne présentant une qualité particulière.	1.7
Infraction propre mixte	Infraction commune dans sa forme de base, mais pour laquelle une circonstance aggravante est aménagée lorsque l'auteur revêt une caractéristique particulière.	1.7
Infraction de situation	Infraction commise à un moment précis, mais dont les effets peuvent se perpétuer dans le temps.	1.5 ; 8.3
Instigateur	Personne qui donne l'idée de passer à l'acte et décide autrui à commettre une infraction.	2.3.1
Instrument humain	Personne qui se fait manipuler par un auteur médiat et qui commet une infraction sans aucune intention délictueuse ni conscience de l'illicéité de l'acte qu'il commet.	2.2.3
Intention	Elément de culpabilité de celui qui commet une infraction avec conscience et volonté.	1.9 ; 5.3
Irresponsabilité	État de celui qui ne possédait pas, au moment d'agir, la faculté d'apprécier le caractère illicite de son acte ou de se déterminer d'après cette appréciation.	6.3

Jour-amende	Peine pénale destinée à la sanction des délits et des crimes qui consiste à fixer le montant de la peine pécuniaire en fonction du degré de culpabilité prononcé en jours et d'une unité journalière d'amende dépendant de la capacité financière du condamné.	10.3.1 ; 10.3.2 ; 10.3.3 ; 10.5
Légitime défense	Fait justificatif qui consiste en un acte de défense par lequel on sacrifie un bien juridique en commettant une infraction, ce dans le but de préserver un autre bien juridique.	4.3
Lésé	Personne physique ou morale titulaire du bien juridique protégé par la norme, directement et personnellement touché, titulaire du droit de déposer plainte.	9.2
Lésion	Infraction dont la consommation suppose une atteinte effective au bien juririque protégé.	1.3
Mise en danger	Infraction dont la consommation ne suppose que la création d'une certaine probabilité de survenance d'une lésion au bien juridique protégé.	1.3
Négligence	Elément de culpabilité de celui qui commet une infraction sans volonté, mais par une imprévoyance coupable.	1.9 ; 5.2
Négligence consciente	Forme de la négligence dans laquelle l'auteur, sachant que son acte pourrait avoir certaines conséquences, espère que celles-ci ne se réaliseront pas.	5.3.4

Négligence inconsciente	Forme de la négligence dans laquelle l'auteur, par une imprévoyance coupable, agit sans se rendre compte des conséquences possibles de son acte.	5.3.5
Peine pécuniaire	Peine pénale destinée à la sanction des délits et des crimes fixée en jours-amende.	10.3.2 ; 10.3.3 ; 10.5
Peine privative de liberté	Peine pénale destinée à la sanction des délits et des crimes consistant en l'enfermement du coupable dans un établissement pénitentiaire.	1.2 ; 10.3.1.1 ; 10.5
Peine-menace	Fourchette de peine accompagnant toute disposition réprimant pénalement un acte (= clause pénale).	1.2 ; 10.3 ; 10.3.1.1
Plainte	Manifestation de volonté d'un lésé de voir des poursuites engagées, pour la poursuite des infractions sur plainte.	1.10 ; 9.1
Poursuite d'office	Condition de poursuite relative à une catégorie d'infractions pour la poursuite desquelles aucune démarche d'un lésé n'est nécessaire.	1.10
Poursuite sur plainte	Condition de poursuite relative à une catégorie d'infractions pour la poursuite desquelles une plainte du lésé doit être déposée.	1.10 ; 9.1
Pouvoir d'appréciation du juge	Liberté – certes limitée – dont dispose un tribunal lors de la pondération de l'ensemble des éléments dont il doit tenir compte dans un cas d'espèce.	10.1
Prescription de l'action pénale	Obstacle à la poursuite pénale lié à l'écoulement du temps.	8.1

Prescription de la peine	Obstacle à l'exécution d'une peine lié à l'écoulement du temps.	8.1
Repentir actif	Forme de la tentative qui consiste à faire tout ce qui est nécessaire pour que l'infraction soit consommée et que le résultat se produise, mais dont le résultat ne se réalise pas pour une raison dépendante de la volonté de l'auteur.	3.4.6
Responsabilité	État de celui qui possédait, au moment d'agir, pleinement la faculté d'apprécier le caractère illicite de son acte ou de se déterminer d'après cette appréciation.	6.1 ; 6.2
Responsabilité pénale de l'entreprise	Régime de responsabilité pénale spécifique à la poursuite des entreprises.	11.1
Responsabilité restreinte	État de celui qui ne possédait, au moment d'agir, que partiellement la faculté d'apprécier le caractère illicite de son acte ou de se déterminer d'après cette appréciation.	6.4
Responsabilité en cascade	Système particulier d'imputation d'une infraction lorsque celle-ci a été commise par l'intermédiaire d'un média.	2.4
Recueil systématique du droit fédéral (RS)	Collection complète du droit suisse, sur feuillets mobiles, CD-Rom et Internet, régulièrement mise à jour, ordonnée par matière et numérotée de manière systématique.	
Sanctions	Peines ou mesures infligées à une personne à la suite de la commission d'une infraction.	10.1

Sauvegarde d'intérêts légitimes	Fait qui peut, dans certaines circonstances, rendre un acte typique d'une infraction néanmoins licite ; fait justificatif extra-légal ressemblant à un état de nécessité, mais pour des biens juridiques collectifs.	4.5
Sursis	Suspension de l'exécution d'une peine, dont le bénéfice est soumis à révocation en cas de nouvelle condamnation dans un certain délai d'épreuve.	10.4
Sursis partiel	Suspension partielle de l'exécution d'une peine, dont le bénéfice est soumis à révocation en cas de nouvelle condamnation dans un certain délai d'épreuve.	10.4.2
Tentative	Degré de réalisation se situant entre les actes préparatoires et le délit consommé et qui consiste à commencer à accomplir des actes qui, selon le cours ordinaire des choses et en tenant compte des caractéristiques personnelles de l'auteur, devraient normalement aboutir immédiatement à la consommation de l'infraction envisagée, mais sans que l'auteur ne parvienne à son but.	1.2 ; 3.4
Tentative inachevée (= tentative simple)	Forme de la tentative qui consiste à débuter la réalisation d'une infraction mais à être ensuite empêché de poursuivre son activité délictueuse par une force extérieure.	3.4.1

Théorie de l'accessoriété	Principe selon lequel la complicité doit être poursuivie dans le même État que l'infraction principale car elle lui est accessoire.	2.3.3
Travail d'intérêt général	Mode d'exécution de certaines courtes peines privatives de liberté.	
Tribunal fédéral	Cours suprême suisse.	2.2.2 ; 2.4 ; 3.3 ; 6.3.1 ; 8.3.2 ; 8.3.3 ; 9.1 ; 11.1 ; 11.3.1
Typicité	Caractéristique d'un acte qui remplit tous les éléments constitutifs objectifs d'une infraction pénale.	4.6
Unité juridique d'action	Actes séparés qui procèdent d'une décision unique et apparaissent objectivement comme des événements formant un ensemble en raison de leur relation étroite dans le temps et dans l'espace.	8.3.2
Unité naturelle d'action	Pluralité d'actes qui forment une unité lorsque le comportement défini par la norme présuppose, par définition, de fait ou typiquement, la commission d'actes séparés.	8.3.2
Volonté	Elément volitif de l'intention.	5.1 ; 5.2 ; 6.1

Abréviations

Aff.	Affaire
AJP	Actualité juridique pénale
Al.	Alinéa
Art.	Article
ATF	Arrêt du Tribunal fédéral
Bull. crim.	Bulletin criminel (publication des arrêts de la chambre criminelle de la Cour de cassation
Ass. plén.	Assemblée plénière (formation plénière de la Cour de cassation)
C.	Considérant
CA	Cour d'appel
Cass. crim.	Chambre criminelle de la Cour de cassation
CC	Code civil
CEDH	Cour européenne des droits de l'homme
Ch.	Chiffre(s)
Ch.	Chambre
Chap.	Chapitre
Comm.	Commentaire
CO	Code des Obligations
CPF	Code pénal français
CPS	Code pénal suisse
CPPF	Code de procédure pénale français
CPPS	Code de procédure pénale suisse

D.	Recueil Dalloz
Dr. pén.	Droit pénal
Ex.	Exemple
(f)	Arrêt en français
Gaz. Pal.	Gazette du Palais
JAP	Juge d'application des peines
JCP	Semaine juridique
JCP éd. E	Semaine juridique édition entreprises et affaires
JdT	Journal des Tribunaux
Let.	Lettre(s)
N°	Numéro
Obs.	Observations
P.	Page(s)
Rev.	Revue
RS	Recueil systématique du droit fédéral
RSC	Revue de sciences criminelles
S.	Et suivant(s)
SME	Sursis avec mise à l'épreuve
T.	Tribunal
TF	Tribunal fédéral
TIG	Travail d'intérêt général
V.	Voir

Table des matières

Avant-propos 7

Sommaire 9

Première partie - L'infraction 11

Chapitre 1 - Les classifications des infractions 13
En France 13
Préambule 13
1.1. La classification selon la gravité 14
1.2. Les autres classifications des infractions 15
1.2.1. Les infractions politiques 15
1.2.1.1. Les infractions politiques dites banales 16
1.2.1.1.1. La notion d'infractions politiques dites « banales » 16
1.2.1.1.2. Le régime des infractions politiques 18
1.2.1.2. Les infractions de terrorisme 18
1.2.1.2.1. La notion d'actes terroristes 19
1.2.1.2.2. Le régime juridique réservé aux actes de terrorisme 19
1.2.2. La criminalité organisée 20
1.2.3. Les infractions d'atteinte à l'ordre économique et financières 20
1.2.4. Les infractions douanières 21
1.2.5. Les infractions militaires 22
En Suisse 23
1.1. Généralités 23
1.2. La classification selon la gravité formelle 24
1.3. La classification selon la nature de l'atteinte au bien juridique 24
1.4. La classification selon la nature du comportement 25
1.5. La classification selon la durée de l'atteinte 26
1.6. La classification selon le comportement de l'auteur 27
1.7. La classification selon le statut de l'auteur 28
1.8. La classification selon l'énoncé de fait légal 28
1.9. La classification selon la forme de la faute 29
1.10. La classification selon les modalités de la poursuite 29

Chapitre 2 - Les formes et les degrés de participation 31
En France 31
2.1. Introduction 31
2.2. L'identification de l'auteur 31

2.2.1. L'auteur ... 31
2.2.2. La responsabilité pénale du fait d'autrui – l'auteur médiat ... 32
2.2.2.1. Les sources de la responsabilité pénale du fait d'autrui ... 32
2.2.2.1.1. La loi ... 32
2.2.2.1.2. La jurisprudence ... 32
2.2.2.2. Les conditions de la responsabilité pénale du fait d'autrui de l'employeur ... 33
2.2.3. La personne morale ... 34
2.3. La multiplicité de délinquants ... 34
2.3.1. La coaction ... 34
2.3.2. La complicité ... 35
2.3.2.1. Les conditions de la complicité ... 35
2.3.2.1.1. Les conditions relatives à l'infraction principale ... 36
2.3.2.1.1.1. La nature de l'infraction principale ... 36
2.3.2.1.1.2. Le caractère de l'infraction principale ... 36
2.3.2.1.2. Les conditions relatives à l'acte de complicité ... 38
2.3.2.1.2.1. Les conditions relatives au caractère matériel de l'acte de complicité ... 38
2.3.2.1.2.2. La condition relative au caractère moral de l'acte de complicité ... 40
2.3.2.2. Les effets de la complicité ... 40
2.4. Le cas particulier des médias ... 42
En Suisse ... 43
2.1. Introduction ... 43
2.2. Les participants principaux ... 44
2.2.1. L'auteur ... 44
2.2.2. Le coauteur ... 45
2.2.3. L'auteur médiat ... 46
2.2.4. L'entreprise ... 46
2.3. Les participants secondaires ... 47
2.3.1. L'instigateur ... 47
2.3.2. Le complice ... 48
2.3.3. La théorie de l'accessoriété ... 49
2.4. La situation particulière des médias ... 49

Chapitre 3 - Les degrés et modes de réalisation de l'infraction ... 51
En France ... 51
Préambule ... 51
3.1. L'infraction consommée ... 51
3.1.1. Le mode de réalisation de l'infraction ... 52
3.1.1.1. La distinction fondée sur la nature du fait matériel ... 52
3.1.1.2. La distinction fondée sur la durée du fait matériel ... 53
3.1.1.3. La distinction fondée sur le nombre des comportements incriminés ... 53
3.1.1.3.1. Les infractions simples et complexes ... 53

3.1.1.3.2. Les infractions isolées (ou d'occasion) et d'habitude.. 53
3.1.2. Le résultat de l'infraction 54
3.2. La tentative 55
3.2.1. Les conditions de la tentative 55
3.2.1.1. Le commencement d'exécution 56
3.2.1.2. L'absence de désistement volontaire 57
3.2.1.3. Le problème des tentatives infructueuses 58
3.2.2. La répression de la tentative 59
En Suisse 61
3.1. Introduction 61
3.2. L'idée de commettre une infraction 62
3.3. Les actes préparatoires 62
3.4. La tentative 64
3.4.1. La tentative simple 64
3.4.2. Le délit manqué 64
3.4.3. Le délit impossible 65
3.4.4. Les conséquences de l'existence d'une tentative 65
3.4.5. Le désistement 66
3.4.6. Le repentir actif 66
3.4.7. Les infractions concernées 66
3.5. Le délit consommé 67
3.6. Le délit achevé 67

Chapitre 4 - Les faits justificatifs 69
En France 69
4.1. Introduction 69
4.2. L'ordre de la loi ou le commandement de l'autorité légitime 69
4.2.1. L'ordre ou l'autorisation de la loi ou du règlement 70
4.2.2. Le commandement de l'autorité légitime 70
4.3. La légitime défense 71
4.3.1. Les conditions de la légitime défense 71
4.3.1.1. Les caractères de l'agression 72
4.3.1.2. Les conditions relatives à l'acte de défense 73
4.3.2. La preuve de la légitime défense 74
4.3.3. Les effets de la légitime défense 75
4.4. L'état de nécessité 75
4.4.1. Les conditions 76
4.4.2. Les effets 77
4.5. Le problème du consentement de la victime 77
En Suisse 79
4.1. Introduction 79
4.2. Les actes autorisés par la loi 80
4.3. La légitime défense 81
4.4. L'état de nécessité 83
4.5. La sauvegarde d'intérêts légitimes 84

4.6. Le consentement du lésé 84

Deuxième partie - La culpabilité 87

Chapitre 5 - La faute 89

En France 89
5.1. Introduction 89
5.2. La faute intentionnelle ou dol (art. 121-3 al. 1 CPF) 90
5.2.1. Présentation 90
5.2.2. Les degrés du dol 90
5.2.2.1. Le dol aggravé : la préméditation 90
5.2.2.2. Le dol déterminé, indéterminé et praeterintentionnel 91
5.2.2.3. Le dol éventuel 92
5.3. La faute non intentionnelle (art. 121-3 al. 3 et 4 CPF) 92
5.3.1. La faute d'imprudence ayant causé directement le dommage (art. 121-3 al 3 CPF) 93
5.3.2. La faute d'imprudence ayant causé indirectement le dommage (art. 121-3 al. 4 CPF) 94
5.4. La faute contraventionnelle 94
5.5. La faute de mise en danger délibérée de la personne d'autrui (art. 121-3 al. 2 CPF) 94
En Suisse 97
5.1. Introduction 97
5.2. La règle de base en matière d'intention et de négligence 98
5.3. Les différents degrés de la faute 99
5.3.1. Le dessein (intention) 99
5.3.2. Le dol simple (intention) 99
5.3.3. Le dol éventuel (intention) 100
5.3.4. La négligence consciente (négligence) 100
5.3.5. La négligence inconsciente (négligence) 100
5.3.6. L'acte commis sans imprévoyance coupable 100
5.4. Négligence *versus* non-punissabilité 100
5.5. Dol éventuel *versus* négligence consciente 101

Chapitre 6 - La responsabilité pénale 103

En France 103
6.1. Introduction 103
6.2. L'état des facultés mentales 104
6.2.1. La minorité : cause éventuelle de non-imputabilité 104
6.2.2. Le trouble psychique ou neuro-psychique 104
6.2.2.1. La notion de trouble psychique ou neuropsychique 105
6.2.2.2. La preuve du trouble psychique ou neuropsychique 105
6.2.2.3. Les effets du trouble psychique ou neuropsychique 106
6.3. La contrainte 107
En Suisse 109

6.1. Généralités 109
6.2. La pleine responsabilité 110
6.2.1. Définition 110
6.2.2. Conséquence 110
6.3. L'irresponsabilité 110
6.3.1. Définition 110
6.3.2. Conséquence 111
6.4. La responsabilité restreinte 111
6.4.1. Définition 111
6.4.2. Conséquence 111
6.5. La diminution fautive de la responsabilité 112
6.5.1. *L'actio libera in causa* 112
6.5.2. L'acte commis en état d'irresponsabilité fautive 113
6.6. Le constat de la diminution de responsabilité 113

Chapitre 7 - L'erreur 115
En France 115
7.1. Introduction 115
7.2. L'erreur de fait 115
7.3. L'erreur de droit 116
7.3.1. La présomption de connaissance du droit 116
7.3.2. Les conditions restrictives d'admission de l'erreur sur le droit 116
7.3.3. L'effet de l'erreur sur le droit 117
En Suisse 119
7.1. Généralités 119
7.2. L'erreur sur les faits 119
7.3. L'erreur sur l'illicéité 120

Troisième partie - Les conditions d'engagement de la poursuite pénale 123

Chapitre 8 - La prescription de l'action publique / pénale 125
En France 125
8.1. Introduction 125
8.2. Les délais de prescription 126
8.3. Le mode de calcul du délai de prescription de l'action publique 127
8.3.1. Le point de départ 127
8.3.2. Le décompte 129
8.3.3. Les accidents du cours de la prescription 129
En Suisse 131
8.1. Généralités 131
8.2. Les délais de prescription 131
8.3. Le *dies a quo* 134

8.3.1. L'accomplissement de l'activité coupable 134
8.3.2. Le dernier acte d'une série 135
8.3.3. La fin des agissements coupables de durée 136
8.4. Le *dies ad quem* 138
8.5. Les effets de la prescription 139

Chapitre 9 - La plainte / le déclenchement des poursuites pénales .. 141
En France 141
9.1. Le principe : le monopole du ministère public 141
9.1.1. Le principe de l'opportunité des poursuites 141
9.1.2. La décision relative au devenir de l'affaire 142
9.1.2.1. Le classement sans suite 142
9.1.2.2. Le déclenchement de l'action publique 143
9.1.2.3. La troisième voie : les procédures d'alternative aux poursuites 143
9.2. Le déclenchement de l'action publique par la partie civile 144
9.2.1. Les demandeurs à l'action civile 145
9.2.2. L'exercice de l'action civile 147
En Suisse 149
9.1. Généralités 149
9.2. La qualité pour déposer plainte 150
9.3. Le délai pour déposer plainte 151
9.4. Le contenu, la forme et le destinataire 151
9.5. L'indivisibilité de la plainte 152
9.6. Le retrait de la plainte 153

Quatrième partie - La peine 155

Chapitre 10 - La fixation de la peine 157
En France 157
10.1. Introduction 157
10.2. La peine encourue 157
10.2.1. L'échelle des peines 157
10.2.2. Les sanctions encourues par les mineurs 159
10.2.3. La circonstance aggravante générale : la récidive 160
10.2.4. Le principe de la légalité des peines 162
10.3. L'exemption de peine 162
10.3.1. L'exemption légale de peine 162
10.3.2. L'exemption judiciaire de peine 163
10.4. La peine prononcée 164
10.4.1. Le principe de l'individualisation des peines 164
10.4.2. Le choix par le juge de la nature et du *quantum* de la peine ... 164
10.5. La suspension *ab initio* de l'exécution de la peine : le sursis 166
10.5.1. Le sursis simple 166

10.5.1.1. Les conditions d'octroi du sursis simple 166
10.5.1.2. Les effets 167
10.5.2. Le sursis avec mise à l'épreuve (SME) ou sursis probatoire .. 168
10.5.2.1. Les conditions d'octroi du SME 169
10.5.2.2. Le contenu du SME 169
10.5.2.3. L'exécution du SME 170
10.5.2.4. La révocation du SME 171
10.5.3. Le sursis assorti de l'obligation d'accomplir un travail d'intérêt général (TIG) (art. 132-54s. CPF) 171
En Suisse 173
10.1. Introduction 173
10.2. L'exemption de peine 174
10.3. La fixation de la peine 175
10.3.1. Le cadre légal de la peine 175
10.3.1.1. La peine-menace 175
10.3.1.2. Les circonstances atténuantes générales 176
10.3.1.3. La circonstance aggravante générale 177
10.3.1.4. Le cadre légal concret de la peine 179
10.3.2. La fixation de la peine au cas d'espèce 179
10.3.3. Le cas particulier de la fixation de la peine pécuniaire 180
10.4. Le sursis 182
10.4.1. Le sursis tel qu'il est connu en Suisse 184
10.4.2. Le sursis partiel 185
10.4.3. Le sursis en matière contraventionnelle 187
10.4.4. La révocation du sursis 187
10.5. Conclusion – Le droit des sanctions suisse sous l'angle du sursis .. 188

Cinquième partie - L'entreprise / la personne morale 191

Chapitre 11 - La responsabilité pénale de l'entreprise / de la personne morale 193

En France 193
11.1. Introduction 193
11.2. Le domaine de la responsabilité pénale des personnes morales 194
11.2.1. Les personnes morales susceptibles d'être pénalement responsables 194
11.2.2. Les infractions susceptibles d'engager la responsabilité pénale des personnes morales 196
11.3. Les conditions d'engagement de la responsabilité pénale des personnes morales 196
11.3.1. Une infraction commise par un organe ou un représentant 196
11.3.2. Une infraction commise « *pour le compte de la personne morale* » 198
11.4. La sanction 198

En Suisse 201
11.1. Généralités 201
11.2. Le sujet de la responsabilité pénale 201
11.3. Les conditions communes de la responsabilité 203
11.3.1. La commission d'une infraction 203
11.3.2. Une infraction commise au sein d'une entreprise 204
11.3.3. Une infraction commise dans le cadre d'une activité commerciale 204
11.3.4. Une activité conforme aux buts de l'entreprise 204
11.4. Les conditions spécifiques de la responsabilité subsidiaire 205
11.4.1. La nature de l'infraction commise 205
11.4.2. L'impossibilité d'imputer l'infraction à une personne physique 205
11.4.3. Un défaut d'organisation causal 206
11.5. Les conditions spécifiques de la responsabilité concurrente 207
11.5.1. La nature de l'infraction commise 207
11.5.2. Un défaut d'organisation causal 207
11.6. La sanction de l'entreprise 208

Sixième partie - Les textes de loi pertinents 211
En France 213
En Suisse 231

Septième partie

Glossaire 245

Abréviations 271

Questions juridiques aux éditions L'Harmattan

Dernières parutions

LES OBJECTIFS DE LA RÉGULATION ÉCONOMIQUE ET FINANCIÈRE
Sous la direction de Gabriel Eckert et Jean-Philippe Kovar
Les buts de la régulation économique et financière impriment profondément le droit de la régulation mais semblent avoir considérablement évolué depuis une trentaine d'années. Ainsi l'objectif traditionnel de la construction de marchés concurrentiels, dans des secteurs anciennement sous monopole ou très fortement réglementés, est complété par de nouveaux objectifs extraconcurrentiels. La diversité des buts assignés aux régulateurs oblige les autorités de régulation à opérer une conciliation des objectifs au risque de dénaturer leur office.
(Coll. Logiques Juridiques, 28.50 euros, 276 p.)
ISBN : 978-2-343-11504-7, ISBN EBOOK : 978-2-14-003398-8

LA RESPONSABILITÉ CIVILE DES ENSEIGNANTS EN CAS D'ACCIDENT SCOLAIRE
Brusorio Aillaud Marjorie
Le régime de responsabilité civile des enseignants en cas d'accident scolaire fut envisagé dans le Code civil dès 1804 puis modifié en 1899 et 1937. La loi est actuellement inadaptée et critiquée à la fois par les victimes et les enseignants, mais les tentatives de la jurisprudence pour la réformer se révèlent insuffisantes. Il faut rechercher un autre fondement pour engager la responsabilité civile de l'enseignant ou un autre débiteur que ce dernier, afin que les victimes d'accidents scolaires obtiennent facilement réparation.
(Coll. Logiques Juridiques, 55.00 euros, 750 p.)
ISBN : 978-2-343-11346-3, ISBN EBOOK : 978-2-14-003367-4

SPORT ET DROIT EUROPÉEN
Miège Colin
Le droit européen a eu une influence déterminante sur le sport, à mesure que celui-ci devenait une activité économique à part entière. Lorsque le sport a été intégré dans les compétences de l'Union par le traité de Lisbonne en 2007, les organisations sportives avaient déjà subi de plein fouet l'impact du droit européen avec notamment l'arrêt Bosman de 1995. Voici un panorama complet des règlements ou décisions de justice qui ont eu un impact sur le sport depuis les débuts de la construction européenne.
(Coll. Le Droit aujourd'hui, 34.00 euros, 328 p.)
ISBN : 978-2-343-11822-2, ISBN EBOOK : 978-2-14-003468-8

LES INNOVATIONS CRIMINOLOGIQUES
Sous la direction de Erwan Dieu
Ce livre s'attelle à circonscrire la théorie et la pratique des modèles d'évaluation et d'accompagnement des auteurs et victimes d'infractions via des présentations d'outils d'exercices et de programmes. Les populations visées sont variées : problèmes d'addiction, de violence,

d'infraction sexuelle ou conjugale, etc. Au sein des différents chapitres, des présentations de méthodes concrètes explicitent les modèles qui aujourd'hui démontrent des effets pertinents.
(Coll. Logiques des pénalités contemporaines, 39 euros, 406 p.)
ISBN : 978-2-343-11337-1, ISBN EBOOK : 978-2-14-003517-3

70 ANS DE JUSTICE PÉNALE DES MINEURS
Entre spécialisation et despécialisation
Beddiar Nadia
L'année 2015 marque la célébration des 70 ans de l'ordonnance du 2 février 1945 relative à l'enfance délinquante. Par ce texte, la France a institué, après bien d'autres pays, une justice et un traitement pénal des mineurs véritablement spécifiques. Cet anniversaire offre l'occasion de revenir sur le passé, d'aborder le présent et de se projeter dans l'avenir de cette justice qui se veut singulière. Cet ouvrage permettra au lecteur d'apprécier la richesse des débats et les enjeux fondamentaux de ce sujet pour notre société.
(Coll. Colloques et rencontres, 20.50 euros, 196 p.)
ISBN : 978-2-343-11815-4, ISBN EBOOK : 978-2-14-003530-2

LA JURISPRUDENCE ET LA DOCTRINE
Barraud Boris
La jurisprudence est l'un des phénomènes juridiques les plus problématiques, comme source du droit réel mais non officielle. Ce livre retrace son parcours dans l'histoire de la pensée juridique, longtemps dominée par le légicentrisme. Il s'intéresse également à la difficile identification doctrinale des jugements, arrêts et décisions à portée jurisprudentielle. Il s'attache enfin à la jurisprudentialisation du droit, qui constitue l'une des données les plus remarquables du droit contemporain, ainsi qu'aux critiques que la doctrine adresse à un droit trop abandonné au « gouvernement des juges ».
(Coll. Le Droit aujourd'hui, 29.00 euros, 290 p.)
ISBN : 978-2-343-11552-8, ISBN EBOOK : 978-2-14-003187-8

MESURER LE PLURALISME JURIDIQUE
Une expérience
Barraud Boris
Cet ouvrage propose une approche et une analyse scientifiques et statistiques du pluralisme juridique. Défini en tant que coexistence de sources étatiques et non étatiques de règles de droit, le pluralisme juridique appelle à la fois une réponse théorique et empirique. Ce livre procède à une enquête de terrain et pose les jalons de ce travail scientifique visant à évaluer l'effectivité du pluralisme juridique en n'ayant d'égards que pour les seuls faits normatifs.
(Coll. Le Droit aujourd'hui, 32.00 euros, 308 p.)
ISBN : 978-2-343-11264-0, ISBN EBOOK : 978-2-14-003156-4

ANNALES DE LA FACULTÉ DE DROIT ET SCIENCE POLITIQUE DE NICE
Année 2016
Strickler Yves
Comme les éditions précédentes, ces annales de l'année 2016 parcourent des domaines très variés passant par l'histoire (affaire Calas), l'actualité (laïcité, statut du Ministère public, relations amoureuses au travail, lanceur d'alertes etc.) sans négliger les questions de principe (la liberté académique).
(Coll. Droit privé et sciences criminelles, 36.00 euros, 354 p.)
ISBN : 978-2-343-11519-1, ISBN EBOOK : 978-2-14-003271-4

L'EXPERTISE SOUS LE REGARD DE LA PSYCHANALYSE
« Faux-Pas » ou la question des mères
Villa-Portenseigne Arlette
C'est toujours un enrichissement personnel et professionnel pour un-e psychologue que d'être nommé-e par la justice pour éclaircir les zones d'ombre qui obscurcissent la vérité. De pratique hospitalière en expertises judiciaires, la psychanalyse a fait voyager l'auteure de cet ouvrage

dans tout ce qu'il y a d'intime dans l'être humain. Au-delà des crimes dont la chronique se fait régulièrement l'écho, ce livre émerge d'une réflexion sur la pratique. Croisant les démarches des juges, des soignants et des travailleurs sociaux, il témoigne des ressources de la clinique face aux itinéraires complexes des individus confrontés à la loi.
(Coll. Psycho-Logiques, 17.50 euros, 164 p.)
ISBN : 978-2-343-11083-7, ISBN EBOOK : 978-2-14-003119-9

LE DROIT DU BIEN-ÊTRE ANIMAL DANS LE MONDE
Évolution et universalisation
Brels Sabine
En ce début de XXIe siècle, les consciences s'éveillent de plus en plus à la protection des animaux. La société reconnaît aujourd'hui la sensibilité de ces êtres vivants et le droit à la protection de leur bien-être contre les souffrances évitables qui leur sont infligées. Un tournant s'opère et modifie profondément notre rapport aux animaux dans la société comme dans le droit. Cet ouvrage fait état de la protection juridique du bien-être animal à l'échelle mondiale et de la possibilité d'établir une protection universelle à l'ONU.
(Coll. Le Droit aujourd'hui, 42.00 euros, 500 p.)
ISBN : 978-2-343-10666-3, ISBN EBOOK : 978-2-14-003201-1

MÉLANGES EN L'HONNEUR DU DOYEN ROGER BERNARDINI
Parcours pénal
Les « mélanges » sont un recueil d'articles rédigés par ses amis en hommage à un maître. Le doyen Roger Bernardini a été un grand serviteur de l'Université et fait partie de ces professeurs qui marquent les esprits. Ses amis ont choisi, pour intitulé de ses mélanges « Parcours pénal », champ qu'il n'a jamais cessé d'arpenter, d'explorer, d'approfondir et de rénover.
(Coll. Droit privé et sciences criminelles, 32.50 euros, 315 p.)
ISBN : 978-2-343-10962-6, ISBN EBOOK : 978-2-14-002983-7

OHADA
Traité de fiscalité des entreprises (première édition)
Amboulou Hygin Didace
La politique fiscale est souvent reconnue comme le domaine par excellence où chaque État exerce sa souveraineté économique en fonction de ses réalités, ses objectifs et ses potentialités. Mais pour réussir l'intégration économique de l'espace OHADA, encourager les investissements, assainir l'environnement des affaires et atténuer la pression fiscale sur les entreprises, les États doivent harmoniser, unifier ou coordonner leurs politiques fiscales. C'est l'objet de ce traité.
(Coll. Études africaines, 29.00 euros, 278 p.)
ISBN : 978-2-343-10523-9, ISBN EBOOK : 978-2-14-003211-0

OHADA
Code des investissements et des activités économiques (première édition)
Amboulou Hygin Didace
Pour mieux accompagner les opérateurs économiques de toutes origines et promouvoir ainsi les investissements, les États membres de l'OHADA disposent chacun d'une législation et d'une réglementation qui régissent l'ensemble des activités économiques, celles des petites et moyennes entreprises et celles des petites et moyennes industries. En attendant l'harmonisation de ces différentes législations, les voici présentées pour chaque État concerné.
(Coll. Études africaines, 42.00 euros, 464 p.)
ISBN : 978-2-343-10520-8, ISBN EBOOK : 978-2-14-003208-0

OHADA
Traité de droit des transports de marchandises par route et des opérations de dédouanement (première édition)
Amboulou Hygin Didace
Pour mieux comprendre la place qu'occupe le droit des transports dans la politique d'intégration économique des États membres de l'OHADA, ce livre analyse en profondeur les dispositions

de l'Acte uniforme du 22 mars 2003 et celles de la Convention de Genève dite «CMR» du 19 mai 1956 encore applicable, ces deux législations étant complémentaires et relatives au contrat de transport de marchandises par route. Grâce à une actualité juridique récente et sélectionnée, ce livre s'impose comme un outil de travail de référence, avec un apport remarquable sur la procédure de dédouanement.
(Coll. Études africaines, 31.00 euros, 306 p.)
ISBN : 978-2-343-10524-6, ISBN EBOOK : 978-2-14-003213-4

OHADA
La construction du marché commun africain et la problématique de l'harmonisation des traités régionaux
Amboulou Hygin Didace
Comment vaincre les résistances et les réticences des États et construire un marché commun en Afrique ? Comment supprimer les barrières douanières et fondre en une seule toutes les unions économiques sectorielles ? Comment harmoniser les traités régionaux (UEMOA, CEEAC, CEMAC, CEDEAO) ? La construction du marché commun africain exige une politique de solidarité entre les États membres et leurs ressortissants, en suscitant une forte adhésion aux valeurs d'intégration, de démocratie et de citoyenneté. Ce livre traite les questions qui peuvent accélérer l'assimilation du droit OHADA et faciliter la construction de l'Union africaine.
(Coll. Études africaines, 23.50 euros, 222 p.)
ISBN : 978-2-343-10521-5, ISBN EBOOK : 978-2-14-003207-3

OHADA
La problématique du conflit de normes et de compétences dans la situation de coexistence des juridictions communautaires
Amboulou Hygin Didace
Depuis l'entrée en vigueur du traité en 1993, l'OHADA dispose d'une Cour commune de justice et d'arbitrage. Toutefois, dans ce même espace économique, se juxtaposent, entres autres, la Cour de justice de la CEMAC, la Cour de justice de l'UEMOA et la Cour de justice de la CEDEAO, celle de la CEAAC n'étant pas encore fonctionnelle. Comment gérer leur cohabitation et quelle solution apporter à la question du conflit de normes et de compétences ? C'est l'objet de ce livre.
(Coll. Études africaines, 28.00 euros, 272 p.)
ISBN : 978-2-343-10522-2, ISBN EBOOK : 978-2-14-003210-3

LE JURIDIQUE
Cahiers de l'IREA n°9 - 2017
Au sommaire de ce numéro : Situation du travail domestique au Cameroun : indicateurs de vulnérabilité et violations des droits (Alain Roger Boulla Meva'a, Adonis Toukoo et Célestin Pierre Mboua) ; Migrations, à la fois problème et solution pour l'Europe - quelles mesures prendre en Afrique pour mettre fin aux migrations massives ? (Claude Garrier) ; Les transformations du principe d'équilibre budgétaire : la problématique (Pierre Belebenie) ; De la suspension de l'exercice des droits politiques pour la consolidation des droits de l'homme : respect ou violation de la charte africaine de la démocratie, des élections et de la gouvernance - l'expérience du Burkina-Faso est-elle extrapolable en RD Congo ? (Dieudonné Kalindye Byanjira)...
(Coll. Cahiers de l'IREA, 22.50 euros, 224 p.)
ISBN : 978-2-343-11607-5, ISBN EBOOK : 978-2-14-003247-9

DÉLINQUANCE SÉRIELLE ET POLICE JUDICIAIRE
Impini Jean-François
Sérialité de la délinquance, information judiciaire, analyse criminelle sérielle désignent des notions familières mais peu étudiées par les sciences criminelles. Postulant l'idée assez commune d'une délinquance largement réitérante, l'ouvrage tente de dérouler le fil logique que pourrait suivre l'investigation policière pour exploiter de façon systématique ce caractère sériel des infractions.
(Coll. Sécurité et société, 37.50 euros, 372 p.)
ISBN : 978-2-343-11147-6, ISBN EBOOK : 978-2-14-002864-9

L'HARMATTAN ITALIA
Via Degli Artisti 15; 10124 Torino
harmattan.italia@gmail.com

L'HARMATTAN HONGRIE
Könyvesbolt ; Kossuth L. u. 14-16
1053 Budapest

L'HARMATTAN KINSHASA
185, avenue Nyangwe
Commune de Lingwala
Kinshasa, R.D. Congo
(00243) 998697603 ou (00243) 999229662

L'HARMATTAN CONGO
67, av. E. P. Lumumba
Bât. – Congo Pharmacie (Bib. Nat.)
BP2874 Brazzaville
harmattan.congo@yahoo.fr

L'HARMATTAN GUINÉE
Almamya Rue KA 028, en face
du restaurant Le Cèdre
OKB agency BP 3470 Conakry
(00224) 657 20 85 08 / 664 28 91 96
harmattanguinee@yahoo.fr

L'HARMATTAN MALI
Rue 73, Porte 536, Niamakoro,
Cité Unicef, Bamako
Tél. 00 (223) 20205724 / +(223) 76378082
poudiougopaul@yahoo.fr
pp.harmattan@gmail.com

L'HARMATTAN CAMEROUN
TSINGA/FECAFOOT
BP 11486 Yaoundé
699198028/675441949
harmattancam@yahoo.com

L'HARMATTAN CÔTE D'IVOIRE
Résidence Karl / cité des arts
Abidjan-Cocody 03 BP 1588 Abidjan 03
(00225) 05 77 87 31
etien_nda@yahoo.fr

L'HARMATTAN BURKINA
Penou Achille Some
Ouagadougou
(+226) 70 26 88 27

L'HARMATTAN SÉNÉGAL
10 VDN en face Mermoz, après le pont de Fann
BP 45034 Dakar Fann
33 825 98 58 / 33 860 9858
senharmattan@gmail.com / senlibraire@gmail.com
www.harmattansenegal.com

www.ingramcontent.com/pod-product-compliance
Lightning Source LLC
LaVergne TN
LVHW011300061026
849535LV00005B/1339